客源地概况

21世纪旅游管理专业系列教材

（第二版）

主　编　张金霞
副主编　鄢志武　苏甦

武汉大学出版社
WUHAN UNIVERSITY PRESS

An Introduction to Tourist-generating Areas

图书在版编目(CIP)数据

客源地概况/张金霞主编;鄢志武,苏甦副主编. —2版. —武汉:武汉大学出版社,2007.6
21世纪高职高专旅游管理专业系列教材
ISBN 978-7-307-05531-5

Ⅰ.客… Ⅱ.①张… ②鄢… ③苏… Ⅲ.旅游客源—中国—高等学校—教材 Ⅳ.F592.6

中国版本图书馆 CIP 数据核字(2007)第 052107 号

责任编辑:路小静 谢群英　　责任校对:程小宜　　版式设计:杜 枚

出版发行:**武汉大学出版社**　（430072　武昌　珞珈山）
（电子邮件:cbs22@whu.edu.cn　网址:www.wdp.whu.edu.cn）
印刷:湖北省京山德兴印务有限公司
开本:720×1000　1/16　印张:15.625　字数:283 千字　插页:1
版次:2003 年 1 月第 1 版　　2007 年 6 月第 2 版
　　 2013 年 1 月第 2 版第 4 次印刷
ISBN 978-7-307-05531-5/F·1050　　定价:20.00 元

版权所有,不得翻印;凡购我社的图书,如有质量问题,请与当地图书销售部门联系调换。

21世纪旅游管理专业系列教材

编写委员会
（按姓氏笔画排列）

主　任　　张　薇
副主任　　张立明
委　员　　邓　辉　陈　筱　张金霞
　　　　　胡　静　崔　进　曹诗图
　　　　　鄢志武　熊元斌　熊剑平

第二版总序

随着世界的和平、稳定及经济的发展与人民生活水平的提高，旅游逐渐成为现代人类生活中不可或缺的重要内容，是人类社会最重要的生活方式和社会经济活动之一。自改革开放以来，中国旅游经历了起步、发展和日趋成熟几个阶段。20世纪90年代以来，中国旅游业的快速增长，使旅游经济产业化进程加快，旅游对整个社会的促进作用和关联作用日益突出，旅游业已成为全国经济新的增长点之一。21世纪之初，中国旅游业的综合实力已位居世界第五，据世界旅游组织预测，到2020年，中国将成为世界第一大旅游接待国和第四大旅游出境国。

旅游实践的发展客观上为旅游学科的发展提供了千载难逢的机遇，对旅游学科理论建设提出了更加迫切的要求，同时也给旅游研究工作与教育工作创造了良好的外部环境。与我国旅游学科发展相适应的是我国旅游教育事业的进步，二十多年来我国旅游高等教育和中等职业教育均获得了飞速发展，全国开办有旅游系（专业）的高等院校达574所（2004年）。伴随着高等旅游教育的迅速发展，旅游专业的教材建设也从无到有，从粗到精。为了进一步完善旅游管理专业教材体系，吸取国内外最新研究成果，充实教材内容，满足日益增长的旅游管理专业高等教育的发展需要，武汉大学出版社精心组织了国内部分高等院校旅游管理专业的专家学者，编写了一套21世纪旅游管理专业系列教材。全套教材选题广泛，并紧扣教育部颁发的高等院校旅游管理专业教学指导计划。教材编写注重理论阐述与实际案例分析相结合，既考虑到国内外旅游业发展的现实需要，又注重理论研究的超前性和未来旅游业发展的宏观态势；既系统总结了旅游学科发展的研究现状和取得的研究成果，又指出了不同研究内容的未来发展方向；既注重使读者易于掌握研究的理论和方法，又兼顾技能的培养，体现系统、创新、前瞻、实用的特色。该套丛书出版发行以来，取得了较好的社会经济效益和经济效益，根据旅游管理专业学科的发展，修订下列教材：《旅游资源学》、《旅游营销策划理论与实务》、《旅游开发与规划》、《饭店概论》、《饭店管理实务》、《旅游法规》、《旅游文化与审美》、《实用礼仪教程》、《导游业务》、《客源地概况》、《世界遗产概论》和《新编旅游英语》、《新编导游英语》、《新编饭店英语》共14本教材。另外，此套教材都会有相应电子课件，可在相应的网站下载；外语类教材均配有mp3光盘，方便老师和学生的使用。

　　本套教材既可作为高等院校旅游管理专业教学用书，又可作为高等职业教育、自学考试、职业培训或相关专业的参考用书。欢迎本专业师生和旅游行业人士选用。

21世纪旅游管理专业系列教材
编写委员会

第二版前言

《客源地概况》出版后，得到了很多读者和院校师生的肯定，作为主编，本人在此表示衷心地感谢。但是由于时间匆忙，占有资料不足，本书第一版在结构、内容以及数据方面有一些不完善之处；在使用的过程中，一些读者提出了不少有益的意见和建议，加上世界和中国旅游业的迅猛发展使原有的内容和数据发生了较大的变化，因此，在武汉大学出版社的积极组织和支持下，我们的编写人员重新对本书进行了讨论研究，并进行了系统地修订，修订本的写作宗旨和特色并无变化。

本书主要对以下内容进行了修订：

第一，引用或补充了较新的旅游统计数据，主要以2005年《中国旅游统计年鉴》为准，力求反映旅游业发展的最新动态；

第二，书中涉及的地名和地理数据以《辞海》和《大百科全书》为准；

第三，内容上进行了删减，使之更为精炼和实用；

第四，附录和参考文献进行了补充和更新。

本书是在2003年第一版的基础上进行修订的，在此，我们谨对第一版的作者表示诚挚的谢意。参加第二版写作的主要有张金霞、苏甦、黄其新、熊凯和吴卫东等老师。

本书的完成要特别感谢武汉大学出版社编辑路小静女士，江汉大学的资深教授李家声先生以及中国地质大学工商管理学院鄢志武教授。此外，我们还要感谢三峡大学的周宜君副教授和江汉大学的熊继红老师，他们为本书提出了许多宝贵意见。正是他们所给予的支持，才使我们能专心研究和写作，并使本书得以尽快与读者见面。

编　者

目 录

第一章　中国海外客源市场概述 …… 1
第一节　中国海外客源市场的历史回顾 …… 1
第二节　中国海外客源市场的现状特征 …… 4
第三节　中国海外客源市场的战略目标与前景展望 …… 9

第二章　港澳台地区 …… 13
第一节　香港 …… 13
第二节　澳门 …… 26
第三节　台湾省 …… 33

第三章　东亚与南亚地区 …… 47
第一节　概述 …… 47
第二节　日本 …… 48
第三节　韩国 …… 59
第四节　蒙古 …… 68
第五节　印度 …… 73

第四章　东南亚地区 …… 83
第一节　概述 …… 83
第二节　新加坡 …… 87
第三节　马来西亚 …… 94
第四节　泰国 …… 102
第五节　菲律宾 …… 110
第六节　印度尼西亚 …… 117

第五章　大洋洲地区 …… 124
第一节　概述 …… 124
第二节　澳大利亚（Australia） …… 125

第六章　欧洲地区 …… 137
第一节　概述 …… 137
第二节　英国 …… 140
第三节　法国 …… 151
第四节　德国 …… 163
第五节　意大利 …… 173
第六节　西班牙 …… 183
第七节　俄罗斯（Russia） …… 192

第七章　北美地区 …… 203
第一节　概述 …… 203
第二节　美国 …… 204
第三节　加拿大 …… 216

附录一　欧洲申根签证 …… 227

附录二　目前中国已开放的出境旅游目的地国家（地区） …… 228

附录三　国家旅游局驻外旅游机构 …… 233

附录四　境外旅游机构驻中国办事处 …… 235

参考文献 …… 238

第一章

中国海外客源市场概述

第一节 中国海外客源市场的历史回顾

在中华人民共和国建立初期到党的十一届三中全会以前的20多年间，由于受国际政治经济环境及国内因素的影响，中国国际旅游业的发展非常缓慢，在有些年份甚至停滞不前；旅游接待工作属于外事活动接待和统战工作的一部分，即始终是"政治接待型"的模式，旅游业没有纳入国民经济体系，对国家的经济贡献微不足道，与世界上许多国家通过发展旅游业而促进经济社会协调发展的现实形成了强烈的反差。旅游业从旅游人数上看不仅微不足道，而且从旅游收入上没有进行相应的经济核算，即没有专门对于国际旅游的外汇收入进行统计。

党的十一届三中全会以后，随着改革开放的深入进行，在邓小平理论及其旅游经济思想的指引下，在党中央、国务院的正确领导下，旅游行业广大职工开拓奋进，旅游业迅速发展，海外游客纷至沓来，在经济社会发展中的作用不断加强，在世界旅游业的地位不断提高，见表1-1和表1-2。

表1-1　　　　　　历年来海外来祖国大陆旅游入境总人次

年份	1978	1979	1980	1981	1982	1983	1984	1985	1986
入境人数（万人次）	180.92	420.39	570.25	776.71	792.43	947.70	1285.22	1783.31	2281.95

续表

年份	1978	1979	1980	1981	1982	1983	1984	1985	1986
增长率（%）	——	132.36	35.65	36.20	2.02	79.59	35.61	38.76	27.96
年份	1987	1988	1989	1990	1991	1992	1993	1994	1995
入境人数（万人次）	2690.23	3169.48	2450.14	2746.18	3334.98	3811.49	4152.69	4368.45	4638.65
增长率（%）	17.89	17.81	-22.70	12.08	21.44	14.28	8.95	5.20	6.19
年份	1996	1997	1998	1999	2000	2001	2002	2003	2004
入境人数（万人次）	5112.75	5758.79	6347.84	7279.56	8344.39	8901.29	9752.83	9166.21	10800
增长率（%）	10.22	12.64	10.23	14.7	14.7	6.67	9.99	-6.4	18

表1-2　　　　历年来中国旅游业在世界旅游市场中的排名

年份	接待过夜旅游者人数（万人次）	排名	国际旅游收入（亿美元）	排名
1980	350.0	19	6.2	34
1986	713.3	12	9.8	29
1990	1 048.4	11	22.2	25
1995	2 003.0	8	87.3	10
1998	2 507.3	6	126.0	7
1999	2 704.7	5	140.99	7
2000	3 122.9	5	162.31	7
2001	3 320.0	5	178.0	5
2002	3 639.9	*	199.47	*
2003	3 297.1	5	174.06	7
2004	4 100	4	257.39	7

1978年，来华旅游入境人数只有180.9万人次，其中外国人只有22.96万人次，华侨、港澳台同胞回乡探亲旅游人数157.9万人次，旅游外汇收入只有2.63亿美元，但均创造了中华人民共和国成立以来的最高纪录，超过以往20多年的旅游接待人数的总和。

1979年，在我国饭店基本没有增加的情况下，旅游接待人数继续增长

137.36%，旅游外汇收入增长70.7%，其中来自西方国家的游客迅速增长，美国旅游者首次达6.8万人次，仅次于日本。

1983年至1985年，来华旅游人数又开始保持两位数的高速增长。1984年，海外旅游者来华人数首次突破"千万"大关，旅游外汇收入增长速度达10%以上。1989年春夏之交的政治风波，使我国国际旅游业受到严重的影响，当年来华旅游人数比1988年下降了22.7%，旅游外汇收入第一次出现负增长，为-17.2%。不过，我国国际旅游业迅速走出困境，1990年旅游外汇收入和有组织接待外国旅游人数基本恢复到最好水平，这表明我国国际旅游业已具备一定规模，比以前更加成熟了。

20世纪90年代以来，我国旅游业持续发展，在国民经济中占比重日益提高，取得多方面的经济效益、社会效益和生态效益，旅游产业定位日趋明确，国际旅游业保持稳定增长，其间国际国内政治经济形势对我国国际旅游业产生了重要影响。1996年，旅游外汇收入第一次突破100亿美元大关。1997年7月1日，香港回归祖国，香港同胞回祖国大陆进行旅游商贸活动的人数进一步增长。1998年高达4 694.8万人次。1997年下半年，东南亚暴发金融危机，包括日本、韩国、泰国等许多国家均受到打击。这些国家是我国国际旅游主要客源国，因此亚洲市场来华游客下降较多。1999年12月20日，澳门回归祖国，为这个市场进一步发展提供了更为有利的条件。澳门人与祖国内地的感情更加贴近，更多的人到祖国内地观光游览。澳门与祖国内地的经贸往来、技术交流更加频繁。1999年澳门来祖国内地旅游人数为878.37万人次，同比增长23.24%。

2001年的"9·11"事件对于世界旅游业无疑产生了深刻影响，它不仅给美国的旅游业以致命的打击，也让世界各地的旅游业都笼罩了一层阴影。2003年由于"SARS"的影响，我国入境旅游市场受到了严重冲击；但到了2004年，旅游全行业迎难而上，克服"SARS"个案及禽流感等不利因素的影响，积极开展对客源国的促销，使入境旅游全面恢复并登上新的台阶。2004年，我国旅游外汇收入为257.39亿美元，比2003年增长47.87%，居世界第7位。入境旅游人数10 903.82万人次（1.09亿人次），比上年增长18.96%，过夜旅游者人数4 176.14万人次，比上年增长26.66%，居世界第4位。中国被*TTGasia*杂志评选为2004年最佳旅游目的地。2005年，我国入境旅游人数12 029.23万人次，比上年增长10.3%。我国入境过夜旅游者人数4680.90万人次，比上年增长12.1%。旅游外汇收入为292.96亿美元，比上年增长13.8%。中国已从旅游资源大国发展成为世界旅游大国。

第二节 中国海外客源市场的现状特征

一、客源构成分析

（1）从客源来分析，中国海外客源市场分为两大部分，一部分是我国香港、澳门、台湾同胞和华侨，另一部分是外国人（包括已加入外国国籍的海外华人）。近十几年来，港、澳、台同胞和华侨一直是我国海外客源市场的主体。2005年，我国入境旅游人数12 029.23万人次，其中香港同胞7 019.38万人次，澳门同胞2 573.41万人次，台湾同胞410.92万人次，外国人2 025.51万人次。

（2）从区域来分析，根据来华旅游人数，中国海外客源市场分为亚洲市场、大洋洲市场、欧洲市场、北美市场。目前，中国海外客源市场主体为亚洲太平洋市场，其次为欧洲和北美市场，这种格局自1979年一直延续至今。

（3）从国籍来分析，20世纪70年代以前，客源国主要是日本、苏联及东欧国家，而近在咫尺的港、澳、台及海外华侨华人都属于严格控制入境之列。80年代以后，随着我国改革开放的不断深入，我国海外客源市场打破了过去狭窄的地域分布格局，客源国数量剧增，遍布世界各大洲，其中日本、美国、英国、法国、德国、菲律宾、泰国、马来西亚、新加坡成为我国十大稳定的客源市场。进入90年代，世界政治经济局势进一步发生变化，我国客源市场又发生了较大变化。2005年列入前20位的客源国依次为：韩国、日本、俄罗斯、美国、马来西亚、新加坡、菲律宾、蒙古、泰国、英国、澳大利亚、德国、加拿大、印度尼西亚、法国、印度、哈萨克、意大利、荷兰、朝鲜。

（4）从旅游目的来分析，外国旅游者来华旅游的主要目的是观光休闲、参加会议及从事商务活动。2005年来华旅游者中，观光休闲者占46.1%，参加会议和商务活动者占22.7%，探亲访友者占2.0%，服务员工占9.9%，其他占19.2%。

（5）从性别来分析，男性仍是我国客源市场的主体。2005年来华外国旅游者中，男性为1 321.16万人次，占65.2%；女性为704.36万人次，占34.8%。

（6）从年龄上来分析，中青年仍是我国海外客源市场的主力军。2005年来华外国旅游者90%以上集中在25~64岁之间，其中14岁以下为79.93

万人次，15~24 岁为 164.46 万人次，25~44 岁为 97.97 万人次，45~64 岁为 70.38 万人次，65 岁以上为 97.55 万人次。

(7) 从入境方式来分析，乘飞机仍是主要入境方式。2005 年来华外国旅游者中，乘船舶的为 239.64 万人次，占 11.8%；乘飞机 1 154.52 万人次，占 57.0%；乘火车 74.36 万人次，占 3.7%；乘汽车 316.15 万人次，占 15.6%；徒步 240.83 万人次，占 11.9%。

(8) 从旅游者在华消费水平来分析，依次为：外国人，我国香港同胞、台湾同胞、澳门同胞。2005 年入境过夜旅游者在境内人均每天花费 154.16 美元，其中外国人 167.33 美元；香港同胞 117.10 美元，澳门同胞 100.04 美元，台湾同胞 152.70 美元。

(9) 从职业来分析，来华旅游的成分比较复杂，分布比较广泛，商人偏多，这也正说明来华从事商贸活动的较多，是中国经济快速发展的反映。

(10) 从来华旅游停留时间来分析，与旅游业发达的国家相比还较短。2005 年来华旅游者人均停留 6.0 天，外国人、台湾同胞停留时间较长，香港同胞、澳门同胞停留时间较短。

(11) 从入境旅游月份来分析，来华游客较多集中在 8~11 月，是旅游旺季，特别是在 10 月份形成高峰；而 1、2、12 月较少，是旅游淡季。

(12) 从入境旅游者的流向来分析，据 2005 年对入境旅游者抽样调查资料显示，在入境旅游者中，到我国"一日游游客"和以我国为最终目的地的游客居主导地位，85.0% 的游客离境后径直返回各自的国家或地区。近程市场多数是只到我国旅游的"一日游游客"，接近或超过 90%；欧美、大洋洲等远程市场，出境后呈现多样性，超过 30% 离境后前往其他国家或地区。

二、客源市场分析

经过 20 多年的发展，我国逐步形成了具有中国特色、符合旅游业持续发展需要的海外客源市场组合，表 1-3 为 2005 年中国海外客源市场的基本情况。

表 1-3　　　　2005 年中国海外客源市场的基本情况

地区	入境旅游者人数（万人次）	占总数比重（%）	比上年增长（%）
亚洲	1250.63	61.74	16.48

续表

地区	入境旅游者人数（万人次）	占总数比重（%）	比上年增长（%）
欧洲	478.49	23.62	26.73
美洲	214.58	10.59	19.91
大洋洲	57.36	2.83	26.86
非洲	23.80	1.17	37.30
其他	0.65	0.32	25.45
合计	2025.51	100.00	19.70

注：未包括港、澳、台地区。

（一）持续增长且基数大的亚洲客源地

亚洲各国是中国最重要的海外客源市场，研究表明，20世纪90年代中期，是亚洲各国来华旅游人数的快速增长时期。除1997年、1998年亚洲金融危机的冲击外，其增长速度在20%以上，并且形成了日本、韩国、东南亚5国及蒙古等主要客源国。尤其是日本，近20年来，因为其与中国隔海相望的地理位置、悠久的历史渊源和经济文化交流传统，使其一直是我国最大的客源国。韩国进入90年代后由于中韩两国邦交正常化，使其很快进入超常发展阶段，成为中国位居第二位的客源国。而东南亚5国作为中国的近邻，也是由于与中国的历史渊源、经济、文化交流，也一直是我国传统稳定的客源国，特别是90年代以来，随着其经济的发展，旅华市场进入快速发展时期。蒙古是随着中蒙边境贸易的兴旺而逐步发展起来的一个主要客源国，其旅游者多为边境旅游者，但由于受到1997年东南亚、东亚的金融危机的影响，各国来华旅游不同程度地出现了负增长。2003年的"SARS"和2004年的禽流感等因素的影响，各国来华旅游速度放慢，但是2005年又出现全面反弹。

（二）发展基本平稳的欧洲客源地

欧洲客源国是我国仅次于亚洲客源国的重要客源市场。作为东亚地区的重要目的地，中国在欧洲游客的远程旅游中扮演着重要角色。研究表明，20世纪90年代中期以来欧洲各国来华旅游，除1997年香港回归时欧洲游客出现高速增长、1998年受亚洲金融危机的影响所出现负增长、2003年的SARS和2004年的禽流感等使欧洲游客来华旅游受到一定影响外，其他年份均处于平稳增长时期，其旅游人数占来华旅游者的比例在20%以上。人数由20世纪90年代的44.63万人次增加到2005年的478.49万人次，并且形成了英、德、法、俄、意等主要客源国，其中英、德、法、俄是我国十大较稳定的客源国，特别是俄罗斯一跃成为我国第三大客源国，尤以远东地区游客为多。边境旅游占较大比重，且以购物为主；住在游船上仅前往我国沿海口岸观光购物的游客也占一定比例。

（三）持续平稳增长的美洲客源地

美洲客源国，尤其是北美客源国是我国第三重要的客源市场，研究表明，美国和加拿大是我国在美洲的两个主要客源国，20世纪90年代中期以来，它们占据了美洲市场份额的90%左右，来华旅游呈现平稳增长，旅游收入在来华客的比例一直稳定在10%以上。人数由1990年的28.08万人次增加到2002年的150.96万人次，特别是美国一直是我国十大稳定的客源国之一。20世纪90年代以来，美国经济进入良性循环，美国人对其经济前景持乐观的态度，从而加大了他们在旅行方面的支出与消费，加上美元对国际主要货币的汇率居高不下，大大加强了美国在国际旅游市场的购买力，同时，随着中国在国际舞台上地位不断提高，中美关系总体而言趋于改善，这无疑刺激了美国来华旅游的愿望。尽管"9·11"事件给美国国际旅游业造成了沉重的打击，但到2002年后已得到扭转，美国经济复苏迹象已开始出现，因而促进了国际旅游形势的好转，其来华旅游人数也开始出现恢复性上升。

（四）发展中的大洋洲与非洲客源地

对于中国海外客源市场而言，大洋洲与非洲各国属于发展中的客源市场，人数还比较少，2005年，非洲来华旅游人数为23.80万人次，大洋洲为57.36万人次。其中澳大利亚是大洋洲最重要的中国海外客源国，目前已成为中国位居前11位的客源国。澳大利亚是一个经济发达的国家，随着亚太经济的崛起，澳大利亚与亚洲各国的政治交往和经济往来更加频繁，澳大利亚必将成为我国重要的客源国。

三、客源国特征分析

总体而言，中国海外旅游客源国主要有四方面的特征：

（一）客源地分布广泛，少数重要客源国居主导地位

通过以上论述，我们可以看到我国海外客源国广泛分布于亚洲、欧洲、美洲、大洋洲、非洲各地，其组成具有地域多样性。但从客源国所占来华旅游市场的份额来看，少数重要的客源国提供了大部分客源，居主导地位。其具体表现为亚洲国家居多，欧洲与美洲国家次之；且主要客源国客源输出量累计占外国客源总数的70%左右，其中前5名的客源国占50%以上，且近

年来这一比例不断上升，反映出主要客源国的作用越来越明显。

这种少数重要客源国居主导地位的格局还会在一定时期内有所强化并维持相当一段时间。同时，重要客源国地域上的广泛性，又为我国防范区域性的政治危机或其他恶性偶发事件的剧烈影响旅游业提供了条件，即易于促成东方不亮西方亮、此消彼长的局面，从而有利我国旅游业健康平稳的发展。

(二) 各大洲分布不均，亚洲客源市场扮演重要角色

近几年，在我国入境旅游客源市场上，亚洲国家始终扮演重要角色，比重超过50%，呈快速上升趋势，而欧洲、美洲、大洋洲、非洲依次下降，同时邻国市场如日本、韩国、俄罗斯、蒙古、东南亚各国均为主要客源国。

我国地处东亚，发展亚洲客源市场具有先天优势：一方面距离近，在国际城市间交通费在旅游花费中占有较大比重的前提下，这种优势往往被强化；另一方面有相近的文化传统以及频繁的经济往来、国与国之间往来限制的放宽、手续的简化等；此外，日本、韩国及东南亚各国人口密集，在其经济快速发展的背景下，已成为世界上重要的客源产出国，特别是对于这些国家的大多数初访者来说，中国是一个较为理想的旅游目的地。因此，亚洲客源市场的开拓，尤其是邻近国家客源市场的深层次拓展对于我国入境旅游业的发展而言，是一件事关全局，意义深远的事情。

(三) 客源国构成与世界主要客源产出国基本相对应

从世界旅游市场的大背景上看，世界主要客源市场依次为欧洲、美洲、亚太地区、中东及南亚地区、非洲；从主要客源国看，有德国、日本、美国、英国、法国、荷兰、加拿大、俄罗斯、意大利等。

而对于中国海外旅游市场而言，德国、日本、美国、英国、法国、加拿大、俄罗斯等国家已是目前我国主要的客源地，荷兰、意大利来华旅游也发展相当迅速。但由于这些客源国都是远程市场，其来华旅游受到一定限制，但是近程市场，特别是邻国旅游，日本、韩国、蒙古、新加坡、泰国等仍是中国主要客源地。显然，这种客源市场格局是符合世界旅游市场发展规律的，它将在相当长的时间内支持我国国际旅游业的持续发展。

(四) 潜在客源地发展前景乐观

受经济发展、距离和国民旅游习惯等多种因素的影响，南亚、中东地区、南美、非洲国家来华旅游的人数很少，但是它们是我国潜在的客源国，这些地区近年来出国旅游市场发展较快，其迅速发展的势头已引起业内人士的关注。例如，我国近邻印度是一个特别值得注意的潜在市场，10亿人口的背景和中产阶级的迅速崛起，使得出国旅游需求迅速膨胀。据预测，这种膨胀速度在今后10~20年内仍有加快趋势，会使印度成为重要的客源产出

国之一。20世纪80年代末,印度来华旅游人数为1万人左右,1995年达5.5万人,1999年达8.43万人。2000年达12.09万人次,跃入中国前20位客源国之列。2005年达35.65万人次,比上年增长15.21%,已跃为我国第16位客源国。

第三节 中国海外客源市场的战略目标与前景展望

一、战略目标

据WTO预计,到2020年,中国将成为世界最受欢迎的旅游目的地,其国际旅游者将达到13 000万人次。同时,中国将成为世界第4大旅游客源市场,中国公民出境旅游数量将达到1亿人次,占全球出境旅游市场的6.2%,仅次于德国、日本和美国①。世界旅游及旅行业理事会(WTTC)预测,未来10年间,我国旅游业将保持年均10.4%的增长速度,其中个人旅游消费将以年均9.8%的速度增长,企业/政府旅游的增长速度将达到10.9%,到2020年,中国将成为第一大旅游目的地国和第四大客源输出国(如表1-4和表1-5所示)。

表1-4　　　　　2020年世界十大旅游目的地

国家或地区	接待旅游者人数(万人次)	占世界市场份额(%)
1. 中国	13 710	8.6
2. 美国	10 240	6.4
3. 法国	9 330	5.8
4. 西班牙	7 100	4.4
5. 中国香港	5 930	3.7
6. 意大利	5 290	3.3
7. 英国	5 280	3.3
8. 墨西哥	4 890	3.1
9. 俄罗斯	4 710	2.9
10. 捷克共和国	4 400	2.7
总计	20 880	44.2

---

① World Tourism Organization. Tourism:2020 Vision Executive Summary [R]. 1999

表1-5　　　　　　　　　　2020年世界十大客源国

国家	出境游人次（万人次）	占世界市场比例（％）
1. 德国	16 350	10.2
2. 日本	14 150	8.8
3. 美国	12 330	7.7
4. 中国	10 000	6.2
5. 英国	9 610	6.0
6. 法国	3 710	2.3
7. 荷兰	3 540	2.2
8. 加拿大	3 130	2.0
9. 俄罗斯	3 050	1.9
10. 意大利	2 970	1.9
总计	78 890	49.2

从国内外旅游市场发展的趋势出发，国家旅游局制定了我国旅游业总的指导方针："大力发展入境旅游，规范发展出境旅游，全面提升国内旅游。"在旅游业总的方针指导下，"十一五"时期我国旅游业规划的发展目标为：实现入境旅游人数和入境过夜旅游者人数年均增长8％，国际旅游收入年均增长12％；国内旅游人数年均增长8％，国内旅游收入年均增长10％；旅游总收入实现年均增长10％。到2010年，我国国际旅游收入达到530亿美元，国内旅游收入达到8 500亿元，旅游总收入达到12 700亿元。与此同时，每年旅游业新吸纳就业50万人，到2010年旅游业直接就业人数达到1 000万人[①]。到2020年，我国旅游业总收入将超过3.3万亿元，达到国内生产总值的8％[②]。

从入境市场的发展环境来看，经济和安全成为影响旅游业发展的主要因素。中国经济的快速发展，以及作为世界最安全的旅游目的地形象，加上"2008年奥运会"和"2010年世博会"效应的显现，这些因素决定了未来

---

① 国家旅游局局长邵琪伟. 努力把旅游业培育成为国民经济的重要产业, 2006-02-28

② 国家旅游局. 中国旅游业发展"十五"计划和2015年至2020年远景目标纲要

3~5年内我国入境旅游市场将稳定增长。

二、前景展望

面对新世纪，中国国际旅游业面临着前所未有的机遇与挑战。

从国际形势看，中国加入了世界贸易组织，对我国旅游业整体发展是有利的，不仅有利于引进客源，而且有利于引入与国际接轨的运营机制，加快我国旅游企业的改革开放；另一方面中国申奥成功，2008年中国将第一次举办奥运会，这对提升中国的国际旅游形象，吸引更多的客源无疑起到了很大的促进作用。2010年上海将举办世界博览会，这又为世界人民了解中国、宣传中国提供了一个良好的契机。此外，中国旅游业还有很多亮点，如中国是世界上最安全的旅游目的地；美国"9·11"事件后，外国航空公司都想增加到中国的航班；我国近几年开辟了多个公民出国旅游目的地，许多外国航空公司已行动起来，在促进我国出境旅游的同时，必然也会带动入境旅游的发展；中国国家旅游局与国外旅游部门签订了多个双边和多边协议，并简化了入境手续，外国人到中国旅游更为方便。

从国内形势看，党中央、国务院已做出将旅游业列为国民经济新的增长点的决策，全国上下已形成了大力培养旅游业这个新的经济增长点的宏观环境，这是我国旅游业实现向世界旅游强国跨越的最大机遇。在"SARS"影响之后，我国入境旅游形势喜人，表现出强劲的增长势头。

与此同时，中国入境旅游面临着严峻的挑战，主要表现为：

一是生态环境的恶化问题。由于开发过度和管理不善，我国正面临严重的环境问题，生态环境的质量下降，经济环境亟待改善，为旅游的发展创造一个社会、文化、环境皆优的旅游大环境势在必行。二是旅游产品比较单一，缺乏趣味性、娱乐性和参与性。旅华产品一直以观光、团体旅游为主体，难以吸引国际旅游市场上十分活跃的青年游客、女性游客、各种专项旅游者，也不能满足越来越多的商务散客和重游客的需求。三是旅游设施、旅游服务水平较低。我国能为外国游客提供的特殊服务较少，而且许多设施和服务远没有达到国际水准，因而影响来华客源。同时，国内旅行社削价竞争带来的服务人员素质、服务水平下降、接待质量差等也屡见不鲜。四是促销缺乏力度。世界各地的规律是吸引一个国际旅游者大致需要3~5美元促销费，而我国平均不足0.5美元，这种状况不符合旅游发展的特点与规律，无法适应国际竞争的需要。我国涉外促销经费不足，严重制约了海外游客对中国的深入了解。五是旅游业现行体制不健全。目前我国旅游业行业管理体制不健全，社会化服务、管理水平较低，特别是基础设施尚不完备的地区，行业、职能部门和企业之间协调配合能力低，旅游接待质量低下，不同部门之间的不同利益导向制约了入境旅游业的发展。

自1992年以来，中国国家旅游局确定了一系列旅游主题活动，从"'92中国友好观光年"，到"'2006中国乡村游"，中国掀起了一个个旅游高潮。一系列的宣传促销工作，既宣传了中国旅游业的产业形象，也宣传了中国改革开放的形象，促进了旅游接待水平和服务水平的提高，创造了巨大的经济效益和社会效益。

展望未来，中国国际旅游业前景一片光明，中国必将跻身于世界旅游强国之列。

思 考 题

1. 简述中国海外客源市场的发展历程。
2. 简述国际旅游市场的基本格局。
3. 简要分析中国海外客源市场的现状特征。
4. 简要分析中国海外客源市场的发展前景。

第二章

港澳台地区

现阶段祖国大陆与台湾尚未统一,香港、澳门是我国的两个特别行政区,现行的社会制度不同。由于历史的原因和政治环境关系,其旅游客源目前划为海外客源范围进行统计,三个地区到祖国大陆内地旅游的游客均须办理出入境手续,是我国具有特殊地位的客源市场。积极开拓港、澳、台客源市场,有利于香港、澳门与祖国内地,台湾与祖国大陆增进相互了解,加强交流,有利于祖国统一大业。因此,发展港、澳、台客源市场不仅有经济意义,更具有特殊的政治意义。

同时,港、澳、台也是我国重要的客源市场,据统计,近年来港、澳、台到内地旅游者占全国海外旅游者的80%以上。

开拓我国港、澳、台客源市场的条件比海外其他客源市场更为优越,香港、澳门、台湾自古以来就是中国的领土,港、澳与祖国内地、海峡两岸同祖同根,一脉相承,文化相同;民风民俗大体一致,没有语言障碍,旅游交通费用低,这些都是开发港、澳、台客源的优越条件,是其他客源市场无法比拟的。

此外,香港、澳门也是我国海外客源市场的重要中转站。

第一节 香　　港

一、基本概况

(一)地理概况

1. 位置与范围

香港(包括香港岛、九龙、新界地区)特别行政区位于祖国大陆南部,大致介于深圳河以南，北纬22°09′以北，东经113°52′~114°30′之间。全境面积为1 104平方公里，包括香港岛、九龙半岛、新界和离岛四部分。

2. 地形

香港地区原为祖国大陆山脉的延伸部分，属于华夏陆地。大约在1万年前，香港岛与九龙半岛还是连在一起的陆地，后来由于山体的沉降与海水入侵，才形成现在香港的地理状况。香港全境多石山、岩岛和港湾，大小岛屿星罗棋布，平地窄小。

香港地区内最主要岛屿为香港岛，是香港地区第二大岛，也是香港政治、经济中心。岛上最高峰为太平山（又名扯旗山），海拔552米。岛内地势高峻、山岩陡峭，岛内主要建筑物集中于岛的北岸，岛南地势稍低，海岸曲折，海湾众多。主要海湾有深水湾、浅水湾、赤柱湾、大潭湾等，是良好的避风港和海水浴胜地，著名的海洋公园就建在濒临深水湾的南朗山上。

香港地区最大的岛屿是位于港岛西南部的大屿山（又名大濠岛），东距香港岛约20公里，面积约为港岛的两倍，大屿山西南部地势高峻，东北部较低，岛上的最高峰为凤凰山，海拔934米，仅次于大帽山（又名大雾山），为香港地区第二高峰。

与深圳毗邻的新界陆地部分，其地貌特点是中高周低，以大帽山为顶点，向东西延伸。其中以大帽山为最高峰，主峰海拔959米，也是香港地区最高峰。从大帽山向西北至西南，地势逐渐降低，河流也多顺向流入深圳湾，构成一些200米以下侵蚀丘陵或冲积平原。

3. 气候

香港因所处纬度较低，濒临海洋，在气候上属亚热带海洋季风气候，具有夏不酷热，冬不严寒的特点；还由于位于亚洲大陆东南部沿海的地理位置，深受季风影响，所以年中天气季节变换显著、四季分明。香港最冷的1月份平均气温为15.2℃，最热的7月份平均气温为27.9℃，年较差12℃以上。春季（3~5月）平均温度21℃，湿度84%，海水温度22.3℃；夏季（5月下旬至9月中旬）湿热、雨量丰富，平均气温28℃，湿度83%，海水温度28℃，最高温度可达33℃。秋季（9月下旬至12月上旬）晴朗干燥，为年内最好季节，平均温度23℃，湿度73%，海水温度24.5℃。冬季平均温度15℃，湿度75%，海水温度17℃，气温较冷。香港年均降雨量为2 225毫米，以5月至9月为多，最潮湿的是6月份，最早的是12月份，最晴朗的是10月份。6~10月为台风季节。

4. 河流

香港地区主要河流有深圳河、城门河、梧桐河、锦田河、元朗河、屏山河、林村河等，大多集中于新界，且很短小，其中最长的是深圳河。香港地区内虽然雨量充沛，但地势陡峭、范围狭小，溪流短小，因而淡水较缺。

（二）简史

香港在清代为转运广东东莞"莞香"的主要港口，由此而得名"香港"，自古以来即为中国领土，公元前4 000年左右，已有中国先民在香港地区居住。鸦片战争后，英国于1842年通过中英《南京条约》割据香港。1843年英国女王签署香港宪章，正式宣布香港为英国殖民地，设香港总督职位。1860年，英国又通过中英《北京条约》侵占界限街以南的九龙半岛领土，将其并归香港界内。1898年、英国又强迫清政府签订《展拓香港界址专条》，强行"租借"今日之新界地区。于是英国便将现在的香港全境置于它的管辖之下。1941年12月至1945年8月，香港一度被日本占领。1984年12月19日中英两国政府签署了关于香港问题的联合声明。中国在1997年7月1日恢复对香港行使主权，并建立香港特别行政区。

（三）政治经济

《中华人民共和国香港特别行政区基本法》是关于香港特区最重要的法律，也是香港其他法律的立法基础。基本法体现了"一国两制"、"港人治港"、"高度自治"的方针。在保证国家主权和中国内地实行社会主义的前提下，保持香港现行资本主义制度和生活方式50年不变；中央只是保留国防、外交以及法律规定的其他权力，凡是可以下放香港特别行政区的权力，都尽量下放，使香港获得前所未有的高度自治权。

香港特区最重要的机构是：行政长官、政府、立法会和终审法院。特区行政长官是特区首长，代表香港特别行政区，对中央人民政府和香港特别行政区负责。特区政府由特区长官领导，设政务司、财政司、律政司和各局、处、署等。立法会是香港特区的立法机关。香港司法机关仅指法院系统，设终审法院、高等法院和区域法院。

香港是一个高度国际化的城市，市场经营环境优越，完善的法治体制、一流的运输及通信网络、公平开放的竞争环境、发达完备的金融网络以及高教育水平的人口素质与高效率和积极进取的企业家、庞大的财政储备和外汇储备、可自由兑换和稳定的货币，以及低税率的简明税制。这些优势使香港成为全球公认最自由和最具竞争力的经济体系之一。目前，香港是世界第四大国际金融中心和黄金市场（仅次于纽约、伦敦和东京）、重要的国际贸易中心、国际航空运输中心、国际旅游中心、国际信息中心、拥有世界前三名的货柜港口。

过去20多年来，香港地区经济增长了近两倍，生产总值平均每年增长率为5.4%，人均生产总值突破24 000美元，在亚洲位居前列，仅次于日本。

由于香港自然资源贫乏，第一产业（包括渔业、农业、采矿和采石业）在本地生产总值及就业人数中所占的比率均微不足道。

第二产业（包括制造业、建造业和水电煤气供应）曾一度占本地生产总值比重较大，由于劳动密集型的企业陆续迁往祖国大陆，以及香港服务行业迅速发展，其重要性在过去20年已有所下降。目前仍留在香港经营的制造业大都是技术、知识含量高以及高增值的行业，而且含较高的科技或服务元素。

香港海运发达，多优良港湾，其中位于港岛与九龙之间的维多利亚港，是世界上3个最优良的天然深水港之一（另两个是美国的旧金山港和巴西的里约热内卢港）。港阔水深，终年不冻，吃水12米的远洋运输轮船可以自由进出，并可同时停泊150多艘万吨级运输轮船。世界上最大的现代化货柜（集装箱）码头——葵涌货柜码头就位于海港的西北角。

祖国内地的开放政策及经济改革，不仅为香港制造商提供庞大的生产腹地及市场，也为香港多项服务活动提供大量商机，特别是货运、仓库、电信、银行、房地产发展，以及法律、保险及会计等专业服务。因此，自20世纪80年代开始，香港的经济进一步朝以服务行业为主导的方向发展。第三产业服务业（包括批发、零售及进出口贸易，饮食及酒店业，运输、仓库及通信业，金融、保险、地产及商用服务业，社区、社会及个人服务业，以及楼宇业权）在本地生产总值中所占比率显著上升。

祖国内地和美国是香港产品出口的两个最大市场，其他主要市场为英国、德国、日本和我国台湾省。香港近年来也发掘和开拓了其他新市场，包括中东、东欧、拉丁美洲和非洲等地。

自中国在1978年实施经济改革及开放政策后，香港与祖国内地之间的经济联系不断加强，为两地带来重大经济利益。祖国内地是香港最大的贸易伙伴，在香港转口贸易所占比率亦高达九成，是香港转口贸易的最大市场和最大来源地。与此同时，香港是祖国内地第三大贸易伙伴，也是祖国内地最大的直接外来投资者和筹措资金的主要中心。2003年6月底，中央政府与香港特区政府签订《内地与香港关于建立更紧密经贸关系的安排》（简称CEPA）。CEPA规定，祖国内地自2004年1月1日起，对原产香港出口到内地金额较大的273种商品实行零关税，另外在十七个服务行业对香港进一步开放。CEPA的实施将对香港与祖国内地的经济发展产生巨大影响。

（四）社会

1. 人口、语言与宗教

截至 2004 年年底，香港人口数约为 6 895 500 人，人口密度为每平方公里 6 300 人。至 2003 年底，居于香港的外籍人士共有约 523 880 人，主要来自菲律宾（132 770 人）、印度尼西亚（95 460 人）和美国（31 330 人）。

中文和英文同属香港的法定文字。政府机关、法律界、专业人士和商界均广泛使用英文。绝大多数居民使用粤语方言，1997 年香港回归后，香港居民日益重视汉语普通话的学习，推广速度很快。

香港居民普遍信仰佛教和道教，境内建有 360 多处寺观，佛道活动均袭传统仪式。香港有"佛道一家"的特色，常有佛寺设道神，道观摆佛像的现象。公司店铺大都设有神龛，所供神明多与海洋和气候有关（如天后娘娘等）。除佛道二教外，基督教、天主教、伊斯兰教等也拥有众多信徒。香港被定为罗马天主教教区、亚洲主教秘书处所在地。香港宗教组织具有深厚的社会基础，各宗教教职人员与信徒来自各个阶层、各个行业。他们通过各自的宗教活动，如天主教的弥撒、基督教的礼拜、佛教的法会、道教的道场、伊斯兰教的礼拜和朝觐以及孔教的祭圣活动等，形成一股遍布社会各个层面的宗教势力。与此同时，各个宗教又通过兴办教育、医疗、社会福利事业，以及各项社会服务，形成一个伸展到社会每个角落的网络。特别是天主教和基督教组织，他们经常有各种集会，除了传教活动之外，还积极关注社会上各种各样的政治问题和生活问题。所以，香港政府当局一直非常重视宗教对香港市民的影响。

2. 文学艺术

香港的文学创作以通俗文学为主，主要有以下几种：框框杂文，也称专栏杂文，数量最多，是香港通俗文学的重镇，长度一般在 500~800 字之间，也有 200 字的超短型的；武侠小说，主题一是寻宝或学艺，二是情变，三是民族斗争，主要代表人物：古龙、梁羽生、金庸、卧龙生等；科幻小说，主要写未来世界的新奇事物，由西方传入；爱情小说，大多遵循较固定的程序：主角为玉树临风的男子，绮年玉貌的女子，其爱情缠绵热烈。

香港电影制造业已有 70 多年历史，包括粤语片、国语片、潮语片、闽南语片等，在亚洲比较有影响。香港的文化节主要有：香港艺术节（通常在每年的 1~2 月间举行）、亚洲艺术节（两年一次，时间为 10~11 月）、国际综艺合家欢（每年的 7~8 月举行）、香港国际电影节（每年的 3~4 月间举行）。

此外，香港的流行歌曲在东亚和东南亚一带也存在一定影响。

3. 习俗

香港地区居民的习俗是中西结合的，其中式风俗多与祖国大陆，特别是与广东相似。

（1）饮食

香港是一个集世界佳肴美点大全的"美食天堂"，也叫"美食之都"。游客可以在香港尝到全世界最可口的美食。据不完全统计，香港中西食肆有万余家，方便程度凌驾于任何世界名都。在这个国际大都会里，中菜主要有粤菜（包括潮州菜、客家菜）、京菜、川菜、上海菜（包括淮扬菜、安徽菜、无锡菜、宁波菜、苏州菜和杭州菜）；西菜以法国佳肴美酿为主流，也有带浓厚日耳曼民族色彩的德、奥、瑞三国烹饪，充满地中海特色的意大利餐厅，极富拉丁浪漫情怀的墨西哥餐馆，古朴雅致的日本料理店，洋溢着热带风情的南洋食肆（包括新加坡、马来西亚、印度尼西亚菜），还有美式的牛扒屋，英式酒馆午餐，葡国餐厅。泰国菜、越南菜、朝鲜菜近年也流行起来。东欧、北欧的美食，也可以在此享受。这里既有豪华的满汉全席、海鲜野味餐，也有普通大众欢迎的盒饭、快餐。

香港的铜锣湾和九龙的尖沙咀是香港餐饮业最为发达和最具代表性的两个地区。

（2）节日

中国民间传统的五大节日，春节、清明节、端午节、中秋节和重阳节，也是香港的法定公众假期。香港由于长期被英国统治，西方的很多节日，如情人节、复活节、圣诞节等，在香港也被普遍重视。

（3）礼仪与禁忌

在香港，各行各业的服务项目很多，特别是在商业、旅游、酒店、出租车等项目中，各种服务都要索取"小费"，这是香港不成文的规矩。如：在饮食行业中，所有账单都附加10%的服务费用，而侍者仍希望顾客再酌情给一些零钱。通常中方商人在餐馆里款待贵宾，一般要上8～12道中式菜肴，外加客人爱喝的酒水。而欧洲人，无论是正式或非正式宴请，都愿在家进行。参加宴请时，客人穿着要整齐清洁，男人最好身穿西装并系领带，避免穿短裤和不大方的服装。

香港居民在生活与工作中都追求"吉祥"，都要讲"好意头"，所以人们对某些数字有所禁忌并追求吉祥号码。

送物：送花，忌送剑兰，扶桑，茉莉，梅花等，因剑兰同"见难"、扶桑同"服丧"谐音；茉莉与"没利"、梅花的"梅"与"倒霉"的"霉"同音；去医院看病人，不要选择白色或红色花，因为白色是出殡时用的颜色，红色则是流血的象征。送礼物切忌送钟，"钟"与"终"谐音。

称呼：在香港对中老年妇女忌称"伯母"，因为"伯母"与"百无"谐音。在春节期间，香港人不用"新年快乐"，因"快乐"容易念成"快落"，人们嫌其不吉利。

工作：在香港饭店工作的人最忌首名顾客点选"炒饭"，因为"炒"字具有"解雇"的意思，香港的饮食业还忌"书"字，因为"书"与"输"谐音，而且业内人员不准在店内看书。

数字：香港人对数字很迷信，追求吉祥数字，尤其对"3"和"8"感兴趣。因为"3"的广东话谐音是"生"，代表有生气、生财、生龙活虎；"8"的广东谐音是"发"，代表事业发达，买卖发财。

二、旅游业概况

（一）旅游业的发展概况

1. 发展历程

香港旅游业的兴起，基本上与世界旅游业同步。20世纪50年代之前尚未出现酒店业。1928年开业的半岛酒店是当时惟一的高级酒店，210间客房已足以接待访港的游客。1945年第二次世界大战结束，这个自由港的经济结构由转口贸易向加工贸易发展，促进了经济复苏和社会繁荣，为旅游业的兴起创造了良好的客观条件。1954年访港游客有48 691人次，旅游业虽未成规模，但已传来世界旅游风气的信息，引起投资者和社会的注意。次年港府成立"发展旅游事业委员会"，接着制定法规，颁布旅游业条例。1957年，设立半官方机构"香港旅游协会"，以引导和推进香港旅游业的发展。1958年，访港游客在4年间增加了一倍，突破10万人次。

20世纪60年代，随着经济发展，机场、码头、道路、酒店的扩建与新建，旅游环境得到很大改善，香港旅游业进入一个大发展时期。游客人数每6年递增100万人次，增长率每年平均13.12%，高于国际旅游业的增长率。

20世纪70年代，香港已成为亚洲、太平洋地区的著名旅游中心，"东方明珠"的声誉大增。1961~1979年，旅游业总收益共达415.65亿港元，对香港总体经济发展做出重大贡献。

20世纪80年代香港进入新的发展阶段，客流网络、交通运输、旅游设施、经营管理、服务质量等各方面都达到现代化、科学化的高水平，形成了完整的体系。1980~1989年有23家新型酒店建成开业，服务设备与服务质量再次提高。有些在60年代属于高档的酒店，到这时相形之下只能算是三星级或二星级了。1982年世界经济不景气，香港各行业均受影响，惟有旅游业仍然持续增长。1984年游客人数突破300万人次，3年后超过450万人次。1988年更是在一年内增长了100万人次。

20世纪90年代旅游业的发展势头不减，1993年达720万人次。1995年游客人数首次突破1 000万人次。进入新世纪，香港旅游业发展势头强劲，有一个非常好的开端，2001年访港游客再创新纪录，达到1 372.5万人次，同比增长5.1%。据世界旅游组织公布，香港被誉为全球最受欢迎的旅游点之一。

旅游业是香港经济的支柱产业，统计数字显示，2004年的访港游客达2 181.06万人次，再创访港游客人数新纪录，旅游业收入达918亿港元，较2003年的702亿上升19.6%，占香港本地生产总值的7%，对香港经济的拉动作用日益突出，它直接及间接为香港提供了30多万个就业机会，超过就业人口的十分之一，带动了香港的餐饮、零售、酒店业、交通等多个行业的发展。旅游业也是香港赚取外汇最多的行业之一，其对于平衡国际收支，维持港元的相对稳定起着重要的作用。因此，在当前香港失业率上升、内部消费动力不足的情况下，旅游业的蓬勃发展对香港经济复苏起到了举足轻重的作用。

2. 发展原因

香港旅游业之所以能迅速发展，并成为亚太地区的旅游中心，其主要原因是在世界旅游竞争中，香港充分发挥了自己优势和采取了多方面的有力措施的结果。

（1）香港拥有极其完善城市基础设施和旅游服务设施、世界一流的旅游接待服务。长途直通电话可达100多个国家，直航班机可直达世界上的主要城市，城市交通通畅便利。在众多的旅游服务中，酒店服务是最直接、最具代表性的服务，香港的酒店服务堪称世界一流，许多酒店在世界级的酒店评选中荣获最佳酒店称号。

（2）香港是个自由港，当局不设销售税及工商增值税，商品价廉物美，游客可以比较便宜的价格买到各国不同特色和世界新式流行的商品。据统计，来港游客用于购物的消费占其总消费的一半以上，香港是世界闻名的"购物天堂"。

（3）随着我国改革开放及经济的发展，由香港中转到祖国大陆的游客与日俱增。据不完全统计，近年在外国去香港的游客中，在港作短暂停留以后，转入祖国大陆的占总人数的五分之一左右。还有外国商人和投资者以香港为基地，联系中国和外国各地贸易，也为香港带来了不少客源。

（4）特殊的历史使香港成为东西方文化的交融地，风土人情别具特色。

丰富的娱乐设施，多样化的美味佳肴，对世界各地的旅游者很有吸引力。

(5) 特区政府采取多项措施确保香港继续成为旅游中心的地位。

① 在政策方面，香港采取灵活措施简化入境手续，方便各地旅客访港。祖国大陆与中国台湾是香港两大游客来源地。特区政府在中央政府的支持下，放宽了祖国大陆游客赴港旅游和从事商务活动的有关规定。对于中国台湾游客，香港政府推出了"网上快证"业务，中国台湾游客在一天之内就可办理完成赴港手续。

② 积极发展旅游景点及旅游基础设施，进一步提高香港作为国际旅游城市的层次和内涵，维护"亚洲最受欢迎旅游城市"的地位。

③ 积极宣传推广香港。近年来，为了吸引世界各地机构来港，更多地举办有关体育、文化和商贸等大型活动，增加访港旅客和商人，香港相继推出了以"盛事之都、动感之都：就是香港"为主题的推广活动。在资金上给予大力支持，港府早于1998年成立5 000万元的"国际盛事基金"，更有1亿元贷款给香港或来港举办大型活动的机构。

④ 大力发展会展业。香港具世界级的设施、服务，是举办大型会议的最佳地点。在摆脱2003年"SARS"阴影后，香港会展业得以迅速恢复和发展，2004年香港会议展览活动总数为320项，较2003年的172项大幅上升86%。会展业的发展对带旺香港的旅游业有明显的刺激作用。

(6) 目前，大力发展旅游业已是香港全社会的共识，除了特区政府，包括香港旅游业界在内的社会各界不遗余力地为旅游业的发展创造有利条件。如：香港旅游发展局（香港旅游协会）投资2.4亿港元，开展"动感之都：就是香港"大型旅游推广活动，在港人当中推广热情礼貌的"好客之道"；香港旅游业议会实施制定"百分百退款计划"，保证随团旅客放心购物。

(二) 旅游资源

香港是个"弹丸之地"，提供的资源并不丰富，但经过香港特区政府以及包括旅游业在内的社会各界及相关人士的大力支持和努力开发，已形成了具有许多有吸引力的旅游资源。其中包括：自然旅游资源，如沙滩海滨、岛屿、山林；名胜古迹，有太平山、宋王台等；寺庙教堂，有佛教、道教、天主教、基督教、回教等；庙堂建筑，有九龙清真寺、黄大仙祠、文武庙、圣约翰大教堂等；游乐场所，有维多利亚公园、海洋公园、宋城、香港迪斯尼乐园等；形形色色的博物馆、科学馆、艺术馆、会议展览馆等；节庆活动，各种文化艺术节、中国民间传统节庆及西方节假庆典，香港是"购物天堂"、"美食之都"，集世界各地的商品和美食佳肴于一地，这些更堪称是最具香港特色和优势的旅游资源。

香港主要的旅游景观：

(1) 海洋公园

海洋公园建于1977年，1985年又耗资2.4亿港元扩建，是一个具有国际一流水平的大型水陆综合性游乐场。园内修建了世界最长的自动登山电梯，设有海洋剧场、水族馆、海涛馆等。公园可以适应各种年龄的人游玩，被称为"儿童的梦园"、"老人的憩园"、"情侣的爱园"、"游客的乐园。"

(2) 迪斯尼乐园

2005年9月12日开业的香港迪斯尼乐园是全球第五个及中国境内第一个迪斯尼乐园，位于香港的大屿山，占地面积126公顷，园内划分为四大主题社区：美国小镇大街、幻想世界、探险世界、明日世界。香港迪斯尼乐园目前的主要目标市场是以香港特区、华南地区、台湾地区、东南亚与韩国为主。

(3) 黄大仙祠

黄大仙祠原名啬色园，是香港香火最旺的庙宇之一，始建于1921年，位于九龙黄大仙竹园，是一组极富传统庙宇特色的建筑群，占地1.8万平方米，其中的九龙壁是仿照北京故宫的九龙壁建造的，色彩生动、精致华美。黄大仙祠崇奉道、佛、儒三教，三圣堂内奉有吕洞宾、观音菩萨和关帝，孔子的画像，是集道、佛、儒于一体的典型寺庙。

(4) 宋城

宋城是模拟我国宋代京都汴京（开封）兴建的，虽然占地只有数万平方英尺，但城内的建筑，衣、食、住、行等游乐设施，都是古色古香，别具特色。

(5) 太平山

太平山又名扯旗山、维多利亚峰，位于香港岛西部，为港岛最高点，山顶有全港最高的公园——山顶公园。由隙望台登山有三条道路，各有情趣：走卢吉道，循"姻缘道"而上，可俯瞰港岛、九龙及维多利亚港，并可在途中的悬崖栈道上欣赏"仙桥雾锁"、"飞桥夜瞰"等景观；从北坡走夏力道，可饱览郊野景色；走柯士甸道为登山捷径，可领略山高云深之幽静。夜登山顶，可俯观世界四大夜景之一的"香港夜色"。"旗山星火"曾是香港"旧八景"之一。

(6) 浅水湾

浅水湾位于香港岛南部，是香港著名的海滨浴场，此处沙滩广阔，浪平沙细，海水温暖，冬夏可浴。泳棚浴具，餐馆商号，一应俱全。滩东专设烧烤区，供游人野炊。水湾东头分立"天后娘娘"和"观音菩萨"两尊巨像。近岸海中，还建有七色航灯塔一座，灯火辉煌，气氛祥和。

（7）大屿山风景区

大屿山是香港最大的岛屿，也是最大的郊野公园。岛上凤凰山为香港第二高峰，登上最高处有"凌绝顶"的意境。园内有本山最古老的寺院鹿湖精舍，有香港三大佛教圣地之一的宝莲禅寺，加上慈兴寺、灵隐寺、观音寺等众多寺院禅林，构成该风景区的最大特色。

（8）太空馆

太空馆位于九龙尖沙咀区南部，占地8万平方米，是世界上最先进的太空科学展览馆之一。该馆分东西两部分。东部是一幢两层楼高的半圆形建筑物，楼下有3个展览厅，展出银河系各星球的图表、资料和最新天气讯息，录像机不停地向游人播放火箭升空、太阳、月亮及太空搜索的图像。二楼是一个可容320名观众的天象演示厅，可放映全天域天象影片，观众观看天象犹如身临其境。西部是一座方形建筑物，内有演讲厅，还有太空厅，供游人观看太空图文资料和进行太空趣味问答。

三、国际旅游与来祖国大陆旅游

（一）入境旅游

在美国著名消费者旅游杂志《旅游与休闲》（Travel + Leisure）近年来进行的每年一度的"世界最佳奖项"读者调查中，香港多次获选为亚洲最佳城市，是全球最具旅游吸引力的地区之一。

1. 主要客源地

祖国内地是香港的最大客源市场，2004年访港游客总数达12 245 862人次，增幅达44.6%。由2004年7月1日开始，"自由行"扩展至华南及华东的32个城市，这些城市的1亿5 800万居民可以"自由行"名义申请访港。在2004年，"自由行"旅客人数达426万人次，占总数的34.8%。

受到香港旅游发展局针对家庭游客推广活动以及具吸引力的机票及行程影响，南亚及东南亚市场在2004年首次取代台湾省成为香港第二大客源市场，全年访港游客总数达2 077 684人次。多个客源国包括新加坡、马来西亚及印度都创出历史新高，增幅达37.2%～74.6%。

中国台湾市场在2004年退居香港的第三客源市场，访港游客共有2 074 795人次，较2003年增长12.0%。此外，澳门特区、日本、美国、韩国也是香港重要的客源市场。

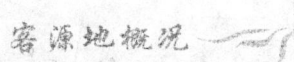
客源地概况

2. 入境游客旅游消费

从2004年入境过夜游客的消费来看,各大客源市场过夜游客消费排名依次为祖国内地、南亚与东南亚、美洲、欧洲、非洲与中东、北亚、中国台湾、澳洲、新西兰与南太平洋、澳门特区。游客主要的旅游消费项目依次为购物、酒店住宿、酒店外膳食、观光与娱乐。其中,购物的比重达55.9%,说明香港依然保持着购物中心的地位。

(二) 出境旅游

1. 出境旅游概况

香港经济的好转提高了香港居民的信心,也增加居民的出游欲望。从出境目的地来看,祖国内地仍是香港居民首选,2005年出游祖国内地的香港居民高达7 019.38万人次,东南亚各国(出于旅游安全的考虑,去印度尼西亚、菲律宾的香港居民不多)、韩国、日本、台湾省、澳门特区也是受香港居民欢迎的出游地,由于经济收入、交通距离等因素的制约,去欧美国家的只占总数的两成左右。

2. 来祖国大陆旅游

(1) 形成原因

香港居民有98%是中国人,深受祖国传统文化的影响,风俗习惯与祖国大陆基本相同,祖国大陆悠久的历史、灿烂的文化以及与香港一脉相承的血缘关系,是香港同胞来祖国大陆旅游的一个根本原因。

香港与祖国大陆连在一起,有铁路、公路和海上交通直接与深圳相通。香港有直达祖国大陆主要城市的航班,交通非常方便,可进入性好。香港居民到祖国大陆的旅游交通费用低,这是香港游客来祖国大陆旅游的又一个重要因素。

香港与祖国大陆经济联系和联合日益加强。改革开放以前,祖国大陆与香港的联系基本上只限于贸易往来和由此带来的一些金融业务。改革开放二十多年来经济联系和联合的日益加强,祖国大陆与香港直接贸易和转口贸易的大幅度增长,相互投资的迅速增加,无疑也是香港同胞来祖国大陆进行商务、工贸,旅游的重要原因。

香港客源市场多年来一直是我国旅游业最大的稳定客源市场,从1984年起,香港同胞到祖国大陆旅游人数每年在1 000万人次以上,2005年更飙升至7 019.38万人次以上。

(2) 客源特征

国家旅游局2005年抽样调查的基本结果显示,香港游客的基本特征是:度假是香港同胞来内地旅游的主要旅游形式。

旅游花费不高，入境过夜旅游者在内地人均每天花费和入境一日游游客在内地人均花费分别为 117.10 美元/人天、33.41 美元/人天，均低于 2005 年来华旅游者的平均水平。

香港同胞在境内的停留时间较短，近 60% 的旅游者仅停留 1~3 天，其中在境内停留 8 天以上的仅为 6.9%。

香港同胞的行程较短，93% 的游客一次只游览 1~3 座城市，游览 4 座以上城市的不足 10%。

重游率较高，香港同胞来祖国大陆 4 次以上的占 84.4%。

香港同胞选择私人住所住宿的比例较高，达 40.3%。

香港同胞对宾馆饭店、餐饮、交通、娱乐、购物、导游和邮电通信七项服务的满意率普遍提高，其中对宾馆饭店、餐饮、娱乐和邮电通信的服务评价很高，满意率分别达到 96.5%、93.3%、90.5% 和 90%。在旅游接待设施中，对宾馆饭店、餐饮、娱乐、购物和游览/参观点等接待设施的评价较好，满意率最低的仍然是旅游区（点）厕所。

香港同胞感兴趣的旅游资源主要有：山水风光、文物古迹，民俗风情。

香港同胞感兴趣的旅游商品主要有食品、茶叶和具有地方特色的纪念品、工艺品、服装和丝绸。

（3）应注意的问题

通过对香港这个特殊客源市场的叙述和分析，我们认为发展这一市场应注意以下几点：

① 针对香港旅游者停留时间较短、旅游行程较短、重游率高的特点，应积极开发适合于短天数、多次游的旅游产品，并注意产品内容的不断创新。

② 要完善旅游服务设施，提高景区接待服务设施、旅游交通设施、娱乐设施的档次，并加强管理，提高交通接待服务、娱乐接待服务以及购物服务的质量，尤其是景区卫生设施及卫生质量。

③ 针对香港旅游者的消费需求和特点，增加服务项目、延伸服务内容，积极开发香港旅游者感兴趣的旅游购物品，提高人均旅游消费额。

思 考 题

1. 旅游业在香港经济发展中的地位如何？
2. 香港旅游业迅速发展的原因是什么？
3. 香港游客来祖国大陆旅游有哪些基本特征？

第二节 澳 门

一、澳门概况

（一）地理位置和自然条件

澳门位于广东省珠江口西岸，东邻珠江口，西接磨刀门，南对南中国海，北以关闸为界与珠海经济特区的拱北接壤。如以附近的重要城市为坐标，它距中山市（石岐）40公里，东北距广州145公里；东距香港61公里；西面则隔江与珠海市湾仔镇相望。地处北纬22°6′39″～22°6′13″、东经113°31′40″～113°35′21″之间。现在的澳门由澳门半岛与两个由大桥相连的离岛氹仔（又名潭仔）、路环组成，总面积27.5平方公里。

澳门半岛有莲花山、东望洋山、炮台山、西望洋山和妈阁山，在氹仔岛有观音岸、大氹山（鸡颈山）、小氹山，在路环岛有九澳山、叠石塘山。山岩以花岗岩与火山岩为主。

澳门半岛的平地面积较大，占80%以上；氹仔岛和路环岛的丘陵面积较多，氹仔占45%，路环则近80%。

澳门地处北回归线以南，属亚热带季风气候区，夏无炎热、冬无严寒，市内林木四季常绿，年平均气温22.3℃，气温的年较差为14℃，变化平缓。澳门年平均降雨量为2 013.1毫米，雨量充沛，是华南沿海地区降雨量较多地区之一。雨季（4～9月）期间还常出现暴雨。

（二）简史

澳门历来是中国领土，原属广东香山县管辖。1535年葡萄牙人贿赂广东地方官吏，取得在澳门码头停靠船舶、进行交易的权利。1553年又以晾晒水浸货物为由，上岸居住。第一次鸦片战争后，葡萄牙人乘机扩大了在澳门侵占的地盘。1851年和1864年又先后侵占了氹仔岛和路环岛。1887年葡萄牙胁迫清政府签订《中葡会议草约》和《中葡北京条约》，其中规定"葡国永驻管理澳门以及属澳之地与葡国治理其他处无异"。此后葡一直占领澳门并将其划为葡领土。

中华人民共和国成立后，我国政府多次阐明了对澳门问题的立场，澳门是中国的领土，根据1987年中葡两国政府关于澳门问题的联合声明，中国政府于1999年12月20日对澳门恢复行使主权。1993年3月31日，中国政府公布《中华人民共和国澳门特别行政区基本法》，其中规定，澳门特别行政区直辖于中央人民政府，享有除外交和国防事务以外的高度自治权，包括行政管理权、立法权、独立的司法权和终审权,澳门特别行政区不实行社会主义制度,而是保持原有的资本主义制度和生活方式50年不变。

(三)澳门经济

澳门现代工业起步较晚,神香、火柴和爆竹等手工业一直是澳门的工业主体。直到20世纪60年代,澳门工业才出现大规模发展。1963年起西方国家开始限制香港成衣、纺织品进口,使得大批港商到澳门投资,直接带动澳门成衣、纺织业的迅速发展,澳门产品的出口市场亦开始向欧洲和北美拓展。在纺织制衣业的带动下,从20世纪70年代后期开始,一些新兴行业如电子、玩具、人造丝花等行业也相继兴起,澳门工业开始逐渐向多元化方向发展。

随着20世纪60年代以来旅游博彩业的迅速发展和现代工业的崛起,澳门整个社会经济进入一个新的发展阶段。澳门的人口迅速增加,政府政策也逐步放宽,这些都刺激了金融资本大规模流入澳门,并迅速带动澳门建筑地产业以及交通运输、通信、饮食服务等行业的相应发展,长期依靠旅游博彩业支撑的"赌埠"发生了巨大变化。80年代后期中国内地经济急速发展,澳门经济也因此受惠。

澳门的产业结构极为特殊,长期以来受到自身条件的限制,无法建立完整的经济体系。除了有限的渔业外,第一产业在澳门微乎其微;澳门第二产业中主要是出口加工制造业,其中大多是生产劳动密集型、技术含量较低又需依赖配额而生存的产品,工业结构比较单一;第三产业是澳门的龙头产业,其中旅游博彩、金融服务等占较大比重。

澳门的经济从20世纪60年代开始振兴,70年代出现转机,80年代起飞,到现在已形成了出口加工业、旅游博彩业、金融业和地产建筑业四大经济支柱。澳门特别行政区自1999年回归祖国以后,依靠中央政府的大力支持,采取了一系列积极有效的措施,成功扭转了回归前经济下滑的局面,实现了经济的快速、健康发展。2005年人均本地生产总值为194 500澳门元,约为24 313美元,与香港相近。

(四)社会

1. 人口

据澳门特区政府统计暨普查局估计,截至2006年3月31日,澳门居住人口为49.8万人。人口密度每平方公里超过18 000人。其中澳门半岛的人口密度达每平方公里5万多人。澳门人口的95%以上为华人,其余为葡萄牙人和其他国籍的人士。

2. 宗教

澳门各种宗教并存，主要有佛教、道教、天主教、基督教、伊斯兰教等。佛教在澳门历史悠久，佛教徒也是澳门各种教徒中人数最多的，有6万多人。在澳门流行的佛教教派中，以禅宗为盛。澳门的普济禅院（俗称观音堂）是中国南方少数至今保存极好的禅宗寺院之一。

道教在澳门曾有过一定规模，现在比较活跃的与道教有关的信仰有妈祖（即天后）。

天主教传入澳门已有400多年历史。天主教原是葡萄牙国教，故在澳门的葡萄牙人和土生葡裔绝大多数是天主教徒，澳门现有天主教徒2万多人，其中60%是华人。

基督教在澳门传教180多年，近年发展较快，教徒约5 000人，信奉基督教的主要是中国人。

伊斯兰教（国教）在澳门也有400多年的历史。16世纪澳门开埠时，亚非地区的阿拉伯人将回教引进澳门，并盛极一时。后来随着澳门贸易地位的衰落，阿拉伯商人渐渐离去，信仰回教的人便大大减少。

3. 文化艺术

澳门是中西文化的交汇点，文化具有"以中为主，中葡结合"的特色。

话剧——澳门的话剧在抗日战争前后兴旺一时，以后有过沉寂，20世纪80年代以来又趋活跃，成立有海燕剧艺社、晓角话剧研究社、澳门戏剧院、澳门中华教育会话剧组等。

美术——澳门美术协会、颐园书画会积极与祖国大陆及邻近地区开展艺术交流，举办讲座或座谈会，对推动澳门美术活动有一定的作用，也促进了中葡文化交流。

摄影——向来是澳门富有生命力的艺术活动，成立有：澳门摄影学会、沙龙影艺会、澳门摄影艺术俱乐部、澳门摄研会等。其多次举办国际沙龙摄影展，活跃了创作气氛。

4. 节日习俗

澳门居民大部分原籍广东，故民俗基本上与广东居民相似，虽然受葡萄牙的统治四百余年，但是中华文化仍居主导地位，风俗习惯上，有大量中国传统的东西都保留下来，如崇拜关帝、观音、妈祖等。

澳门市容中西合璧，华洋共处。西式洋房多为低矮楼房，具有中世纪葡国风采；中式住宅多为平房式大堂，前有门廊，次有天阶，中有客厅，后有神位。

民间节日有春节、清明节、端午节、七夕乞巧节、盂兰节、中秋节、重阳节、冬至、小年等。春节比其他节令都要热闹，家家户户都要进行大扫除，准备迎接新岁，吃过团圆饭，人们大多喜欢去逛花市，一般喜欢桃花、水仙、剑兰、菊花、金桔、银柳，到了子夜，家家户户燃放爆竹，正是"爆竹一声除旧，桃符万户更新"。由凌晨开始，虔诚的人便到寺庙去参神，祈福菩萨保佑，心想事成。特别是妈祖庙、观音堂，香火最为鼎盛，殿堂前车水马龙，络绎不绝，直至天亮。年初一早上，人们大清早就起床，所有的人都忙碌起来，换了新衣鞋袜，外出到处拜年，连土生葡人也学会了这一套，到亲友家里拜年去。除春节外，在其他节庆也要举行各种各样的庆贺活动，如清明节的踏青、扫墓，重阳节的祭祖，端午节的吃粽子、划龙船，中秋节的食月饼、摆花灯等。

二、旅游业概况

旅游业已成为澳门四大支柱产业之首，是澳门政府财政收入的主要来源，在澳门经济中有着举足轻重的地位。

（一）旅游业的发展

四百多年中西文化交汇留下的众多名胜古迹，独特的区位条件，博彩业的合法化、专营化经营以及自由港的地位使澳门旅游业得以蓬勃发展。

20世纪80年代以来，入澳旅游人数急剧增加，由1981年的367.8万人次增加至1990年的740多万。90年代以来澳门旅游人数总体呈上升趋势，但因受东南亚金融危机影响，1997年、1998年呈下降趋势，1999年澳门共接待7 443 924人次的入境旅客。进入新世纪，澳门旅游业发展势头强劲，有一个非常好的开端，2001年访澳游客首次突破1 000万人次，达1 027万人次，2005年，游客入境总数逾1 871万人次。旅游收入由1999年的207.85亿元增加到2004年的587.50亿元，增长182.7%，旅游业在澳门经济中的地位不断上升。

澳门旅游业是在博彩业的带动下发展起来的，博彩业在澳门已有140多年的历史。博彩业自1861年合法化、专营化以来，发展成为澳门的经济命脉，是澳门旅游业的"大哥大"。澳门博彩业大致可分成三大类：幸运博彩（赌场）；跑狗、赛马、回力球；彩票。其中，幸运博彩历史最悠久也最受欢迎，收益往往占博彩业的90%以上。博彩业一直是澳门旅游业的重要支柱，博彩收入约占旅游收益的2/3，占政府税收的四成；来澳门游客中，有10%专为赌博而来，有38%曾在澳赌博，53%的度假游客中大部分也是为一睹赌城风采而来的。可以说，博彩业的兴衰决定着澳门旅游业的命运。

近年来，澳门旅游业逐步走向多元化，从过去的单一形式向以博彩业和游览业为主、以酒店业和饮食业为辅、包括旅运业（旅客运输业）、娱乐业、手信业（土产礼品）、珠宝首饰业等在内的旅游业体系发展，直接或间接的就业人员占当地就业人员总数的30%。

澳门地区旅游客源市场仍维持以中国内地、香港地区、台湾地区为主的格局。2004年，来澳门的祖国内地游客高达952.97万人次，占访澳游客总人数的57.1%，其中自由行的旅客351.88万人次，占内地旅客总数的36.9%。祖国内地游客人均在澳消费2 991澳门元，高出在澳游客平均消费水平83.2%。香港是澳门的第二大客源市场，2004年访澳游客505.11万人次。台湾是澳门的第三大客源市场，2004年访澳的台湾旅客128.69万人次，比2003年增长25.8%，但比2002年下降16.0%。其主要原因是岛内政治及经济因素影响了台湾的出岛旅游。

近年来，国外游客增长强劲，市场份额有所上升，2004年底主要外国客源市场排序是：日本、美国、菲律宾、韩国、马来西亚、新加坡和英国。

（二）旅游业发展的原因

1. 政府的高度重视和政策支持

1861年葡萄牙政府当局指定澳门为旅游区，特准开办博彩业，博彩业得以以专业经营形式完全合法化，旅游业也迅速发展。葡萄牙政府制订自由港政策使澳门成为国际经济交往的重要组成部分也是旅游业发展的重要因素。1999年澳门回归后，澳门特区政府更是不遗余力地发展旅游业，行政长官何厚铧在最新发表的第三份施政报告中提出，澳门将在几年内建成国际性的旅游会展中心。近年来，特区政府一直将申报"澳门历史城区"成为世界文化遗产作为施政要务提上议事日程。历年特区政府在社会文化领域的施政方针中，都明确提到申报世界文化遗产问题，并逐年列出申遗进程中的各项重点工作。为修复申遗景点，特区政府投入了工程资金约1.5亿澳门元，并承诺对景点周边环境的整治将和旧区改造综合起来通盘考虑。2005年7月15日中国政府组成包括澳门特区政府官员参加的代表团前往德班，经多方面努力，"澳门历史建筑群"作为中国2005年惟一的申报项目，在大会上获得21个成员国一致赞同，成功列入《世界文化遗产名录》，并重新命名为"澳门历史城区"。申遗的成功将对澳门旅游业产生积极而深远的影响，意义非常重大。

2. 中西交汇的"咸淡文化"和优美的自然风光

悠久的文化历史，华洋共处的社会结构、风土人情和城市建筑使澳门遍布名胜古迹。中西文化在这里很好地融合在一起，当地人戏称为"咸淡文化"。浓郁的文化色彩对外来旅游者具有极大的吸引力。澳门独特的自然、人文景观是其旅游业发展的重要资源条件。

3. 优越的地理位置

澳门地处珠江三角洲地带，与祖国大陆、香港地区毗邻，是我国与海外沟通的桥梁之一。我国改革开放政策的实施，相邻地区香港、珠海、中山等地旅游业的兴起和发展，使澳门进入香港和祖国大陆的外商和游客数量剧增。邻近香港、背靠内地、面向世界，在两岸四地关系中的特殊位置是澳门旅游业乃至整个经济发展的最重要因素之一。

（三）存在问题

旅游业极大地促进了经济发展，对澳门社会经济乃至对外交流都起到了积极的促进作用。旅游业给澳门带来了大量的外汇收入，是澳门特区政府财政收入的主要来源，促进了澳门基础设施建设，是公共投资的重要来源等。但澳门地域狭小、资源贫乏的缺点以及经济发展过程中的依赖性，使澳门旅游业也不可避免地存在不足。

首先，澳门旅游业结构仍然比较单一，博彩业在旅游业中占主导地位既是澳门旅游业的特点也是其不足。博彩业在旅游业中所占比重很大，一方面说明旅游业中其他产业较为薄弱；另一方面说明旅游业中大众化的娱乐设施不足，吸引游客的游乐项目不多。近来，澳门博彩业受到了来自泰国、马来西亚、越南等东南亚国家的强势竞争，呈下降趋势。另外，大众化而又独具特色的娱乐设施不多，直接影响到游客在澳门的逗留时间，造成澳门旅游业中"旺丁不旺财"的现象，经济效益不高。

其次，地域狭小决定了澳门可供游览观光的旅游资源不多，有人戏称，"半天游遍澳门"。除博彩业和特殊的文化色彩以外，旅游业其他方面的知名度均不如香港。

最后，缺乏人力资源。澳门地区人均教育水平相对较低，劳动力素质不高，未能拥有高素质的旅游从业人员队伍。澳门居民整体文化素质偏低，全澳65%的劳动人口只有相当于初中以下的文化程度，文盲、半文盲占二成，科技人才极为缺乏。这影响到澳门旅游业发展的深度和广度。

（四）主要旅游景观

大三巴牌坊：澳门最著名的名胜要数大三巴牌坊。大三巴牌坊高27米，宽23.5米，石壁和石柱厚2.7米。"大三巴"是葡萄牙语的音译，原是圣保罗教堂，已有150多年的历史，是澳门的标志。

菩提佛寺：建于明代，是澳门最古老的佛庙，迄今仍香火鼎盛，与葡萄牙人传播的天主教相比，更深植民心。

妈祖阁：堪称澳门建筑的"老祖宗"，建于1488年，至今已有500多年的历史。是澳门最古老的庙宇,供奉天后妈祖。澳门的葡文名称"Macau"即源于此庙粤语俗称"妈阁"。

观音堂(即普济禅院):建于明万历年间,已有400多年的历史。1844年7月14日在该堂签署了中美第一个不平等条约《望夏条约》。

中央大炮台:1622年荷兰人入侵澳门时,大炮台在抗御入侵者中有着光荣的一页。

松山灯塔:也称东望洋灯塔,是远东第一座灯塔,1865年建成,1910年重建。

卢园、张园和唐园:尤以卢园为诸园之冠。它们是以苏州的古典园林为榜样而建造的,颇有江南园林特色。

葡京游乐场:澳门最大的赌场。

三、出境旅游现状及来内地旅游者主要特征

澳门回归祖国以来,政局稳定,经济发展良好,居民外出旅游意愿增加,2005年组团外游294 787人次,较2004年上升39%。澳门居民出游以祖国内地为首选,占82%,其次是台湾和泰国,各占4%,日本、韩国、马来西亚各占2%。非组团外游333 768人次,主要目的地是祖国内地、香港、台湾。澳门地区到祖国内地游客的主要特征是:旅游花费不高,逗留时间较短。2005年,澳门同胞过夜旅游者人均日消费为100.04美元,入境一日游游客人均花费为32.58美元,澳门同胞在境内的停留时间较短,近60%的旅游者仅停留1~3天。澳门地区游客的旅游行程也不长,大多数旅游者一次只游览1~3座城市,游览4座以上城市的占13.6%。澳门旅游者对祖国大陆旅游服务质量的评价较高,对宾馆饭店、餐饮、交通、购物和导游等服务的满意率均超过90%;澳门同胞对交通和娱乐设施的满意程度也高于外国旅游者、香港同胞和台湾同胞;澳门同胞除对山水风光和文物古迹等旅游资源有兴趣外,还对民俗风情等旅游资源表现出了浓厚的兴趣;澳门同胞感兴趣的旅游商品是纪念品、工艺品、食品、茶叶。

思 考 题

1. 澳门旅游业有何特色?
2. 澳门旅游业发展的主要原因是什么?还存在哪些问题?

第三节 台 湾 省

一、基本概况

(一) 地理概况

1. 位置与范围

台湾省位于祖国大陆架的东南缘。地处东经124°34′30″（宜兰县赤尾屿东端）至119°11′03″（澎湖县望安乡花屿西端），北纬21°45′25″（屏东县恒春镇七星岩南端）至25°56′30″（宜兰县黄尾屿北端）之间。北临东海，东北接琉球群岛；东滨太平洋；南界巴士海峡，与菲律宾相邻；西隔台湾海峡与祖国大陆福建省相望，最近处仅130公里。全省恰扼西太平洋航道的中心，在战略上，素有我国"七省藩篱"之称。

台湾省由台湾本岛和周围属岛以及澎湖列岛两大岛群，共80余个岛屿组成。陆地总面积35 989.757 3平方公里。其中，台湾本岛南北长394公里，东西最宽处144公里，绕岛一周的海岸线长1 139公里，面积35 788.090 8平方公里，约占全省面积的97%以上，是中国第一大岛。

2. 地形

台湾本岛是一个多山的海岛，高山和丘陵面积占2/3，平原不到1/3。中央山脉、玉山山脉、雪山山脉、阿里山脉和台东山脉（又称海岸山脉）是岛上的五大山脉。这些山脉的走向与祖国大陆沿海地区的山脉走向一致，都是有规律地从东北向西南方向平行排列。

台湾岛的地形是中间高，两侧低。以纵贯南北的中央山脉为分水岭，分别渐次地向东、西海岸跌落。但由于高山多集中在中部偏东地区，就形成了东部多山地，中部多丘陵，西部多平原的地形特征。

台东山地，由中央、玉山等5条山脉组成高原状地区，面积约22 914.74平方公里。中央山脉偏于本岛东侧，纵贯南北，长达320公里，宽80多公里，诸主峰均在3 000米以上，成为全岛的脊梁和分水岭。区内海拔3 500米以上的高峰有16座。玉山山脉的主峰玉山，高3 950米，为台湾第一高峰，也是我国东部沿海地区的最高峰。山顶终年积雪，四周云雾缭绕，银装素裹。阿里山脉山势则比较平缓，主峰大塔山顶部平坦，是著名风景区。山地之中也有不少盆地和狭窄的平原，较大的有宜兰平原，面积300平方公里。除了山脉之外，台湾还是一个多火山的岛，著名的有大屯山火山群、基隆火山群、澎湖火山群等。

台中丘陵，由阿里山脉以西呈带状分布的丘陵和盆地组成。东部为丘陵，西部为盆地。本区盆地很多。主要有台北盆地、台中盆地、埔里盆地、日月潭盆地等。台北盆地约245平方公里，台中盆地约400平方公里，均为重要农业区。

台西平原，由西部滨海地带的冲积地组成，北窄南宽，面积8 000多平方公里，主要有嘉南平原和屏东平原。嘉南平原北起彰化，南至高雄，长180公里。最大宽度约50公里，面积4 550平方公里，耕地面积有3 250平方公里，占全省耕地总面积的35.2%，为农业最盛、人口最密的地区。屏东平原为高屏溪的冲积平原，面积约1 200平方公里，是台湾第二大平原。

3. 气候

从地图上可以看到，北回归线穿过台湾腰部。全省位置恰跨温带与热带之间，气候特点与处于同一纬度的云南、广西和广东等地一样，属于热带和亚热带气候。但它四面环海，受海洋性季风调节，终年气候宜人，冬无严寒，夏无酷暑，四季树木葱茏，百花芬芳，农作物南部一年三熟。

台湾的年平均温度，除高山外在22℃左右。一年四季，天气总是暖融融的。4~11月，是台湾的夏季，最热的7月份，全省平均气温为28℃左右。从12月到翌年3月，为凉爽的冬季，与祖国大陆长江下游的秋天相仿。最冷的2月份，全省温度最低的台北市的平均气温也仍在15℃左右；而此时在台湾南端的恒春，平均气温还在20℃以上，宛如祖国大陆北方的初夏，无怪乎人们称它"恒春"，意即"四季长春"。一般地区终年不见霜雪，雪线位于海拔3 000米以上地带。

台湾是我国多雨的湿润地区之一，年平均降雨量多在2 000毫米以上。北部是我国少见的冬雨区。基隆平均每年有200多天下雨，素有"雨港"之称。中部高山地区多暴雨，中央山脉个别地区年降雨量高达6 000毫米。西部低平地区的雨水比北部少。大部分地区降雨时间集中在夏季，尤以6~8月为最多，几乎每天下午有一场雷阵雨。

台湾是我国受台风影响最多的省份，附近海面为夏季台风的主要通道。每年6~10月是台风季节，其中7~9月台风次数最为频繁。

4. 河流与湖泊

台湾的河流以中央山脉为分水岭，分为东西两部分，东部河流注入太平洋或东海；西部河流流入台湾海峡。台湾河流受地形影响，大都流程短，落差大，多险滩瀑布，不宜通航。河流主要集中在西部，主要河流有19条，长度在100公里以上的有6条：浊水溪、高屏溪、淡水河、曾文溪、大甲溪、大肚溪。浊水溪全长186公里，是本岛最长的河流。台湾岛内的湖泊较多。日月潭为最大的天然湖，位于中部南投县山中，海拔760米，面积900余公顷，水位最深46米，是极负盛名的观光胜地。

5. 自然资源

（1）森林宝库　台湾森林覆盖面积占全省土地总面积的一半以上，木材的蓄积量达3亿立方米以上。台湾因受气候垂直变化的影响，林木种类繁多，包括热带、亚热带、温带和寒带品系近4 000种，是亚洲有名的天然植物园。台北的太平山，台中的八仙山，嘉义的阿里山，是全岛的三大著名林区。这里各类阔叶树、藤类植物的浓枝密叶，终年遮云蔽日。全岛经济林面积约占林地面积的4/5，主要有红桧、扁柏、台湾杉、肖楠、马尾松、樟、榉、楠、栎、朴等名贵木材，为舟船、枕木、桥梁等的上选材料。台湾的樟科树木居世界之冠。用樟树提炼的樟脑和樟油，在医药上和化学工业上用途很大，是台湾一大特产，产量约占世界总产量的70%，最多时年产1 000多万斤。

（2）地下矿藏　台湾现已探明的各种矿藏有200多种。但多数储量不丰，铁、煤、石油等资源尤缺。目前已经开采的矿藏有30余种。主要是：煤、硫磺、金、铜、天然气等。煤是最主要的矿产，集中在北部地区，蕴藏量估计达5亿吨，可开采量约为2亿吨，但煤质较差。金、铜以东北部的瑞芳、金瓜石地区和东部中央山脉以东至海岸一带为最富集。在台湾北端大屯山一带，还出产重要的化工原料——硫磺。这是我国天然硫磺储量最多的地方。据估计，达200多万吨。现已探明的油气田，主要分布在西部山麓和平原地区。

（3）水产资源　台湾四面环海，又处暖流与寒流的交汇地，海产十分丰富，一向是我国重要产区。鱼类多达500多种，其中以鲷鱼、鲔鱼、鲨鱼、鲣鱼、鳁鱼最多。高雄、基隆、苏澳、花莲、新港、澎湖等地都是著名的渔场。近几年台湾还发展虱目鱼、吴郭鱼、鲢鱼、鳗鱼及虾、贝等淡水养殖业。此外，台湾出产的海盐也久负盛名。从鹿港到安平之间的沿海地区是海盐的主要产区。

（二）简史

台湾是我们伟大祖国不可分割的一部分。台湾同祖国大陆的渊源深厚而久远。在远古时代，台湾和大陆本来连在一起。后来由于地壳运动，相连接的部分陆地沉为海峡，台湾遂成海岛。

从台湾岛的考古发现来看，祖国大陆的文化在旧石器时代就已传到台湾。台湾各地相继发掘出土的石器、黑陶、彩陶和殷代两翼式铜镞等大量的文物证明，台湾的史前文化与祖国大陆同属一脉。台湾古称夷洲。秦汉以来与大陆交往均有史记载。南宋时澎湖隶属福建省晋江县。1292~1294年，元代在澎湖设巡检司，管理台湾民政，隶属福建省同安县（今厦门）。1624年，（明天启四年），荷兰殖民者侵占台湾，使台湾第一次沦为殖民地。1661年，明末将领，著名的民族英雄郑成功，率领战船数百只，兵将二万五千人，从福建厦门出发，进军台湾，在当地人民的密切配合下，经过半年多激战，收复了台湾。1683年，郑成功之孙郑克爽率众归顺了清政府，设立台湾府。1885年，台湾正式成为中国的一个行省。第一任巡抚刘铭传到任后，广招福建、广东沿海居民移居台湾，进行大规模的开发。

1894年，日本发动对中国的侵略战争，这一年是农历甲午年，史称"甲午战争"。中日甲午战争进行了8个月，中方战败。次年4月17日，腐败的清政府签订了丧权辱国的《马关条约》，将台湾及所有附属岛屿和澎湖列岛割让给日本。消息传到台湾，全台为之哗然。台北民众鸣锣罢市，纷纷上书清廷，要求誓死守卫，在爱国志士丘逢甲、刘永稻等人领导下，台湾同胞顽强抵抗日军达半年之久。从1895年到1945年，日本侵略者占领台湾达50年。1945年8月15日，日本无条件投降。抗日战争胜利后，我国恢复了对台湾的主权。

1949年中华人民共和国成立前夕，原在大陆的国民党当局退居台湾；1950年朝鲜战争爆发，美国派遣第七舰队侵入台湾和台湾海峡，并于1954年同台湾当局签订《共同防御条约》，造成了台湾同祖国大陆分离的状况。

（三）经济

在我国历史上，台湾经济的开发较大陆稍迟，但在与海外经济联系上则发展较早，影响较深。由于深受帝国主义侵略与掠夺，多带有殖民地经济的烙印。

第二次世界大战后，台湾经济发展大致经历了经济恢复、以农养工，出口导向和经济转型四个时期。

1949~1952年为经济恢复时期。这一时期经历了3年时间，大批国民党军政人员刚上岛时，生活十分困苦，不少国民党在大陆时的县长、团长，到台湾后因为生活无着，沿街乞讨的比比皆是。当时台湾工农业生产几乎处于停顿的状态，而军事开支占财政总支出的一半以上。为了扭转这种局面，台湾当局采取了一系列稳定社会和恢复经济的政策与措施。如进行土地改革、币制改革、加强外汇管制、优先发展电力、肥料及纺织工业等，使得台湾经济开始复苏。此外，美国从1950年下半年起，开始对台湾实行经济援助，注入了大量资金，帮助台湾恢复经济。所以到1952年，台湾经济很快恢复到二战前的最高水平。

1952～1960年为以农养工时期。这一时期经历了8年，当时台湾经济基本上是以农业为主，岛内劳动力过剩，对外贸易和国际收支逆差严重，外汇极度短缺。台湾当局制订了以稳定求发展的指导思想，以农业培养工业，以工业发展农业。当时的土地改革促进了农业劳动生产率的提高，农产品及其加工品猛增，占总出口的比重非常高，1957年竟高达71.5%，成为创汇主力。在工业方面，当局把资金放在需求量不大、技术要求不高、建厂周期短的民生工业上，以适应民众的消费水平，并节省外汇开支，创造更多的就业机会，减轻就业压力，形成了糖、茶、菠萝等农副产品加工业，以及水泥、玻璃、塑料原料、家用电器等进口替代工业。

1960～1986年为出口导向经济发展时期。这一时期用了26年。由于岛内市场狭小，进口替代工业的产品市场已趋饱和，若继续发展将导致经济后劲乏力。台湾抓住当时国际分工变化的机遇，利用岛内廉价的劳动力，大力发展加工出口工业，带动经济发展，并陆续修正和制定旨在促进出口的政策，如实施"奖励投资条例"、鼓励民间储蓄、对外销厂商实行税收和融资优惠，设立出口加工区和保税仓库等。这个时期外资对台湾工业化和出口扩张起了重要作用。至此，台湾工业建立了一个以出口加工区为依托，以轻纺、家电等加工为核心的产业支柱，带动了台湾经济的高速发展。

1986年至今为经济转型时期。80年代以后，由于台湾内外经济环境的变化，岛内劳动力缺乏，劳动密集型加工出口业逐渐丧失优势，导致民间投资意愿低落，经济发展陷入困境。台湾当局提出了自由化、国际化、制度化的经济转型口号，确定以通信、信息、电子、半导体、精密器械与自动化、航天、高级材料、特用化学及制药、医疗保健及污染防治等10大新兴产业为支柱产业。台湾对外出口市场的重心逐渐从欧美转向亚洲，出口产品结构也发生了很大变化，电子、信息、机械、电机和运输工具产品已占总出口的50%以上。对外投资大幅度增长，开始成为净资本输出地区。过去20余年来，两岸经贸关系快速发展对台湾经济产生了重要的促进作用，推动了台湾经济的转型步伐，祖国大陆已成为其最大顺差来源地。

（四）社会

1. 人口与民族

据台湾有关方面统计，台湾地区的人口总数已将近2 270万人，其人口分布很不平衡，西部多于东部，沿海平原多于山区，90%的人口分布在西部和北部海拔100米以下的平原，盆地和台地丘陵。本省人口中97%以上是汉族。1946年以前，台湾的汉族同胞80%左右是历代从福建移去后繁衍的，其中原籍泉州和漳州的最多，另有不到20%是广东移民的后代，其中又以原籍梅州和潮州的最多。

台湾的少数民族主要是高山族,约占该省总人口的2%。高山族是早就居住在台湾的民族,经过长期的历史发展,已演化成为两部分,一是定居平地年代较久,与汉族融合者,称为平埔族;二是受汉族影响较少,迄今大多仍居住山区,并保持本民族原有的习俗与语言者,称为高山族。现时台湾所称的高山族,系指后一部分。

2. 语言与宗教

台湾省的本地方言叫闽南话,"闽"指的是福建,也就是说台湾的方言和福建南部的方言是一样的,在少部分人中也说广东的客家话。台湾把普通话叫"国语",经过多年推广国语运动,普通话已广为普及。现在,普通话和闽南话同为台湾各地的通用语言,广播、电视以普通话为主,另外有一部分闽南话节目。高山族各族群均有本民族语言,每一族与另一族都不一样,但都没有自己的文字。

台湾宗教活动盛行,居民多数信仰佛教和道教,少数信奉天主教或基督教。

3. 习俗

明末清初,福建、广东居民大规模移民台湾,台湾才被逐步开发。在日占时期,日本殖民者虽然绞尽脑汁实行民族同化,但遭到台湾同胞的顽强抵制。国民党迁台后又有大批大陆人员来到台湾,所以台湾汉族同胞的生活习惯和社会风俗许多与大陆基本相同,一般保持着闽、粤地区的特征。

(1) 服饰

从前,男子上衣,长必过膝,袖宽四五寸。清同治后,衣渐短而袖渐宽。妇女不分老幼,均着红裙。日本人占据台半个世纪,台湾人受其影响,多习用日本人的便衣和木屐。自1945年到现在,男装多为西装及港衫西裤,女装多为洋装,间或也有穿旗袍的。妇女首饰多用金银制造。

(2) 饮食

居民一日三餐,均为米饭,也有米粉条、米粉果等;还有一种糍性的糯稻,称为秫,味甘性润,可酿酒、制糕。每逢岁时节日,必食米丸之类,取团圆之意。粤籍客家人喜食一种米脐糕;端午节食粽子,新年食糕;甘薯也为部分台湾人的主要食粮。红馒头用于岁时礼庆,白馒头多用于丧祭。平时多食猪肉,岁时节庆多用鸡鸭。烹调常用砂糖,味清淡;喜食生鱼片及豆瓣酱汤。水果以柑橘、香蕉、西瓜、甘蔗、芒果为主。著名的地方小吃有新竹的贡丸和米粉,宜兰的金枣糕和李子糕等。

(3) 婚俗

台湾民间婚嫁的一般婚姻程序为：①议婚，由媒人取得双方同意后，互换男女"八字"。②订婚，行聘礼。③送日子，男家择定婚期，用红笺书写男女生庚迎娶时日，送往女家。④结婚，前三日或当日，女家送嫁妆给男家，新娘出嫁前，与家人共餐，且哭且食。用花轿迎娶，新郎新娘拜天地、互拜、入洞房。第二天早晨，新娘拜祖先及公婆。

(4) 礼赠禁忌

禁以手巾赠人。从前，台湾民间丧家在办完丧事后送毛巾给吊丧者，用意在于让吊丧者与死者断绝来往。所以，台湾有"送巾，断根"之说，因此，在一般情况下，若赠人手巾，即不禁令人想起不吉利的丧事与断绝、永别之意。

禁以扇子赠人。扇子价廉易碎，用于夏季扇凉，一到秋深天凉，即有"秋扇见捐"，意即太绝情，用完后就被甩掉。台湾民间有俗语："送扇，无期见"，即基于此种心理。恋爱的青年男女赠送扇子表示快冷的意思，说明心不诚，因此，千万不要以扇子当礼物赠人。

禁以剪刀赠人。剪刀属伤人的利器，其含有"一刀两断"、"一剪两断"的意思。赠剪刀会使人有不怀好意之虑。所以，切勿以剪刀赠人。

禁以雨伞赠人。台语"伞"与"散"同音，若拿伞来赠人，犹表送"散"给对方之意，且台语"雨"与"给"同意。"雨伞"与"给散"同音，难免会引起对方误解。

禁以镜子送人。因为镜子容易打碎，"破镜难圆"。还有好像嫌人丑陋，让人家照镜子好好看看自己的意思。

禁以钟送人。因为"钟"与"终"同音。送钟会使人想到"送终"，易引起友人的反感。

禁以甜果送人。甜果即年糕，是台湾民间过年祭拜神明祖宗时的必备之物，但在丧家守孝时严禁蒸食。因此，如以甜果赠人，会使受赠者联想家里发生了丧事。自然要忌讳。

禁以粽子赠人。台湾民间丧家习惯上既不蒸甜果，也不赠粽子。如以粽子送人，会被误解为把对方当丧家，故此也在忌讳之列。

禁以鸭子赠人作"月肉"。"月肉"是指分娩一个月以内的妇女吃的肉。她们吃的"月肉"通常是麻油鸭、猪腰仔、猪肝等"热性"食物。鸭子属"冷性"，她们不宜吃用。并且台湾有"死鸭硬嘴闭"、"七月半鸭仔，不知死期"等俗语，若以鸭子作为贺喜礼物，会使人联想到不祥的兆头。

二、旅游业发展概况

1. 旅游业发展及原因

1956年，台湾当局认识到发展国际旅游接待可以赚取急需的外汇，遂设立了正式的观光开发领导机构,这标志着台湾现代旅游业的开始,从此直到1973年,除个别年份情况特殊外,每年来台的国际游客均呈大幅度增长。进入70年代,由于台湾经济发展达到了较高水平,台湾人民出岛旅游的愿望日益增长,当局于1979年开放出岛观光,使台湾旅游发展进入一个新的时期。1987年11月,台湾当局开放赴祖国大陆探亲旅游,进一步刺激了台湾旅游业的发展。到2004年,台湾省进岛旅游共计295.03万人次,观光外汇总收入达40.53亿美元,占台湾地区生产总值的1.33%。台湾省出岛旅游为778.07万人次,民众出岛旅游率达20.8%。

　　50多年来,台湾的旅游业获得了较大发展,由单一的国际旅游接待业发展成为国际旅游接待业、岛内旅游、出岛旅游齐备的成熟结构,这与台湾的自然环境、社会经济、历史背景及主观的努力是分不开的。

　　台湾在南北长近400公里、东西宽140余公里范围内,汇集了平原、丘陵、山地及热带、亚热带、温带(山地)的自然风光。台湾本岛的东西两面还点缀着澎湖、小琉球、兰屿、绿岛等各具特色的海上离岛风景区。阳明山的花季、阿里山的林涛、玉山的松林雪景、蝴蝶纷飞的"西太平洋海上乐园"(兰屿),都是台湾宝贵的自然旅游资源。中华民族对台湾的开发和保卫,有许多可歌可泣的事迹,也留下了不少的文物古迹,台南的赤嵌楼、安平古堡、淡水的红毛城,历经沧桑今犹在,成为了历史的见证。主要居于山地的高山族同胞,大都保留着自己独特的传统风俗和人情风尚,台湾称之为山地文化。此外,国民党当局当年逃台时携走了大批珍贵文物,等等,所有这些旅游资源,对于与中国文化渊源相联的日本游客和东南亚游客及视中国为神秘之国的西方旅游者,不能不说是一种强大的吸引力量。

　　台湾旅游业的发展,也适逢特殊的国际政治,经济环境。第二次世界大战后初期奠定的世界政治和经济格局在稳定中发展变化,参与角逐的力量,不仅包括了政治和军事的力量,而且蕴含经济和社会文化的力量。20世纪70年代中期以前,西太平洋沿岸一直是西方政治家之所谓"自由世界"与"共产主义世界"激烈对垒的前沿,美国在这里苦心经营,谋求壮大本地带自身的力量;战后日本经济的迅速恢复和发展,在一定程度上也带动了本地,带动了其他国家和地区的发展;同时中国大陆被迫关上了海上大门。台湾经济就是在这种环境下发展起来的。台湾处于本地带的中间地段,交通条件良好,有着日本、美国、香港较为稳定的客源,后来东盟各国游客也迅速增长,发展国际旅游接待业有着良好的国际环境和旅游区位条件。

　　台湾当局重视发展旅游事业,及早建立了旅游行政领导机构,将旅游开发所需投资列于经济建设计划,以外贸出口为主的出口导向型经济引导旅游事业向纵深发展，这对台湾的旅游开发都有着重大作用。另外，台湾经济和社会的发展不仅使岛内旅游和出岛旅游迅速增长，而且也给海外来台游客提供了一个良好的接待环境。

在发展旅游事业的过程中，台湾当局对改善交通条件作了很大努力。台湾四面环海，航空运输的发展备受重视。1963年以前，一直只有一个民航机场——台湾国际机场，1966年高雄国际机场开通，1979年，规模巨大的现代化机场——桃园国际机场投入使用，在空运峰期每小时可起降33架次，每年可起降6.6万架次，使台湾的航运能力迅速提高。台湾的铁路交通和公路交通也很发达。环岛电气化铁路系统、南北高速公路、西部纵贯线、东部纵贯线、南回公路和北、中、南三条横贯公路互相联结起来，形成网络，并且路况好、车速快，进出各旅游区非常便利。

50多年来，台湾旅游规划部门致力于把全台湾建成西太平洋旅游地带中独具特色的旅游胜地，力求将重要旅游风景区、旅游城市统筹安排，现已形成各具特色、功能互补的北部、中部、南部、东部四大区域"观光游憩系统"。台北市为北部最重要旅游枢纽，是游客重要的集散中心。台北市通过发达的公路、铁路、航空交通将其周围40公里范围内的旅游风景区联结成为一个系统。本区域的风景旅游区种类齐全，接受了占全台湾40%左右的旅游活动。以台中市、南投县为旅游枢纽，将周围40~50公里范围内的风景点联结成一个空间系统，形成中部旅游区域。中区以鲜明的自然特色吸引着游人，同时也有一定的文物古迹，本区域接待了占全台湾15%的旅游活动量。以高雄市、台南市、嘉义市为旅游集散点的南部区域，以突出于全台的文物古迹、高山森林游乐园和"国家公园"、海岛风景区和浓郁的热带情调为特色。本区域有两大"国家公园"（玉山公园、垦丁公园），又是台湾第二大人口和城市中心之所在，接待游人较多，占全岛总量的近40%，几乎与北区并行。东部区域是台湾经济和社会发展较慢的区域，山林处处自然景色迷人，但旅游开发不够，现有风景区有限。本区以风景道路型"国家公园"、热带海岛风光以及险秀绝伦的海岸风景道路为特色，也是台湾山地文化旅游资源最丰富的区域。旅游接待量占全台湾的6%左右。

台湾在建立良好的旅游形象和旅游市场推广方面也费尽心机，同民间通力合作，着眼于长远，并有恰当的区域竞争与联合的观念，针对亚太、北美、西欧几大市场，台湾保有持续的推销攻势，在传媒大量刊出广告的同时，定期派团前往客源地推广宣传，做了大量的工作，取得了较好的效果。

2. 旅游景观

台湾岛四面环海，四季如春，景色如画，素有"美丽宝岛"之誉，目前主要旅游胜地有：

阿里山风景区——位于嘉义县东北，是大武峦山、尖山、祝山、塔山等十八座山的总称。从嘉义乘登山火车四小时可达阿里山风景区。这里的森林，云海和日出被称为三大奇观。森林面积有三万多公顷，由于气温的差异，从山下到山顶分别生长着热带，温带的椰子树、桉树、槟榔树、合欢树，相思树，扁柏，铁杉等不同树种，种类繁多。在阿里山观云海，白云从山谷涌起，迎风飘荡，把山谷和林海遮得若隐若现，人立山峰，犹如置身海上仙山之中。在阿里山看日出，景色更为壮观，这里可看到太阳从玉山主峰升起的奇景。

日月潭风景区——位于南投县鱼池乡水社村，交通十分方便，从台中乘汽车或从彰化县二水乡乘火车都可到达。日月潭是"台湾八景"中的绝胜，一年四季，晨昏景色，各有不同，人们常把它与杭州西湖相媲美。

鲁阁幽峡风景区——该区是花莲县境内云雾溪峡谷的总称。这是一条10公里长的大理石峡谷，两岸悬崖峭壁，仰视云天一线，犹如长江三峡风光。

南湾极点风景区——南湾极点指屏东县恒春半岛的鹅鼻，四重溪，佳洛水，猫鼻头，风沙，船帆石等十几处新旧风景点，加上热带植物园和垦丁海水浴场等，使恒春半岛成为台湾岛最有发展前途的风景区。

阳明山风景区——阳明山又名草山，固盛产茅草而得名。位于台北市北16公里处，海拔443米。阳明山群山四合，一年四季，气象万千，是台湾北部的游览中心，也是避暑胜地之一。阳明山温泉与北投温泉，恒春半岛的四重溪温泉，台南的关子岭温泉合称台湾的四大温泉。阳明山公园是台湾规模最大，景色最美的公园。每年二月下旬至四月初樱花杜鹃齐放，姹紫嫣红，令人赏心悦目，前来观花的人数以百万计。

北投温泉风景区——北投在台北市西北12公里处。这里温泉密布，有"温泉之乡"的称号，无数别致的温泉旅社五步一楼，十步一阁，隐现在岩谷溪涧。北投温泉流量丰富，水质属酸性，含有大量的硫化氢，适宜医疗疾病。公园北隅有一小瀑布，其水温热，俗称"北投温瀑"。其上游为"地狱谷"，是北投温泉涌口之一，这里水温最高，可煮熟鸡蛋和蕃薯，所以也称"地热谷"。

野柳风景区——在基隆西北约15公里处，系一突出海中的细长岬角，因受海浪长期的侵蚀和风化作用，奇崖怪石密布，有"女王头"，"仙女鞋"、"乳房石"、"梅花石"、"卧牛石"等形形色色的48景。加上美人蕉，龙舌兰，海芙蓉等海岸植物，使这里成为天然的海岸公园，每年吸引大量游客。

乌来风景区——在台北市东南28公里处，是高山族中泰雅族聚居的地方。乌来风景区最有名的是乌来瀑布，瀑布在游山峡谷尽头，有窄轨轻便车可达。瀑布高82米，宽约10米，宛如白练飘空。每当黄昏，云雾弥漫崖顶，水从云雾中冲出，景色奇异，为此乌来瀑布又有"云来之龙"的称号。

台南古迹——台南有寺庙166座，基督教和天主教堂40多座，人称"五步一神，三步一庙"。法华寺、开元寺、弥陀寺、竹溪寺合称台南四大古刹。台南市最著名的古迹是"赤嵌楼'。原为荷兰殖民者侵占台湾时，于1653年所建的一个四方形要塞。"赤嵌"二字是因城垣的红色砖瓦，朝曦夕照，如吐红霞而得名，是荷兰殖民者用来镇压中国人民的巢穴。1661年郑成功收复"赤嵌楼"后，把它改名为"承天府"，后因几次遭到大地震，城堡塌毁，今"赤嵌楼"建于1956年，仍有原城堡残迹，是台湾省一级重点文物。后人为纪念郑成功收复台湾的伟大功勋，兴建了"延平郡王祠"，坐落在台南市东区开山路，是台湾惟一的福州式庙宇建筑。该祠堂宽大，陈列有郑氏遗物及汉族移民开发台湾的多种文物，供人们凭吊瞻仰。

台北市"故宫博物馆"——是亚洲古代文物中心之一，院内所藏的中国古代艺术珍品总共约665 924件，绝大多数是1949年从大陆搬迁去的。其中有4 398件铜器，24 356件瓷器，5 749件绘画和书法珍品。图书文献为587 640件，包括宗教经典，档案奏折，善本书籍等。其中军机档案奏折189 000件，为数最多，善本书籍居次，约4万余件。

三、台湾省国际旅游与来祖国大陆旅游

1. 进岛旅游情况

2004年进岛游客共计295.03万人次，较2003年增长31.24%，但与2002年相比下降0.92%。这主要是2004年上半年SARS是否再度爆发之疑虑、亚洲禽流感疫情和岛内"3·20"大选前后纷扰等不利因素，限制了两大客源地——日本与港澳市场的恢复。在上述不利因素消失后，随着"2004台湾观光年"促销力度的加大，下半年各大客源市场均呈增长态势。全年观光外汇总收入达40.53亿美元，占台湾地区生产总值的1.33%。2005年上半年进岛旅客累计164.65万人次，比2004年同期上升18.14%，亦较2002年同期增长12.46%。表明进岛旅游市场已全面回升。从市场份额上看，日本、港澳地区、美国位列进岛客源市场前三位，韩国市场成为亮点，增长速度居各国之首，祖国大陆居民进岛人数逐年上升，2004年达3万人次，比2003年增长25%。2004年进岛游客每日人均消费额为180.52

美元，比 2003 年增长 8.69%，但较 2002 年减少 11.57%。旅游消费结构近几年大致相同，依次为酒店内消费、购物、酒店外餐饮费、娱乐费、岛内交通费、杂费。

2. 出岛旅游情况

2004 年台湾省居民出岛旅游总数为 778.07 万人次，民众出岛旅游率达 20.8%，据 2004 年出岛班机首站抵达地分析，以前往亚洲地区最多（占 82.62%），其次为美洲（占 8.34%）、欧洲（占 3.35%）、大洋洲（占 1.79%）和其他地区（占 3.91%）。其中，祖国大陆、港澳地区、日本、美国、泰国和韩国是台湾民众出岛旅游的主要目的地。近年来，由于台湾经济不景气，出岛旅游人次虽然增长，但出岛旅游总支出却呈下降趋势，2004 年台湾民众出岛旅游支出总额为新台币 3 262 亿元，比 2002 年减少 6.3%。值得注意的是近年来台湾省银发族出岛旅游人数迅速增加，2004 年 50 岁以上台湾省居民出岛旅游合计 209.86 万人次，首次超过 30～39 岁年龄段人群。进入 2005 年，银发族的出游率继续上升。2005 年上半年，50 岁以上银发族的出岛旅游市场份额扩大到了 28.65%。

3. 台湾省居民来大陆旅游情况

（1）现状

国家旅游局最新统计显示，台湾同胞来祖国大陆旅游、探亲、经商人数已从 1988 年近 44 万人次增长到 2005 年的 410.92 万人次；尽管目前两岸政治问题尚未得到解决，但两岸民间往来的基础已日趋深厚。前来祖国大陆投资、经商、探亲以及从事科技、文化、经济合作交流活动的台湾居民日趋增多，两岸各领域的合作及交流已成为两岸人员往来的稳定基础。两岸旅游交流日益受到两岸旅游业界的重视，祖国大陆已成为台湾同胞赴岛外旅游的首选目的地。

（2）客源市场特点

台湾省旅游者到大陆主要旅游形式为观光度假旅游、商务会务旅游，朝圣旅游。近年来，由于祖国大陆的经济快速发展，台湾居民前来大陆考察、投资、经商的日益增多，商务会务旅游发展很快，而以血缘联系为主要纽带的探亲旅游则相对减少。根据国家旅游局组织实施的 2005 年"入境游客抽样调查综合分析报告"显示：

台湾省居民在大陆入境过夜旅游者人均日花费为 152.70 美元，入境一日游旅游者人均花费 59.68 美元。

台湾省居民有许多是多次到大陆的，在大陆的停留时间较长，有 27.6% 的人停留 8 天以上，其中 65 岁以上的停留时间达 9.4 天。

台湾旅游者的行程相对较长，一次游览4座以上城市的均在20%以上。

在住宿设施的选择上，台湾省居民选择私人住所住宿的比例比较高，达39.7%。

对大陆的旅游资源，61.2%的台湾省居民最感兴趣的是祖国的山水风光。

对旅游商品，台湾省居民的喜好首先是纪念品/工艺品，其次是食品/茶叶和服装/丝绸。

对大陆的旅游服务质量，台湾省居民对宾馆饭店的服务最满意，满意率为95.8%~96%，对娱乐、购物和导游这三方面服务的满意率都有所提高，对交通和邮电通信的满意率有所降低。在旅游接待设施中，台湾同胞对旅游区（点）厕所的满意程度最低，评价为"尚好"以上的占43.2%。

（3）台湾省客源市场的开拓

台湾客源市场自1987年11月台湾当局开放赴祖国大陆探亲旅游以来，由于祖国大陆拥有许多吸引台湾同胞的优势因素，台湾客源市场一直处于稳定增长状态，但有几种情况要引起我们的注意。第一，近年来其人均停留天数逐年减少，1999年为8.4天，2000年为8.2天，2005年为7.8天，台湾省游客对大陆旅游产品呈现出定地点、短天数、多次游的需求趋势。第二，台湾省游客对交通设施和邮电通信的满意率有所降低。在旅游接待设施中，台湾同胞对旅游区（点）厕所的满意程度最低。第三，商务会务旅游市场和银发旅游市场发展很快。

针对这几种情况，我们认为：首先，两岸旅游业应加强客源情况沟通，针对台湾客源市场的需求特点和变化情况，积极协作，开发出多层次、覆盖面广、适合台湾客源市场多种需求的旅游产品以提高其人均平均停留天数。其次，要完善旅游服务设施，尤其要提高旅游交通设施、旅游区（点）厕所的档次，并加强管理，提高交通接待服务、邮电通信服务的质量。第三，由于参加商务会务旅游的消费最高，并且近几年商务会务旅游市场发展很快，所以我们要重点培育商务会务旅游市场，并为之提供高质量的配套服务。第四，近年来台湾省银发族出岛旅游人数迅速增加，我们应注意这一旅游市场的新变化，开发适宜于老年人的旅游产品，积极培育老年人旅游市场。

思 考 题

1. 试分析台湾旅游业迅速发展的原因。

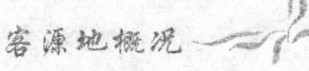

2. 分析说明台湾著名风景区的特色。
3. 分析说明台湾省居民前来大陆旅游的客源市场特点以及如何开拓台湾省客源市场？

第三章

东亚与南亚地区

亚洲，全称亚细亚洲。它位于东半球的东北部，东、北、南三面分别濒临太平洋、北冰洋和印度洋，西靠大西洋的属海，即地中海和黑海，面积4 400万平方公里，占世界陆地面积的29.4%，是世界第一大洲。亚洲是世界上人口最多的大洲，人口总数约36.9亿，约占世界人口总数的60%。

亚洲共有48个国家和地区，在地理上习惯分为东亚、东南亚、南亚、中亚、西亚和北亚。东亚包括中国、蒙古、朝鲜、韩国和日本；南亚包括斯里兰卡、马尔代夫、巴基斯坦、印度、孟加拉国、尼泊尔、不丹和锡金。本章重点介绍日本、韩国、蒙古和印度的自然、人文环境特征，旅游业发展状况以及出国旅游与来华旅游的基本情况。

第一节 概 述

亚洲是当今世界经济发展最快的地区之一。东亚旅游业起步较晚，20世纪80年代以来，东亚地区的国际旅游者和国际旅游收入的增长速度远远高于其他旅游区，在国际旅游市场中的地位也日趋重要。东亚的主要客源市场集中在日本与韩国，它们是国际游客输出的重要市场，也是我国的主要客源市场之一。日本人与韩国人不仅有来华旅游的愿望，而且有来华旅游的条件，他们有较高的经济收入和宽裕的闲暇时间，加上政府的支持，鼓励国民外出旅游，因而其出国旅游与来华旅游发展很快。

从长远看，东亚出国旅游市场前景乐观，其原因是：

第一，经济实力雄厚。"二战"以后，日本发展为世界第二大经济实体，韩国也逐渐成长为全球重要的工业化国家。

第二,中国一直是东亚各国游客喜欢的旅游地,中国丰富多样的地形地貌和民族文化对东亚各国游客有着很大的吸引力。

第三,中国与日本、韩国经济贸易往来十分密切。近十年来,日本一直是中国最大贸易伙伴,中国则为日本第二大贸易对象国和第二大出口市场。2005年,中国是韩国最大贸易伙伴和最大出口市场,韩国则是中国的第三大贸易伙伴国。密切的贸易关系促进了各国间旅游业的发展。

东亚旅游市场发展趋势:

第一,在政治经济稳定的前提下,出国旅游的主体仍是消遣性观光度假,其次是商务旅游、家庭旅游、修学旅游、新婚旅游,而奖励旅游呈下降趋势。

第二,单一目的地旅游取代多国旅游,出国旅游逗留时间缩短,出游次数增加。

第三,男性游客和老年游客仍居市场的主力,但游客趋于年轻化,且女性和其他年龄段的客源层迅速扩大。

第四,团体旅游依然具有广阔的市场,但散客数量增多,小包价、个性化的旅游产品受到欢迎。

第二节 日 本

一、基本概述

(一) 地理概况

1. 位置与领土

日本国名释义:日出之国。它被誉称为"樱花之国",位于亚洲东部的太平洋上,是一个群岛国家,领土面积37.78万平方公里。全境由本州、北海道、九州、四国四个大岛及3 900多个小岛组成,其中,本州岛最大,面积22.74万平方公里。日本东濒太平洋,北临鄂霍茨克海,西临东海、黄海、朝鲜海峡、日本海,与中国、朝鲜、俄罗斯相望,整个列岛呈狭长弧形由东北向西南延伸,长约3 000公里。

2. 地形

日本是多山之国,山地和丘陵约占全国总面积的3/4。横贯本州中部的飞驒、木曾、赤石山脉均超过海拔3 000米,被称为"日本的阿尔卑斯山"。日本的平原和低地很少,仅占国土的1/4,分布在沿海各地,大多为冲积平原,最大的平原是邻近东京湾的关东平原,面积16 000平方公里,除此之外还有石狩、越后、浓尾、大阪、筑后等平原。

日本又被称为"火山地震之邦",全国有200多座火山,其中,活火山占1/4,海拔3 776米的富士山是全国最高峰,是一座典型的圆锥形休眠火山。

3. 河流与湖泊

日本河流众多,共有河流上百条,主要有利根川、信浓川、石狩川、北上川、天盐川、木曾川六大水系。最长的河流是位于新潟县中部的信浓川,长367公里;流域面积最广的是发源于群马县北部、从西北向东南穿过关东平原流向太平洋的利根川,流域面积达16 840平方公里。

日本的湖泊较多,共有600多个,多为小而深的火山湖和泻湖。最大的湖泊是位于滋贺县境内的琵琶湖,面积674.4平方公里;最深的湖泊是秋田县境内的田泽湖,最大深度为423.4米;湖面海拔最高的湖泊是栃木县境内的中禅寺湖,高达1 269米;湖面海拔最低的湖泊是秋田县西北部的琴湖(亦称八郎泻),湖水最大深度只有4.7米。北海道东部的摩周湖1931年曾被测定为世界最高透明度湖,透明度达41.6米。

4. 气候

日本属温带海洋性季风气候,四季分明,但冬无严寒,夏无酷暑,南北温差较大。冬季受东西伯利亚吹来的季风影响,气温较低,最冷月平均气温北部-10℃,南部10℃;夏季受北太平洋吹来的季风影响,非常闷热、湿度大,多台风和梅雨天气,最热的8月份平均气温北部18℃,南部28℃。但由于本州中部山脉阻挡了部分季风,与亚洲大陆同纬度地方相比,冬季较为温暖,夏季较为凉爽。除北海道东部地区外,年平均降水量均1 000毫米以上,太平洋沿岸有些地区超过4 000毫米。

5. 资源

日本的自然资源十分匮乏,绝大部分依靠进口,仅煤和锌有少量储藏,是世界最大的资源进口国。日本森林覆盖率为66.4%,是世界上森林覆盖率最高的国家之一,以针叶林为主,主要树种有杉树、松树、柏树及山毛榉属、栎属林木等,南部多樱树。日本河流多,短而急,水量充沛,具有丰富水力资源,有利于发电、灌溉等。

(二)简史

公元4世纪中叶,日本出现了统一的国家——大和国。公元645年仿照唐朝律令制度,建立起以天皇为绝对君主的中央集权国家体制,使日本进入封建社会,史称"大化改新"。

公元12世纪起,经历"镰仓幕府"、"室町幕府"、"战国时代"及

"江户幕府"（又称"德川幕府"）四个时期，日本建立了中央集权封建制度，并实行锁国政策。

1868年1月，明治天皇发布"王政复古"诏书，废除了幕府制度。统治了260多年的德川幕府最后被推翻，"明治维新"开始，日本进入了近代资本主义时期，日本的社会经济和综合国力得到了迅速发展。

19世纪末、20世纪初，日本发动一系列战争，侵占中国领土台湾，吞并朝鲜，1914年参加了第一次世界大战。1931年日本发动"九·一八事变"，占领了中国东北三省，1937年挑起"卢沟桥事变"，发动全面侵华战争。1941年偷袭珍珠港，发动太平洋战争，妄图建立"大东亚共荣圈"。1945年8月15日，日本战败投降，第二次世界大战结束。在美国的监控下，1947年5月，实施新的日本国宪法，日本转变为议会内阁制国家，天皇仅为国家象征。

（三）政治经济

现行《日本国宪法》于1947年5月3日实施。宪法规定，国家实行以立法、司法和行政三权分立为基础的议会内阁制；天皇为日本国和日本国民总体的象征，无权参与国政；"永远放弃把利用国家权力发动战争、武力威胁或行使武力作为解决国际争端的手段，为达此目的，日本不保持陆、海、空军及其他战争力量，不承认国家的交战权"。议会泛称国会，由众、参两院组成，为最高权力机关和惟一立法机关。内阁为国家最高行政机关，对国会负责，首相由国会提名，天皇任命，其他内阁成员由首相任免，天皇认证。日本的司法权属于最高法院及下属各级法院，采用"四级三审制"。最高法院为终审法院，审理"违宪"和其他重大案件。检察机构分为最高检察厅、高等检察厅、地方检察厅。法务大臣对检事总长有指挥权。日本首都为东京。

在第二次世界大战中，日本国民经济受到了毁灭性的打击。但到1951年时，日本的经济已恢复到了战前的水平，到1968年，日本一跃成为工业发达、科学技术领先的经济大国，其经济实力仅次于美国，居世界第二位。

日本工业体系完整，工业结构为知识、技术密集型。随着国民收入的增加，其消费水平急剧提高，商业、服务业迅速发展，日本的产业结构相应发生了变化，第一产业减少，第二、第三产业增长。资源能源匮乏，国内市场相对狭小，对外依赖严重，构成了日本工业生产最突出的特点。日本渔业十分发达，捕鱼量位居世界前茅。

日本海岸线曲折，海上交通发达，拥有1 000多个海港。横滨、神户、千叶、名古屋是日本的四大港口。日本铁路交通十分发达，铁路长27 400

公里，电气化率高，具有高速、安全的特点，如东京到福冈的新干线，时速达每小时 500 公里。日本的四大岛之间均有海底隧道和大桥相通，青函隧道仅海底部分就达 23.3 公里，是世界上最长的海底隧道之一。日本的公路交通方便，公路长 117 万公里，最重要的公路是东京到京都的东海道，其次是连接北部、西部和东京之间的公路。日本的航空运输非常发达，首都东京为世界航空中心之一。货币为日元。

（四）社会

1. 人口

人口 1.2 亿多，为世界人口密度最大的国家之一，1997 年，日本人的平均寿命为：男 77.11 岁，女 83.59 岁，有世界第一长寿国的称号。

2. 文化艺术

（1）日本艺道

日本传统文化深受中国的影响，最有代表性日本艺道有书道、歌道、连歌道、能乐道、花道和茶道，在日本，这些艺术和艺能被视为一种培养情操的方式。

用毛笔写汉字而盛行书法，是在 6 世纪佛教传入之后，日本人称之为"书道"，圣德太子抄录的"法华经义疏"是日本书道的代表作。目前，日本书道联盟共有会员 1.5 万余人，都是具有相当造诣和影响的书法家。

茶道是煮茶、品茶的艺术，是一种以茶会形式进行交际的礼法。茶道分为朝茶（上午 7 时）、饭后（上午 8 时）、消昼（正午 12 时）、夜话（下午 6 时）。它有新、旧两个派别。新式茶道在进行过程中可以自由交谈，而旧式茶道只能谈及和茶道相关的内容。茶道一般在面积不大的称为"茶室"的房间中举行，用具、点茶、冲沏、递接、加水、品茗等都有一定的方式，讲究典雅、礼仪，使用工具精挑细选，品茶时可配以甜品。

花道又称插花、生花，是日本的一种室内装饰艺术。它起源于佛教的供花，古人在佛前供奉人工制"莲华"，称"供华"，花道就是从"供华"演变而成。到 12 世纪，插花逐渐摆脱了原有宗教色彩，成为供人鉴赏的艺术。插花有一定的方式和规格，如花草的选择和搭配。花朵的大小、花茎的长短、枝的斜度、一蕾一叶都要经过精心设计，力求给人以新颖的美感，一般采用瓶插或盆插。

（2）日本传统体育

日本主要的传统体育艺术有围棋、棒球、柔道、相扑等。

围棋源于中国，公元 735 年传入日本。平安时代，围棋之风首先在贵族阶层兴盛起来，镰仓时代，围棋成了武士、僧侣相互交际的重要工具，并逐渐发展成为普通日本人喜爱的一种棋艺活动。

在日本，相扑有着举足轻重的地位，被称为"国技"。相扑亦称角力、角觚，最初源于中国，后传入日本，奈良时代以后兴盛，镰仓时代以后作为武技而在武士中盛行，17世纪末，开始出现营利性职业相扑。作为群众性体育活动，相扑在日本民间十分盛行，每年日本举办六场相扑比赛，每次15天，三场在东京举行，其余则在大阪、福冈和名古屋。相扑选手都是经过严格训练的运动员，"横纲"是相扑的最高级别。

（3）日本文学

日本文学非常发达，代表作家有紫式部、松尾芭蕉、大江健三郎、川端康成、芥川龙之介、三岛由纪夫、夏目漱石、森鸥外和松本清张。

紫式部是日本古代著名女作家，《源氏物语》是世界上最早的长篇小说。《源氏物语》近百万字，规模宏大，出场人物有400多人，时间跨度长达70年，是日本小说史上里程碑的作品，被誉为日本文学的高峰，不仅对日本文学的发展产生过很大的影响，而且在世界文学史上也占有一定的地位。这部日本巨著中广泛地运用了中国古典诗文，引用唐代白居易的诗句达90余处。书中时常出现《战国策》、《史记》、《汉书》等中国古籍中的史实，具有浓郁的中国古典文学气氛。

松尾芭蕉是古代著名俳句家，主要作品有：《荒野纪行》、《鹿岛纪行》等。川端康成获得1968年度的诺贝尔文学奖，是日本历史上第一个获得诺贝尔文学奖的作家，他为日本文学走向世界做出了贡献，代表作有《雪国》、《古都》等。

3. 民俗

（1）服饰

日本的传统服装是和服，它是在仿照中国唐代服装的基础上改造而成的。和服的种类很多，婚、宴、丧、礼、春、夏、秋、冬各不相同，按和服花纹和质地更有贵贱之分。今天，和服不仅是人们婚、宴、丧、礼时喜爱的服装，和服及其饰物还成了布置室内的装饰品。男式和服的色彩比较单调，腰带较细，附属品不多，穿着方便。女式和服却比较复杂，一般分为婚礼和服、成人式和服和礼服等。女式和服是套装，有十几种附属品组成。此外，在穿着和服时，还要根据和服的种类，梳理不同的发型。腰带的结法也各不相同。穿和服时，一般还要穿布袜、木屐或草鞋。

（2）饮食

日本人的主食是大米，副食为蔬菜和海产品。日本式菜肴清淡少油且多凉菜。另外，日本人还爱吃酱汤、酱菜和酸梅。每逢过节或过生日，多吃红豆饭，表示吉利。日本人的饮食，主要有"日本料理"、"中国料理"和"西洋料理"三种。料理是日本人对饭菜的统称，"日本料理"总的风味特点是偏甜清淡，多凉菜和生冷蔬菜。

（3）住房

日本人的住房基本上有两种。一种是西式住宅，一种是日本式住宅。城市以前者为多，农村以后者为多。日本式住宅一般都是木制平房，适应当地的自然气候条件，利于抗震、防风、防潮。根据传统习惯，人们进入屋内必须脱鞋。屋内铺面上放有草席和座垫，作为起居之用。日本式住宅的房间很小，住房面积用榻榻米表示，一张榻榻米约2平方米左右。日本传统式住宅里几乎都设有"床之间"，即壁龛。

（4）礼仪与禁忌

日本人见面多脱帽鞠躬，很少握手；常用见面礼节语是"您好！""对不起。""打扰您了。""请多关照。"等。与人说话不要凝视对方。路上遇到熟人要讲话时，按"不给别人添麻烦"的原则，到路边或一旁低声说话。两人并排行走，自己主动走在靠车道一侧，以照顾对方安全。日本人习惯于准备一些见面礼品。拜访别人应避开清晨、晚上8点以后及吃饭时间。首次见面应自我介绍（或递名片）或为他人介绍。进日本人房间前要脱鞋、脱大衣、摘帽，进房间后依主人安排就坐。

日本人忌绿色，认为绿色为不祥的颜色。还忌讳梅花图案，并认为梅花为不祥之花。忌讳数字"4"、"9"，因为日语中的"4"与死同音，而"9"的发音与"苦"相近。日本人讨厌金银眼的猫，说是看到这种眼睛的人要倒霉。日商人还忌讳"2月"、"8月"，因为这是营业淡季。此外，日本人在筷子使用方面非常讲究，他们忌"八筷"，即舔筷、迷筷、移筷、扭筷、插筷、掏筷、跨筷、剔筷。

（5）时差

日本位于东九区，比格林威治时间早9小时；比北京时间早1小时。

二、旅游业概述

（一）旅游发展概况

日本虽然不是世界旅游大国，但旅游业在日本第三产业中则占有举足轻重的地位。日本主管旅游业的国土交通省发表的有关统计数据表明，2002年，日本旅游业从业人员达到393万人，直接消费产生的经济效益为21万亿日元（约120日元合1美元），如果加上间接效益则达到49万亿日元。为此，日本政府决定将旅游业作为经济的支柱产业大力发展，并于2003年7

月31日制定了观光立国战略，推出观光立国行动计划，力求在2010年将来日旅游的外国游客数量增加到1 000万人次以上。

为规范旅游市场，提高旅游服务质量，日本政府从立法入手，通过颁布、修改《旅行业法》和《旅行业法实施规则》等多项法律法规，使消费者从与旅行社签定合约之时起，其合法权益就受到国家法律法规的真正有效保护，玩得安心、放心。

日本将从事旅游业的旅行社分为3类。法律规定，日本旅行业实施"经营保证金制度"。各类旅行社必须根据上一年的营业额向有关管理部门交纳营业保证金。如果消费者交纳费用后，旅行社因种种原因不能履行合约，又不能按规定赔偿旅行者的损失，有关方面可将保证金用于赔付旅行者的损失。

日本旅游业严格的从业准入制度也在一定程度上保证了旅游服务质量。这项制度规定，从事旅游业的企业和人员必须拥有相应的资格。也就是说，旅游业的从业企业和人员只有在通过国家考试取得从业资格后，方可进入并从事旅游业方面的业务。旅游从业人员主要包括导游资格和旅行业务主任资格。一般情况下，报考旅行业务主任资格的人员应具有导游资格。旅行社的每一个营业网点必须有旅行业务主任负责旅游业务的管理和监督，否则不得承接旅游业务。

《旅行业法》规定，旅游业者刊登的广告不得有虚假和夸大的内容，也不得隐瞒影响旅游者进行判断的重要事实。《旅行业法》还严格规定了刊登广告时必须注明的内容和不得采用的格式：如必须刊登旅行社的名称、地址、注册登记号码、旅行目的地、日程、交通、住宿、饮食以及所需费用和提供的服务等详细内容；在费用方面，不得仅刊登最低价格，标注最低价格的文字及图案也不能比其他价格的文字大。旅游业者在接受委托后必须与消费者签订书面合同，而且必须事先如实说明所有情况，不得误导消费者。

除法律法规外，被称为"旅行业约款"的旅游业行规也起着保护消费者利益的重要作用。"约款"第6章"责任"规定，因旅行社方面的原因给旅游者造成损失的，如旅行日程变更、交通工具有所变化、住宿饭店档次降低等，必须给予旅游者相应的赔偿。

在日本旅游业的规则中，最值得一提的是世界旅游业中独一无二的"特别补偿制度"。这项制度规定，不管旅行社是否有责任，只要不是消费者的故意行为致使受到伤害或损害，旅行社都要给予一定补偿。按照这项规定，如果旅游者在海外旅行中发生意外事故，致使其身体受到伤害，并在180天内死亡，旅行社必须支付2 000万日元的死亡赔偿金，国内旅游则赔偿1 000万日元;如果身体受到伤害,并在180天内出现后遗症,旅游者可根据后遗症的轻重得到相应的赔偿金;如果旅游者在旅游期间行李不慎丢失,一件丢失行李最高可得到15万日元的赔偿。

在日本,如果有关旅游企业或导游等乱收费的事情被投诉,这些日本企业或导游将遭到严厉处罚,甚至被吊销营业执照或被开除。此外,在日本,除个别文物性质的旅游景点收取门票外,绝大部分自然景观和公园是不收门票的,游人可以自由参观游览。

(二) 旅游资源

1. 主要旅游城市

(1) 东京

东京是日本的首都,位于本州中部,包括关东地区南部和伊豆、小笠原诸岛,面积2 162平方公里,人口1 100多万,被称为世界第一大城市。东京的前身是江户,1453年建城,1868年迁都于此,改名为东京,成为日本政治、经济和文化的中心。

日本的旅游一向以东京为起点。有浅草神社、明治神宫等诸多神社,不时地举行各种祭扫活动,高333米的东京塔与樱花、富士山是日本的象征。1983年与美国合作建成的迪斯尼乐园总面积82.6万平方米,能容纳游客5万人。东京的繁华区几乎是所有的旅游者必去之处,像"银座",假日禁止车辆通行,以方便公众购物或散步,被称为"步行者天国"。东京还是日本国际国内交通的中心。东京站汇集着东海道新干线等许多铁路线,新东京国际机场是日本最大机场;从东京海港可乘船到北海道、九州等地。

(2) 京都

京都从794~1868年是日本的首都,有"千年古都"之称,有清水寺、三十三间堂、金阁寺、银阁寺、平安神宫、二条城、桂离宫等众多寺院及历史古迹,其建筑、庭园富有日本特色,丝织、锦缎、漆器、陶瓷、纸扇、娃娃等手工艺在此世代相传。岚山以日本樱花和红叶闻名于世,有周恩来的纪念诗碑,碑上刻着周恩来于1919年游访岚山时写下的诗一首——《雨中岚山》。

(3) 奈良

日本三大古都之一,公元710~794年的日本首都,1950年被定为国际文化城,是神社、佛像、雕刻、绘画等国家重要文物所在地。这里有著名的东大寺、兴福寺、法隆寺等众多寺院。759年唐高僧鉴真开创的唐招提寺也在奈良。

(4) 大阪

大阪是日本的第二大都市，位于淀川口，面积205.60平方公里，人口880.2万（1997年）。因运河联网，故称"水都"，是日本西部的商业及工业中心。大阪城、万国博览会纪念公园等，是旅游者常去之处。

2. 主要旅游景点

（1）富士山

位于富士箱根伊豆国立公园内，园内还有美丽的富士五湖。富士山高3 776米，为日本最高峰，世界著名火山，被誉为"圣岳"、"灵峰"。富士山被视为日本的象征。

（2）日本的三大名园

偕乐园，亦称常盘公园。位于茨城县水户市，是日本历史上最早的人工公园。天保13年（1842年）德州齐昭创建，取"与民同乐"之义。兼六园位于石川县金泽市，原名莲池亭，别名兼六园，1822年建造。因为园内具备中国宋代李格非《洛阳名园记》中所说的"宏大、幽造、人工、苍古、水泉、眺望"六胜，故名为"兼六园"，面积10万平方米，园内美术馆藏有野村仁清的色彩画《雉香炉》，为日本国宝。后乐园位于冈山县，面积11万平方米，1700年修建，1871年根据范仲淹名句"先天下之忧而忧，后天下之乐而乐"，改称："后乐园"，是典型的大名庭园。

（3）唐招提寺

位于奈良市西京二条町，日本最早的律宗戒院，奈良时代的代表性建筑，是中国移植到日本的盛唐时期建筑和造型艺术的精华。唐代高僧鉴真东渡日本后，于公元759年开始建造，770年全部竣工。整个建筑群都是盛唐时期的建筑风格。内有天平时代的讲堂、戒坛，奈良时代后期的金堂，镰仓时代的鼓楼、礼堂及天平时代以来的佛像和经卷。寺院大门上方红色横额"唐招提寺"四个大字是日本章谦女皇手笔。红杜青顶的金堂，是鉴真弟子如宝所建。金堂被认为是日本现存天平时代最美的亭子。藏经室收藏有1200多年前鉴真从中国带去的经卷。开山堂（御影堂）内有鉴真坐像，堂前有鉴真墓。

（4）京都御所

京都御所，即日本的故宫，明治维新以前天皇的住地、位于京都市上京区。桓武天皇延历十三年（794年）日本首都从长冈京迁至京都，公元1177年毁于大火，现在的建筑为1856年重建。第二次世界大战期间拆除了木质结构长廊。御所占地面积11万多平方米。正殿称紫宸殿，是天皇加冕的地方，临朝议事也在这里。另外，还有清凉殿、夜御殿、小御所、御学间所等建筑。

(5) 明治神宫

位于东京都涩谷区,是供奉明治天皇及昭宪太后的神宫。1915年始建,1920年建成。第二次世界大战期间被焚,1958年复建。宫内有正殿、宝物殿、外拜殿、神库、祝词殿、内拜殿等,均为桧木建成。外苑有圣德纪会绘画馆、明治宣传纪念馆、国立竞技场、棒球场、橄榄球场、室内游泳场和东京体育馆等。宫内植有3 000多种达10万余株树木,成为东京都的"绿色地带"。每年6月中旬,150余种的菖蒲花大面积开放,成为神宫一大景观。

(6) 北海道

北海道是日本最北的一个岛,是世界著名旅游地,以自然之美著称,札幌是北海道的首府。洞爷湖为日本第三大湖,湖畔到处散布温泉、温泉旅馆、饭店,鳞次栉比,还有展示火山喷发时的资料和设施,游客可以体会火山喷发时动人心魄的真实感。登别是日本著名的温泉之乡,温泉泉质多达11种,有硫质泉、铁质泉等,登别有世界最大规模的畜牧场,还有重现江户时代武士街道的主题公园。富良野地处北海道地理中心,每年7月到8月期间,满山遍野盛开的熏衣草,充满着紫色梦幻魅力,相当美丽壮观,这里不仅是著名的观光胜地,也是拍摄日本影视剧的重要取材地。

(7) 东京迪斯尼乐园

东京迪斯尼乐园是日本最大的游乐场,亚洲第一个迪斯尼风格的游乐园,位于千叶县境内,毗邻东京都,面积40万平方米。乐园呈五角形,以童话故事《灰姑娘》中的"古老城堡"为中心,划分5个部分,重现美国拓荒时代景象的"西部世界",充满冒险和浪漫色彩的"冒险世界"。童话故事和卡通片纷纷出现的"奇异世界",再现19世纪初美国街景的"世界市场",描述探索宇宙未来的"明日世界"。园中集中了各种现代化游乐设施,可以满足不同人不同兴趣的游乐需要。

三、出国旅游与来华旅游

(一) 出国旅游

1. 形成条件

纵观日本国际旅游业发展的历史,其明显的特点是出境旅游增长的速度大大超过了入境旅游增长的速度,日本从一个国际旅游收支的顺差国逐渐成为了逆差国,1964年到1970年间,入境旅游者的人数超过出境旅游者的人数,而1971年日本出境旅游者的人数超过了入境旅游者,从此这一态势再也没有改变过,而且差距越来越大,旅游在经济中的平衡贸易作用越来越明显,政府发展国际旅游的目的,也从赚取外汇转变为鼓励更多的公民出国旅游、扩大外汇的花费。随着国民生活水平大幅度提高，政府采取了缩短法定劳动时间、实行5天工作制、普及和扩大连休制等政策，同时，日本积极推行带薪休假制度，1998年就业人员人均享受年度带薪休假的天数为17.5天，且企业越大天数越多，1 000人以上的大企业尤为突出。

2. 客源特点

随着旅游业的普及，人们随时可以报名参加各种目的、各种形式、各种档次的旅游，旅游观光便成了国民生活中不可缺少的活动。原来，安全、便宜、短日程、近距离的旅游较受欢迎；现在，远离日本的欧美风光受到日本人的青睐。另外，再访客成为需求的主体。1999年，日本人出国旅游的主要目的地依次为美国、韩国、中国大陆、泰国、中国台湾。

从旅游目的看，近年来居首位的是温泉疗养（44.8%），其次是观赏自然景观（42.5%）；从旅游方式看，团体旅行的比重逐年减少，"夫妇旅行"、"独身旅行"比重逐年增加；从性别构成看，女性的增长率高于男性，在出国旅游者中女性的比例正在接近男性。1999年，男性为871万人次，占53.2%，女性为765万人次，占46.8%。从年龄结构看，以中青年为主，但老年出游增长很快，男性出国旅游最多的30～40岁，占男性总数的21.7%，其次是50～60岁，占男性总数的20%；女性出国旅游最多的是20～30岁，占女性总数的17.5%。每年4～5月初，是日本出国旅游的高峰期。春季连休期间，学生出国旅游人数较多。人们也常在圣诞节、元旦、春节等法定节假日期间选择出国旅游。

（二）来华旅游

中国和日本隔海相望，与赴欧美国家相比，路途近，旅费也便宜，且中日两国直达航班增加，使运力提高，加上中国国家局主动促销，效果明显。20世纪80年代以来，来华旅游的日本人逐年增加，一直保持着第一客源国的地位。近年来，韩国来华旅游人数已超过日本，2005年日本来华人次为338.99万人，是我国第二位客源国。其中商务旅行、经济考查、学术交流的人数增长较快，来华修学旅游的人数也有明显增加。

赴日的中国旅游者绝大多数属公务、探亲、修学类型，其人数也在逐年增加。1996年达82万人次（其中香港地区2万，台湾省57万）。1998年，中国大陆赴日达50.17万人次，1999年，中国大陆赴日达53.76万人次，2000年中国大陆赴日达59.57万人次。

从旅游类型上看，日本来华游客中，商务游客远远高于其他类型游客，观光游客则排在其后，年龄结构以中老年为主——其原因在于，长期以来，中国在日本旅游市场上的形象主要集中为"一衣带水的近邻"、"历史悠久的文明古国"等，旅游形象不鲜明，缺乏动感和活力，对青年客源层缺乏吸引力。

今后，要重点开发日本青年旅游市场，尤其是女青年市场。日本女青年市场是近年日本最大的出国观光层，她们大多崇尚美、喜欢舒适、浪漫，购物欲强，因此要有针对性地开发满足其"购物欲"的旅游产品和享受型的旅游产品。我们不仅要树立一个世界最安全的旅游目的地形象，还要区分不同对象，树立不同形象。对日本的宣传促销不但要面向代理商，还要更多地利用当地媒体广告，利用因特网的网上销售，面向公众，变被动为主动的促销，同时要进一步改善旅游接待质量。

思 考 题

1. 东亚旅游业发展有何特点？
2. 简要说明日本传统文化艺术的特点。
3. 日本游客的消费行为有何特点？
4. 如何进一步开拓日本旅华市场？

第三节　韩　国

一、基本概述

（一）地理概况

1. 位置与领土

韩国位于朝鲜半岛的南半部。东、西、南三面环海：东面是日本海（韩、朝两国称之为"东海"）、西面是黄海、南面是朝鲜海峡；北部以朝韩军事分界线（大体为北纬38°线）为界与朝鲜接壤。韩国陆地面积99 262平方公里。

2. 地形

韩国的地形特点是东高西低，北高南低，山地多，平原少，百米以上的山地占韩国总面积的58%左右。山地多属老年期地貌，山峰多成浑圆状。山系以由东北部沿东海岸向西南部延伸的太白山脉为主干，由北向南派生出铁岭、车岭、庐岭和小白等4条支脉。太白山脉源于朝鲜境内元山附近，全长500多公里（在朝鲜境内约50公里）。韩国的平原较少，每块面积多在500平方公里以下，分布在沿海地区和江河的下游，主要有汉江、湖南和金海平原。

3. 河流与湖泊

纵贯东海岸的太白山脉是韩国江河的发源地和分水岭。西向河流注入黄海，河道宽，水流平缓；东向河流注入日本海，比降大、河道窄、水流湍急，雨季时暴涨暴落。长度在100公里以上的江河有20余条，主要有洛东江、汉江和锦江。与朝鲜共有的大江是北汉江和临津江。洛东江发源于太白山，在釜山以西入海，全长525公里，是韩国第一大河。汉江发源于太白山脉的五台山，在汉城东与北汉江汇合，经汉城注入江华湾，全长414公里。

4. 气候

韩国纬度较低，海拔不高，三面环海，受北上海洋暖流的影响较大，绝大部分地区（除中、北部山区）呈海洋性气候，具有亚热带气候特点。年均气温10℃～14℃，南海岸和济州岛最热，东海岸比西海岸温暖，西海岸又比中、北部山区气温稍高。年均降水量达1 100～1 200毫米，比世界平均降水量多240～340毫米。雨、旱季较为明显。受海洋性季风影响，4～9月的降水量约占全年降水量的85%，而6～8月的降水量又占全年降水量的56%～60%；冬季雨雪较少，降水量不到全年的10%。

5. 资源

资源较少。储藏量较大的有铁、金、银、铜、锌、钨，还有锰、钼、铀、硅砂、重晶瓦、明矾石等。在植物资源中，山林面积占总面积的66.6%；动物资源中爬虫类、两栖类、鸟类居多。

（二）简史

朝鲜半岛的历史始于约60万年前的旧石期时代，公元前10世纪，各部族联合成立了古朝鲜。公元7世纪建立了统一的新罗国，10世纪改国名为"高丽"，意为"山高水丽"。14世纪末，李氏王朝时始称"朝鲜"，意为"朝日鲜明"，1910年8月29日，日本吞并朝鲜，朝鲜沦为日本殖民地。

1945年8月15日，日本宣布投降，朝鲜半岛获得解放。那时，由于美、苏两国以北纬38°线为界分别进驻半岛南部和北部，使朝鲜半岛"国土中断"，形成了南北分治民族分裂的局面。1948年，南部和北部先后成立了"大韩民国"和"朝鲜民主主义人民共和国"。1950年朝鲜战争爆发，1953年，参战各方签订停战协定。朝鲜半岛至今仍以"三八线"附近一带的"军事分界线"为界分为两个国家。

（三）政治经济

韩国是一个议会民主制国家，实行行政、立法、司法三权分立的共和制政体。议会称国会，为立法机构。1987年10月27日，韩国全民投票通过新宪法。1988年2月25日起生效。新宪法规定，总统享有作为国家元首和武装力量总司令的权力，任期5年，不得连任。政府称为内阁。韩国于1991年9月17日同朝鲜一起加入联合国。首都为首尔。

二战以后，韩国十分落后，20世纪60年代经济迅速成长，经济增长速度居世界前列。1962~1997年，韩国国民总收入由23亿美元增加到4 740亿美元，人均国民总收入由87美元增加到10 307美元，取得了被誉为"汉江奇迹"的成就，实现了产业化和城市化，社会面貌有了很大的转变，被称为"亚洲四小龙"之一。

韩国工业为原料加工型工业，对国际市场的依赖性强，韩国工业主要分布在京仁（汉城周围和仁川）和岭南临海（东南沿海）两大工业带上，汉城是全国经济贸易中心，浦项是钢铁工业基地，水原是电子工业基地，蔚山是造船工业中心。

韩国有较为发达的铁路、公路、航空运输网络。公路长60 000多公里，铁路长6 000多公里；国际航线覆盖广泛，主要机场有汉城的金浦机场、釜山的金海机场、济州岛上的济州机场等。韩国货币为韩元（Won）。

（四）社会

1. 人口

韩国人口4 837.7万人（2004年）。传统的韩国家庭通常是三代或四代人住在一起的大家庭，20世纪60年代和70年代快速实现工业化和城市化的同时，也实行了有效的计划生育，每家孩子的平均人数大大减少，至80年代期间每家已减到不足两个孩子，现在几乎所有的家庭都是以一对夫妇为核心的小家庭。

2. 语言与宗教

韩国是使用同一种语言的单一民族国家。韩国语言为韩国语，国民信奉的宗教有萨满教、儒教、佛教、基督教等。

韩国的萨满教崇拜是一种自然物崇拜，认为万物皆有灵魂，人类也有灵魂，并且永不消亡，萨满教仪式已经融入到韩国的音乐、舞蹈、戏剧等艺术成分中。儒教在公元初期传入韩国，现在，韩国的儒教信徒仍将孔子及其主要的门人奉为圣人，每年春秋两季都要举行隆重的"祭孔"活动。公元4世纪时，佛教由中国传入韩国。

3. 文化艺术

韩国的文学艺术吸收了古代儒学、佛教与近代西方文化，形成了自己的特色。文学作品多采用现实主义手法。

韩国的传统舞蹈可分为宫廷舞和民俗舞。宫廷舞有祭礼的佾舞和祝宴的呈才舞,民俗舞可分为以神职者为主的宗教性舞蹈和民间百姓所跳的民众性舞蹈:"鼓舞"和"杖舞"是最具民族特色的舞蹈。

韩国传统戏剧分为假面具、曲艺、歌剧、新派剧和木偶剧5种,现在,韩国的影视事业也得到了迅速发展。

韩国民族音乐内容丰富、形式多样,传统乐器多采用丝、竹为材料,音色柔和而温婉。韩国音乐分成重理性的正乐和感性浓厚的民俗乐两大类,前者主要与上流文化阶层的书生文化紧密相联,后者与基层文化系统的庶民文化密切相关。

1995年,韩国选定了韩国服装、韩国文字、泡菜、烤牛肉、石窟岩、佛国寺和跆拳道作为韩国文化的象征。

4. 民俗

(1) 服饰

"韩服"是韩国传统服装。男人穿的民族服装有裤、袄、坎肩、长袍等,其特点是裤腰、裤腿和裤脚都比较肥;妇女穿的民族服装有裤、裙、袄、袍之分。裤比男裤短瘦一些,裤脚不系腿带;裙有紧身长裙,以宽大裙幅裹身,长垂脚背,统裙似西服裙,但比西服裙肥长。老年人多穿民族服装,个别老人还头戴黑纱斗笠,身穿长袍;中年妇女喜欢穿民族衣裙,也喜欢带勾的韩国妇女胶鞋。

(2) 饮食

多数家庭以米饭或面食为主食,在副食方面仍保持浓厚的民族风格。传统的食品主要有:打糕(用糯米制成的一种食品)、五谷饭(在农历正月十五吃的一种饭,用黑豆、红小豆、糯米、黏高粱等做成)、莴苣饭(一种菜叶卷饭食品)、陈菜食(各种干菜经过调配后做成的凉菜)、狗肉汤(用上好狗肉加佐料和辣椒制成,多在三伏天喝)、饺子汤(牛肉汤煮饺子)、神仙炉(类似中国的火锅)、冷面、酸辣菜等。传统的酒有用糯米酿成的镯酒、药酒和烧酒。

(3) 婚俗

韩国是传统婚俗、新式婚俗和教堂婚俗并存,现在,传统婚礼大有重新时兴的趋势。在传统婚礼上,新郎新娘面对面站在结婚台两旁,台上系着成束的红蓝线,放着燃烧着的蜡烛和象征夫妻恩爱的木头鸭子。仪式包含新郎新娘互相鞠躬、洗手礼和互换酒杯。

(4) 时差

韩国位于东九区,比格林威治时间早9小时,比北京时间早1小时。

5. 娱乐与爱好

韩国人性格开朗,传统体育活动丰富,如放风筝、拔河、荡秋千、踢毽子、玩跷跷板,以及跆拳道和摔跤等,都是韩国人喜爱的娱乐活动。跆拳道是起源于韩国并被正式认可的国际运动项目,今天,练习跆拳道者已遍及世界各地。

网球和慢跑是城市居民中最普遍的两项早晨活动,其他受青睐的体育娱乐活动有游泳、登山、滑雪、钓鱼等。受欢迎的观赏性体育活动有足球、棒球、篮球、排球、拳击和韩国摔跤等,而且都有大批热情的拥护者。看电视、下象棋或下围棋是许多男职员度周末的方式。

随着私人汽车数量的快速增长,越来越多的城市居民倾向于外出度假旅游,许多家庭在周末和假期,驾车到山区或海边度假。

二、旅游业概述

（一）旅游业发展概况

在韩国,负责旅游行政管理的国家机关是文化观光部。根据2003年12月"旅游促进法"修正案的规定,韩国旅游资源开发计划由十年规划期的"旅游业发展基本方案"和五年规划期的地区计划组成。目前,执行的基本方案的规划期是2002～2011年,当前的地区开发计划的规划期是2002～2006年。这些规划涉及到旅游发展的7个战略领域,包括:旅游资源的可持续开发、建设知识型旅游管理基础设施、文化资产向旅游资源转型、为提高国际竞争力加强旅游服务设施建设、突出地方主题和地方特色、推动国内旅游、东北亚国家旅游领域的合作。

1998年金大中政府提出了七大旅游区开发计划,1999年正式实施。它包括两类项目,一类是建设旅游活动中心地,另一类是培育特色旅游目的地。韩国目前有30个城市或乡村正在实施旅游活动中心基础设施建设,如整修道路、改善公共住宿设施、提高餐饮服务质量、改善商业设施和公共交通等。

韩国政府一直倡导旅游产业和文化产业的相互融合和有机关联,近年来被称为"韩流"或"韩国风"的韩国流行文化热,促进了韩国旅游业的发展。韩国文化观光部公布的"2004年来韩旅游出入境动向"统计公报显示,2004年在"韩流"（它用来形容韩国时尚文化潮流）的带动作用下,来韩国旅行的外国旅游者达到582万人次,创历史新高。2004年外国游客人数比2003年增加22.4%,比预期目标（559万人）多4.1%。从客源地情况看,中国台湾地区的旅游者比上年增加56.7%,增长率最高。日本游客占来韩游客的40%以上，比上年增加35.5%。在出境旅游方面，2004年到国外旅行的韩国公民达到882万人，比前一年增加24.5%，也创造了历史最高记录。

根据统计，2004年韩国出国旅游的人数达到了913万人，比2003年的738万人增加了23.7%。韩国游客出游的主要目的地是中国、日本、美国、东南亚和欧洲。2006年开始，中国大陆成为韩国游客首先选择的出游目的地。前往中国旅游的人数达到234万人，其次为日本，游客人数173万人，泰国位居第三，75万人，美国吸引了70万韩国游客，菲律宾吸引37万韩国游客。

(二) 旅游资源

1. 主要旅游城市

(1) 首尔

首尔是韩国的首都和世界人口最多的城市之一，位于汉江下游，周围群山环绕，地势险要，历史上有不少朝代在此建都，留下古迹甚多，以"皇宫之城"著称，市中心一带有景福宫、德寿宫、昌庆宫、昌德宫等历代宫殿。1398年建成的首尔南大门称为崇礼门，是首尔的象征。

首尔在城市现代化过程中，很注意保留历史遗迹，不仅摩天大楼之间常常保存着完好的古建筑，而且许多20世纪30~40年代的日本式建筑、50~60年代的欧美式建筑也都修缮一新。在首尔，还可以看到不少富于民族特色的民居：倾斜的屋顶，原木的门窗，厚实的草盖屋顶下面露出半截用石块垒砌的墙。这些都给游人以亲切古朴之感。

首尔西南45公里的仁川，为首尔的卫星城和出海港，有良好的海滨浴场。首尔西北66公里的黄海中，有江华岛，岛上的传灯寺，是朝鲜半岛最古老的寺院。从本土到江华岛，有长约700米的大桥相通。

(2) 庆州

庆州位于韩国东南部，离日本海仅30公里，四周山河襟抱，风景优美，是朝鲜半岛历史文化最为悠久的城市，从公元前57年古新罗国在此建都，直到公元923年高丽灭新罗为止，历时千年均为王都，被誉为"没有围墙的文化博物馆"。

(3) 釜山

韩国最大的海港，也是仅次于汉城的第二大城市。釜山隔朝鲜海峡与日本相望，是韩国对外贸易的门户，经济地位十分重要。釜山市内和郊区名胜古迹众多：梵鱼寺为韩国四大巨刹之一，海云台、东莱温泉、松岛等地是韩国重要的海滨度假胜地。

2. 主要旅游景点

（1）景福宫，位于韩国首都首尔钟路区，是一座著名的古代宫殿，是李氏王朝始祖太祖李成桂于公元1394年开始修建的。中国古代《诗经》中曾有"君子万年，介尔景福"的诗句，此殿藉此而得名。宫苑正殿为勤政殿，是景福宫的中心建筑，李朝的各代国王都曾在此处理国事。此外，还有思政殿、乾清殿、康宁殿、交泰殿等。宫苑还建有一个10层高的敬天夺石塔，其造型典雅，是韩国的国宝之一。景福宫宫外建有围墙，围墙长3 626米、高6.7米。王宫的南面有光化门，东边有建春门，西边有迎秋门，朝北的为神武门。光化门里有兴礼门，兴礼门外有一条东西向的运河，河上横跨一造型精巧的锦川桥。在宫苑莲池的中央有一石舫——庆会楼，曾是当年国王大宴宾客的楼阁。1553年由于火灾烧毁了宫北角的一部分，日军入侵时又将宫苑的大部建筑物破坏，到1865年重建时只有10个宫殿保持完整。

（2）昌德宫，又名乐宫，是韩国的"故宫"，位于首都首尔市院西洞，是李朝王宫里保存得最完整的一座宫殿。公元1405年，李朝第三代国王在此建为离宫。壬辰之乱时被烧毁。现存的建筑为公元1611年重建的。这座建筑作为王宫长达300年。整座宫殿内为中国式的建筑，入正门后是处理朝政的仁政殿，公元1804年改建，宫殿高大庄严，殿内装饰华丽，设有帝王御座。

（3）广寒楼位于全罗北道南原郡邑川渠里，是韩国的著名古迹。传说为李朝初期宰相黄喜所建，原名广通楼。公元1434年（李朝世宗16年）重建后才改称现名。朝鲜壬辰卫国战争时曾被焚毁。公元1635年（李朝仁宗13年）又按原貌重建。雕梁画栋、形制绚丽的广寒楼是韩国庭院的代表，其中包括三座小岛，石像，鹊桥，它的整体构造象征着宇宙。现在楼上悬有"广寒楼"、"桂观"的大字匾额。相传，著名传奇故事《春香传》就发生在这里。楼北侧的春香阁是1931年建立的春香祠堂，堂内供有春香的肖像。每年阴历4月8日人们都在这里举行春香祭。

（4）青瓦台是韩国总统官邸，位于首尔市钟路区世宗路一号。这里原来是高丽王朝的离宫，1426年朝鲜王朝建都首尔后，把它作为景福宫后园，修建了隆武堂、庆农斋和练武场等一些建筑物，并开了一块国王的亲耕地。1927年日本入侵后毁掉五云阁以外的所有建筑，建立了朝鲜总督官邸。1945年日本投降后变为军政长官官邸。1948年8月大韩民国成立的同时，它成为总统官邸并改名为景武台（Kyung Mu Dae）。1960年4月19日推翻李承晚政权后，尹谱善当选总统并入住景武台。不久，因为尹谱善忌"武"字并为了同美国白宫相对应，给白墙蓝瓦的这群建筑起名为青瓦台，所以也有人称其为"蓝宫"(Blue House)。

(5) 济州岛是韩国第一大岛,又名耽罗岛、蜜月之岛、浪漫之岛,位于朝鲜半岛的南端,隔济州海峡与半岛相望。济州岛总面积1 826平方公里,包括牛岛、卧岛、兄弟岛、遮归岛、蚊岛、虎岛等3个属岛,东北距全罗南道100公里,是理想的旅游和垂钓胜地。在这里可以观赏名胜古迹、欣赏自然景观,还可以登山、骑马、兜风、狩猎、冲浪和打高尔夫球等。这里人烟稀少,土地广阔,不是高山森林,就是农田村舍。农家种的主要是稻、蔬菜、水果,最多最壮观要属油菜花,春天,遍地一片金黄,非常好看。自古以来,济州岛就有"三多三无"之说。即:风多、石多、女人多;无门、无盗、无乞丐。

三、出国旅游与来华旅游

(一)出国旅游

1. 形成条件

1967年韩国政府颁布了《旅游事业振兴法》。70年代通过了《旅游基本法》、《旅游振兴开发基金法》、《旅游商业法》、《旅游促进和发展法》、《旅游地开发法》等旅游法规。之后还出台了具体支持旅游业发展政策,如提供资金补助私人资本的不足,放宽对旅游业的限制,税收优惠等。80年代提出"旅游立国"的口号,并解除国民出境禁令。1988年,韩国外务部宣布实行海外旅游全面自由化政策,其出国旅游市场开始迅猛发展。

早在1992年,韩国人均国民生产总值就达6 600美元,超过中等发达国家的水平。工薪阶层人均年收入在15 000美元左右,除日常生活支出外,可支配收入可观。随着国民收入的提高,韩国出国旅游人数大增,成为亚洲主要客源输出国之一。尽管受1997年亚洲金融危机的影响,但1999年6月韩国总统金大中正式宣布,韩国已经渡过了金融危机,经济开始复苏,政府出台了"奖励健康的消费行为"的政策,海外旅游需求重新趋旺,20%的家庭表示将适度消费,26%年收入超过3万美元的富裕家庭表示要增加消费。韩国总体经济形势的好转成为其出国旅游市场积极增长的有力保证。

韩国法定带薪休假天数为20天以内,学校有1、7、8月的寒暑假,重要节日还有休假,韩国的法定婚假为一周,充裕的时间为韩国人外出旅游创造了条件。

韩国公民旅游度假意识不断提高,海外旅游蔚然成风。很多韩国人认识到,除了消遣娱乐外,旅游还可以增长见识,扩大视野,独立培养处世能力,学习交友等多种益处,是一种丰富人生经历的活动。一个家庭如果不外出旅游一次，会被认为负担不起或不合潮流。此外，韩国人也把旅游视为精神上充电，紧张工作之余的彻底放松与休闲。

2. 客源特点

韩国国民出游目的地，按地区分，亚洲游客占总接待量的65%以上；其次是美洲游客，占11%强；欧洲占10%强，大洋洲不足1%，非洲更少。按国家分，首选亚洲邻近国家和地区，主要原因在于地理位置接近，历史文化相近和贸易关系密切。其中，近年增长最快的是去中国和泰国。韩国人赴欧、美、澳的远距离旅游人数也在增长，特别是去澳大利亚的增幅较快。这与澳大利亚不断加强对亚洲市场的宣传促销有很大关系。韩国出国旅游的旺季一般为每年的1、7、8月，出国旅游停留时间一般在10天以上。

韩国游客的出游目的地，首先是日本，占出游总数的26.2%；其次是美国，占14.1%；第三位是中国大陆，占10.6%，第四至第十位分别是泰国、中国香港、中国台湾、新加坡、澳大利亚、菲律宾和英国。

从出游目的上看，以休闲度假和商务旅游为主，其中，休闲度假者占35%，商务旅游者占26%。另外，探亲访友者占18%，培训修学占9.5%，文化体育占1.5%，会议占1.5%，其他占8.5%。

从人口特征上看，21~50岁的中青年游客是韩国出国旅游的主体，占出国旅游总数的65%以上。出国旅游的游客仍以男性为主，但略呈下降趋势，而女性游客却呈增长势头，且涨幅较快，达25%左右。韩国女性游客正成为一支庞大的出国旅游消费群体，尤其是年青女性游客增长较快。

（二）来华旅游

1992年中韩建交，中韩旅游经济合作开始起步。2000年中国政府把韩国列入中国公民出国旅游目的地国家，极大地推动了两国跨国旅游的发展。据韩国文化观光部2002年的统计，当年中国公民到韩国游客（似未包括来自港台地区的中国游客）人数达到539 466人，占2002年韩国入境游客总数的10.1%，中国已成为韩国的第二大客源国，位列日本之后。中国游客平均在韩停留8.6天。赴韩中国内地旅游者以中年男性为主，旅游目的主要是观光游览。中国香港特区的旅游者主要是对韩国的滑雪旅游感兴趣，访韩时间集中于2月、12月和暑假期间的8月。据统计，2002年179 299名中国香港游客中，168 720人的旅游目的是观光游览，占其总数的94.1%。

在赴华出境游方面，韩国官方数据显示，2002年韩国赴中国游客人数达到1 722 128人，比2001年增长了32.7%，平均每4个韩国人中有一名赴中国游览，占据韩国年度出境游人员总数的24.2%。这些数字未包括前往港澳台地区的旅游者。2005年韩国来华旅游达到354.53万人次，比上年增长24.62%,韩国成为中国第一大客源国。中韩之间航线增多,口岸增加,贸易往来频繁,韩国在华投资项目和在华长期居留者也多,而且地理距离较近,因此,中韩旅游市场有持续增长的潜力。

思 考 题

1. 简述韩国的社会和人口特征。
2. 韩国旅游业发展的动因是什么?
3. 中韩旅游交流有何特点?

第四节 蒙 古

一、基本概述

(一) 地理概况

1. 位置与领土

蒙古国位于亚洲大陆东部,北邻俄罗斯,东、西、南三面与中国接壤,是一个高原内陆国家,面积156.65万平方公里。

2. 地形

蒙古全境坐落在蒙古高原北部,地势高亢,平均海拔1 580米,由西向东逐渐下降,西部和北部多高山,主要有阿尔泰山、唐努山、杭爱山、肯特山等。其中以阿尔泰山最高,平均海拔在4 000米以上,蜿蜒1 500公里。最高峰乃拉姆达勒山(即友谊峰),海拔4 374米。东部为丘陵平原,海拔一般在1 000~1 800米之间。南部是约占全国面积1/3的戈壁地带,其中沙漠面积占3%左右,戈壁在蒙语中是"荒漠"的意思。

3. 河流与湖泊

蒙古的河流分别流入北冰洋、太平洋和中亚内陆流域。属于北冰洋水系的河流有:色楞格河及其各条支流,叶尼塞河上游之一的锡什锡特河以及哈拉额尔齐斯河支流科鲁姆迪河的最上游。色楞格河是蒙古最大、水量最充沛的河流,它在蒙古境内长约600公里,流经俄罗斯注入贝加尔湖。属于太平洋水系的河流有:发源于肯特山地的鄂伦河和克鲁伦河,发源于兴安岭的哈拉哈河、乌勒吉河。克鲁伦河注入中国的呼伦湖。哈拉哈河分别注入呼伦湖和贝尔湖。属于中亚内陆水系的河流有:发源于阿尔泰山地的科布多河、布尔根河;发源于杭爱山地的扎布汗河、特斯河、拜德拉格河、通青河。这些河流分别流入蒙古大湖盆地和戈壁地区的许多湖泊及龟裂地。

干燥的蒙古地区拥有大量的天然湖泊。蒙古最大的湖泊是大盆地中的乌布苏咸水湖，面积3 350多平方公里。蒙古最大的淡水湖——库苏古尔湖是中亚最深的湖泊，最深处达262米，面积2 620平方公里，居全国第2位。

4. 气候

蒙古深处内陆，远离海洋，群山环抱，地势高耸，形成极干燥的温带大陆性荒漠草原气候，冬长且寒，夏短而热，日温差和年温差都很大。1月份平均气温-18℃~-34℃，7月份平均气温15℃~23℃。无霜期平均为110天。

蒙古气候干燥，降水少，年均降水量200~250毫米，其中80%~90%集中在夏季。冬季积雪很薄，一般不超过10厘米。雪覆盖日数南部为40~60天，北部为150天。蒙古是日照时间最长的国家之一，年日照时间长达2 600~3 300小时。

5. 资源

蒙古地域辽阔、自然资源丰富，天然草场占国土面积的83%以上，人均草场面积列世界各国之首，森林面积23.5万平方公里，占领土面积的15%左右，主要分布在北部山区，有树木140多种（包括乔木和灌木），木材总储量为12亿立方米，其中针叶林占90%。

蒙古共有约580类、2 100多种植物，蒙古还以野生动物种类繁多闻名于世。蒙古的主要矿产资源有煤、金、铜、铝、钨、铁、锡、铅、磷、萤石、水晶石、石油、盐等50多种。

（二）简史

蒙古民族历史悠久，长期以游牧为生，公元13~14世纪，成吉思汗（铁木真）统一大漠南北各部落，建立统一的蒙古汗国。蒙古人征服了中亚、波斯湾地区和女真金朝，于1279~1368年在大都（今中国北京）建立元朝。17~18世纪期间，被清王朝政府征服，成为清王朝的一部分，在清代，现蒙古国所在地区在中国版图之内，称为"外蒙古"或"喀尔喀蒙古"。1911年在沙皇俄国支持下，蒙古宣告独立，1917年沙皇灭亡后复归中国统治。1921年蒙古革命后成立君主立宪政府，1924年废除君主立宪制，成立了蒙古人民共和国。1946年当时的中国政府承认外蒙古独立。1992年2月蒙古人民共和国改称蒙古国。

（三）政治经济

蒙古实行总统议会制。大呼拉尔是国家最高权力机构。总统是国家元首，兼任国家安全委员会主席和武装力量总司令，任期4年，可连任两届。

蒙古是最早承认中华人民共和国的国家之一。首都为乌兰巴托。

蒙古是以畜牧业为主的国家，主要牲畜是羊、牛、马和骆驼，畜产品主要有皮革、靴鞋、马具、毛毡、羊毛、乳肉食品等。蒙古把全国划分为3个经济地理区，即中部区、东部区和西部区。中部区自然资源丰富，工业比较发达，全国主要工业企业大部分集中在这里，其中，采矿业居全国首位。东部区是一个农牧业区。西部区的牲畜头数占全国的30%以上。

铁路和公路为蒙古主要的现代运输方式，铁路和公路分别长1 800公里、50 000公里。蒙古人爱马，被称作"马背上的民族"，马和骆驼也是重要的交通工具。货币为图格里克。

（四）社会

1. 人口与民族

蒙古是地广人稀，全国人口约250万，平均人口密度为每平方公里1.5人，是世界上人口密度最低的国家。人口以喀尔喀蒙古族为主，约占全国人口的80%，还有哈萨克族、杜尔伯特、巴雅特、布里亚特等15个少数民族等。城市居民占总人口的80%，其中生活在乌兰巴托的居民占全国居民总数的25%。

2. 语言与宗教

语言为喀尔喀蒙古语。喇嘛教（藏传佛教）为国教。目前，喇嘛教在蒙古人的生活中仍有一定影响，许多家庭里都供着佛像。

3. 文化艺术

蒙古传统文化中最丰富的是民间文学，主要有传说、民歌、谚语及其他一些说唱的口头文学，它反映牧民生活，富有民族特色。蒙古人喜爱歌舞，他们一边骑马放牧，一边纵情歌唱。民歌中的"长调"字少腔长，节奏自由，豪放悠扬，声传久远，充分体现了辽阔草原上牧民的宽广情怀。蒙古舞蹈节奏欢快，多热情奔放的舒臂转身动作，表现了蒙古人纯朴热情的性格，也与他们的生活劳动习惯有关。马头琴是最具民族特色的蒙古传统乐器，历史已有千年，琴声古朴悠扬，婉转动听。

蒙古民族传统竞技项目有赛马、射箭和摔跤，现代体育运动项目主要有篮球、足球、田径、滑冰、自行车等。1962年蒙古被接纳为国际奥委会成员，国际比赛中，蒙古的摔跤、射箭、拳击、举重等项目引人注目。

4. 民俗

（1）服饰

蒙古人的传统服饰是穿蒙古袍、束腰带、穿蒙古靴、戴护耳帽。蒙古袍肥大，男女均掩着衣襟。妇女穿的蒙古袍领口、袖口、衣边上的绸缎装饰比男袍多，两侧有开口。夏季穿单袍、颜色较浅；冬季还穿白茬羊皮外衣。男子腰带上挂蒙古刀和烟袋，女子则挂银饰、针线包等。圆顶或尖顶雁尾毛皮护耳帽是蒙古人最喜欢的防寒帽。

（2）饮食

蒙古人的食品包括奶食、肉食和粮食三种。习惯用牛羊肉和炒米当主食。在冬季有时食马肉和驼肉。蒙古人性格豪放，热情好客。游人过往，常会被邀入蒙古包中作客。最常见的是敬奶茶。客人进入后，主人就斟上这种奶香四溢的奶茶请客人品尝。即使是素不相识者，也会受到主人热情招待。

（3）民居

蒙古人住蒙古包（毡包），它是用山毛榉的树枝当支架，用羊毛毡或牛羊皮覆在外面的一种低矮的圆形顶的"毡房"，包顶有天窗，包门朝南或东南，帐内中央安置炉灶，四周放置家具、床位。蒙古族住房以西为大，长者居右。

（4）婚俗

蒙古人的传统婚礼体现着"马背上的民族"的特点。通常，新郎须骑马去新娘毡包举行婚前仪式，然后带着弓箭与新娘同骑一匹骏马奔回自己的毡包，再举行正式婚礼和喜宴。蒙古人还有抢亲的风俗，即成龄男人先入赘为婿，然后，再伺机乘马携带新娘逃回自己的毡房，如果被发觉，新郎应设法摆脱，不要被新娘家的人劫去，这种婚俗充分体现了蒙古人的游牧民族特点。

（5）节庆礼仪

新年是蒙古的传统节日。传统上以阴历正月初一为新年，称为"白月"，因为白色被认为是善良和纯洁的象征。年节前夕，吃年夜饭。从初一起，人们则相互走访贺年。"那达慕"大会是蒙古民族传统的群众性节庆活动。"那达慕"，蒙语意为"娱乐"或"游戏"。每当会期，都有摔跤、赛马、射箭等争强斗胜的体育活动。上述三项是蒙古民族的"男子三竞技"，气氛热烈，争夺激烈，充分体现该民族的传统骁勇性格。

蒙古人比较隆重的礼仪是交换鼻烟壶和献哈达。鼻烟壶是蒙古人常用的生活器具，让客人闻鼻烟是表示敬意。同辈相见，双手捧壶，对方右手接着，如此反复两次，最后物归原主。若来客为长辈，就请客人坐下。主人先赔礼，再交换鼻烟壶。

（6）时差

位于东八区，比格林威治时间早8小时；同北京时间。

二、旅游概述

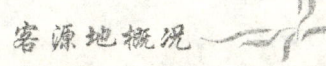

（一）旅游业发展概况

俄罗斯和中国两大邻国是蒙古游客的主要来源国。随着蒙古航空业的不断发展，韩国、日本、德国等国家来蒙旅游的游客数量也呈增长的态势。2000年，共有137 374人外国游客来蒙旅游，创汇9 490万美元，占当年国内生产总值的10%；2001年，蒙古接待外国游客165 899人，全行业产值达1.029亿美元，占当年国内生产总值的10.2%；2002年，全国共接待外国游客192 087人，创产值约1.2亿美元，同比增长16%，占当年国内生产总值的比重也进一步上升，达10.9%。

（二）旅游资源

1. 主要旅游城市和景点

（1）乌兰巴托

蒙古国的首都，全国政治、经济、文化中心，原名"库伦"，蒙语意为"寺院"。位于全国中部地区，肯特山脉南端，鄂尔浑河支流图拉河畔；建城于17世纪中叶，1924年改为现名，意为"红色英雄"。

乌兰巴托市区主要位于图拉河的北岸，两岸绿树成荫，有5座大桥横跨河上，城市四周有博格多、桑根、青格尔泰等山峰环抱，其中，博格多山被称为圣山。山上松林茂密，多野生动物，是蒙古建立最早的自然风景保护区之一。原喇嘛教活佛的宫殿现称故宫博物馆，殿内金碧辉煌。这里还有活佛的夏宫，该市的庆宁、和林等佛寺，规模甚大，是宗教旅游者的必游之地。

（2）哈拉和林

位于杭爱山北麓鄂尔浑河上游东岸，是蒙古历史名城。自1220年成吉思汗定都于此，直至忽必烈即位后于1264年首都南迁至大都（今中国北京），哈拉和林一直是蒙古帝国的政治中心。明代蒙古北退后，也曾以此为都，后毁败。1948～1949年在其废墟上进行大规模发掘，出土众多宫殿、市街、房屋和土墙的遗址。1586年建成的和林喇嘛寺为全国首寺，该寺现已辟为博物馆。

2. 草原和自然风光

除戈壁地区外，广阔的蒙古高原上分布着一望无际的草原。夏季牧草丰茂，鲜花盛开，草原如同无边的美丽地毯。旅游者除草原观光外，还可开展骑马、射猎等活动。北部群山环绕中的库苏古尔湖，面积达2 620平方公里，为全国第2大湖。湖水平静，群山倒影，湖光山色令人留连忘返。大风起时，湖水翻腾，景色壮美。蒙古还有众多温泉资源可供游览和休养疗养。

三、出国旅游与来华旅游

1949年10月6日中蒙建交。1960年签订中蒙友好互助条约，1962年签订中蒙边界条约。1994年修订1960年签订的友好互助条约，并在此基础上签订中蒙友好合作关系条约。2005年中蒙两国签订《中蒙两国旅游谅解备忘录》，2006年3月1日起，蒙古国已经成为中国公民自费旅游目的地国，中蒙两国的政治、经济、贸易和旅游联系将更加密切。

中蒙两国山水相连、睦邻友好，同属发展中国家。中国是蒙古国最大的贸易伙伴国。当前中蒙两国睦邻友好合作伙伴关系正处于历史最好时期，旅游业也面临良好机遇，有着广阔发展空间和巨大的发展潜力。蒙古来华旅游最大特点是边贸旅游和边境旅游，这部分客源约占来华总客源的30%以上。一方面，蒙古经济相对落后，轻工、日用品短缺，对我国边境贸易需求较大；另一方面，蒙古正处于经济调整期，国内贫富分化明显，富者对出国旅游需求较大，而蒙古国内旅游产品少，设施更少，中国是蒙古的近邻，有适宜的气候条件，丰富的旅游资源、良好的接待设施，这些对蒙古人吸引力极大。

思 考 题

1. 简述蒙古的发展历史和宗教文化特点。
2. 蒙古民俗有何特点？
3. 中蒙旅游贸易的现状与趋势如何？

第五节 印 度

一、基本概述

(一) 地理概况

1. 位置与领土

印度共和国是南亚次大陆最大的国家，位于亚洲南部，南亚次大陆中心，东临孟加拉湾，南接印度洋，西濒阿拉伯海，北枕喜马拉雅山，它为亚、非欧和大洋洲海上交通枢纽。全国面积为297.47万平方公里，南北长3 119公里，东西宽2 977公里，海岸线长6 083公里。其陆上邻国北面有中国、尼泊尔、锡金和不丹；东面有孟加拉国和缅甸；西面有巴基斯坦。首都新德里。

2. 地形

印度的地形大致可以分为五个部分，北部喜马拉雅高山区，平均海拔5 500~6 000米，雪峰皑皑，峡谷幽深，河川湍急，森林稠密。南部德干高原区，中部是印度河—恒河平原区，平均海拔150米，西部塔尔沙漠区和海域岛屿区。

"喜马拉雅"在梵语中意为"雪乡"，喜马拉雅山脉是世界最高大的山脉，分布在中国西藏及巴基斯坦、印度、尼泊尔、锡金、不丹境内，在印度境内长640公里，宽200公里，海拔6 000~7 000米，最高峰南达德维峰高7 817米。

3. 河流与湖泊

印度河流众多，水量丰沛，按流向可分为孟加拉湾和阿拉伯海两大水系。主要河流有恒河、布拉马普特拉河、戈达瓦里河等。其中，恒河全长2 700公里，流域面积达106万平方公里，其流域是印度经济最发达、人口最稠密的地区，印度教徒将恒河奉为"圣河"。

4. 气候

印度属热带季风气候，一年分凉、热、雨三季。每年10月至来年的3月为凉季，这时候气候凉爽、干燥，是印度最好的季节。4~6月为热季，7~9月为雨季。年平均气温在20℃以上，但因海拔高度而异，东部地区平均为26~29℃，山区为12~14℃。年平均降雨量地区差别明显，如阿萨姆邦的乞拉朋齐高达1万多毫米，号称"世界湿角"，而西部沙漠不足100毫米。

5. 资源

印度资源丰富，铝土储量和煤产量均占世界第五位，云母出口量占世界出口量的60%。

(二) 简史

印度是世界四大文明古国之一。约公元前3500年，印度河谷地就出现了人类文明。公元前1700年，雅利安人入侵，在恒河谷地建立城市，印度进入了吠陀时代。约公元前6世纪，种姓制度逐渐确立，出现婆罗门（僧侣阶级）、刹帝利（贵族、武士）、吠舍（商人、农人、平民）、首陀罗（被征服的奴隶）4个种姓，前3种种姓原属一个种族，为"再生族"，四个种姓以外还有贱民阶级，也称"不可接触者"。

约公元前500年，佛教创始人释迦牟尼诞生。在印度孔雀王朝阿育王（约公元前273~前232年）统治时期，佛教从恒河中下游地区传播到印度各地，并不断向其他国家传播。公元前325年，印度形成统一的奴隶制国家。公元8世纪阿拉伯人侵入，1206年建立德里苏丹王朝，引进了伊斯兰文化。1526年莫卧儿帝国建立，成为世界上最强大的封建制国家。

西方国家在印度的殖民活动始于15世纪末16世纪初。1600年，英国入侵，成立东印度公司，接着荷兰、法国先后入侵。1757年6月23日，爆发英印"普拉西战役"，这一战役是印度沦为英国殖民地的开端。1849年印度全境被英国占领。1947年6月，英提出"蒙巴顿方案"，将印度分为印度、巴基斯坦两个自治领，同年8月15日，印、巴分治，印度遂告独立。1950年1月26日，印度共和国成立，现仍为英联邦成员国。

（三）政治经济

印度实行联邦共和制的政治体制，全国由25个邦和7个直辖区组成。总统为国家元首，但实际权力由总理掌握。总统由议会两院及各邦立法议员选出的人员组成"选举团"选出，任期5年，总统依照以总理为首的部长会议的建议行使职权。

印度是世界耕地面积最大的国家，农业是国民经济的基础，全国60%的劳动力从事农业生产。印度国土辽阔，土地肥沃，雨量充沛，无霜期长，有优越的作物种植条件，土地利用率居世界前列，主要农产品有：稻米、棉花、咖啡、甘蔗、香料、茶、椰子肉、纤维、黄麻等。印度是重要的棉花生产国，棉花产量占世界的22%，其棉织物质量极佳。印度的畜牧业比较发达，牛的存栏数居世界首位，主要有水牛、黄牛和奶牛，奶产量居世界第一。

印度1991年7月宣布进行经济改革，陆续颁布了新的工业、贸易、投资和外汇政策，向私人和外资企业开放一些重要工业部门，钢铁、煤炭、化工、石油、电力、机械等工业均有长足发展，印度有8家公司进入了世界200家增长最快公司的行列，目前已形成较完整的工业体系。印度科技事业发展迅速，科学家和工程师数量居世界第三位，仅次于美国和俄罗斯。印度在原子能开发利用、航天技术等方面有相当水平，目前印度已建成7座核电站，并发射了通信气象卫星和遥感卫星。印度电子工业发展很快，目前已成为世界主要软件中心之一。

印度有公路180万公里。除此以外，印度还有世界第四大铁路运输网，铁轨总长超过62 462公里。每年运送3 500万吨货物和1 000万名旅客。印度是亚洲拥有船只数量最多的国家之一，货船总吨位628万吨，占世界第18位。孟买是全国最大港口，其他重要海港有加尔各答、金奈、科钦和果阿等。

全国有德里、孟买、加尔各答、马德拉斯和特里凡特琅 5 个国际机场，航线通达四大洲，另有国内机场 88 个。印度航空公司是印度的主要国际航空公司，印度民航公司主要经营国内航线。货币为印度卢比。

（四）社会

1. 人口、语言与宗教

印度人口 10.9 亿（2005 年中央统计局数字），居世界第二。有 10 个大民族和许多小民族，印度斯坦族为第一大民族。

由于印度在历史上屡遭异族入侵，其语言也很复杂。全印度各民族和部族的语言和方言达 844 种，是世界上使用语言最多的国家之一，仅宪法规定可使用的语言就有 14 种，大多数印度语属梵语系。在众多语言中，印地语最为通行，与英语同为官方语言。

印度教、佛教、耆那教和锡克教源于本国。全国约有 82% 的居民信奉印度教，其次为伊斯兰教（12%）、基督教（2.3%）、锡克教（1.9%）、佛教（0.8%）和耆那教（0.4%）等。

2. 文化艺术

印度是一个人种庞杂、语言众多的国家，其中以梵语、印地语和英语文学成就较高。

梵语文学分为 3 个发展时期。早期吠陀文学（公元前 6 年到前 4 世纪）的代表作品是《梨俱吠陀》，中期（公元前 4 世纪到公元初年）的代表作品是《摩诃婆罗多》和《罗摩衍那》，后期古典文学以作家迦梨陀娑的《沙恭达罗》、《天使》和首陀罗迦的《小泥车》为代表。

印地语文学兴起于 10 世纪，印地语作家普列姆昌德（1880～1936）著有《戈丹》、《博爱新村》等长篇小说。

英语文学产生于 18 世纪下半叶，作家、思想家泰戈尔（1861～1941）是其中一位杰出典范，诗集《古檀迦利》是他的代表作。泰戈尔获 1913 年诺贝尔文学奖。

印度的绘画艺术，特别是以阿旃陀壁画为代表的壁画、细密画和现代画，以及音乐、舞蹈、雕刻、建筑等，在世界上都很著名。印度电影规模雄踞世界第二，有"电影王国"之誉。

3. 民俗

（1）饮食

印度人以大米为主食，但在一些北方地区小麦是主要食物。高级的印度风味米饭用肉汤烹制，里面再加上肉、青菜和果仁等作料，称为"皮罗"（烩肉饭），不管是南方人或北方人都爱吃。印度人烹任时喜欢用大量的香料和调味品，如咖喱、胡椒、酸辣酱、粗糖，以及各种果肉，如椰子、芒果、香蕉等。印度厨师认为，一顿美餐应当甜、酸、苦、涩、辣、咸六味俱全，这样才有益于健康。印度菜必须用水牛的乳制成的酥油来烹饪才算正宗。在小吃当中，蒸制的米糕和"多萨"（一种包着麻辣土豆馅的米制薄煎饼）风行全印度。

印度人不吃牛肉且好吃素。等级越高，吃素的人就越多，等级较低者，才吃羊肉（羊排常用杏仁酱拌食）。

印度人吃饭前有先洗澡的习惯，在进餐过程中忌讳两人同时夹一盘菜。另外，印度人递东西、拿东西或敬茶都用右手，忌用左手，也不用双手。

(2) 服饰

印度妇女多穿遮胸露腰的纱丽，里面穿一件紧身短衫，富于女性美。多数妇女不穿袜子，也不露大腿。受过欧式教育的男士大多穿西服，一般百姓爱穿轻便、宽松的白色印式衬衣（"古达尔"），或穿一件拖地的围裤。

印度妇女喜欢在额头正中点上一颗指头大小的红痣，它是人工点就或用红色锡箔贴上的，象征喜庆和吉祥，印度人称之为"特丽佳"。原先只有已婚妇女才有此特权，但现已发展成一种化妆美容的普遍做法，并增加了黄、紫、绿、黑（消灾避祸）等颜色。吉祥痣已成为印度民族风格的标志。印度妇女喜欢佩带项链、胸饰、耳环、鼻圈、戒指、脚镯等饰物。

(3) 婚俗

按印度教习俗，提倡早婚，实行种姓内婚，主张寡妇殉夫（"萨提"制度）和禁止寡妇再嫁。大多数婚姻是父母作主，媒妁之言。通常不仅是男女双方的结合，而是家族、集团和财富的结合。在农村，理发师是传统的媒人。昂贵的嫁妆是印度人婚姻中的一种传统习俗，也是一种沉重的经济负担，甚至导致社会悲剧。

(4) 礼俗和禁忌

印度人与友人见面很讲礼节，通常是双手合掌，表示致意。合掌时，对长辈宜高，对平辈宜平，对下辈则低，分别表示尊敬、对等和关怀。迎候佳宾时敬献花环。表示赞同或同意时，往往是摇头而不是点头。

印度人把猴子和牛尊为神，尤其对牛特别崇敬，所以千万不可当着印度人的面说牛和猴子的坏话，否则会招"亵渎神明"之责。在印度还有不少人崇拜蛇，因为传说印度教中的湿婆神是由蛇来保护的。

(5) 时差

位于东六区，比格林威治时间早5小时30分；比北京时间晚2小时30分。

二、旅游业概况

（一）旅游业发展概况

印度旅游业起步较晚，过去政府只是优先发展农业、交通、教育等。1956～1961年，旅游业开始成为印度政府计划的一部分。1966年，政府成立印度旅游开发公司，主要开始兴建基础设施；1980～1985年，印度第6个五年计划期间，旅游业成为印度经济的一个重要组成部分，政府认为旅游可以赚取外汇和解决就业。1982年亚运会召开，对印度旅游业起到了促进作用。1986～1991年，印度第7个五年计划，成立了全国旅游委员会，1989年又成立印度财政公司，提供财政资助奖励旅游业投资。1991年推行经济自由化，旅游业也不例外，如开放天空给私人航空公司，允许私人投资机场及基础设施等，游客人数逐年上升，利润大幅度增加。

近几年，印度旅游业快速发展，主要动力是国民经济的高速增长。2003/2004财政年，由于农业持续2年干旱后出现反弹，经济增长达到8.4%，2004/2005财政年经济增长6.9%。由此带来的收入和消费支出增加扩大了国内度假开支。此外，经济增长也吸引了更多的国外投资者，外国赴印度商务旅游和观光旅游相应增加。

自印度1991年推行经济自由化，人民生活逐步提高，中产阶级人数上升到2.5亿，并以每年2 000万的数量增加。随着收入的增加，印度公民出国旅游的人数增加很快。印度的主要客源市场是亚洲，占42%；其次是西欧地区，占34%；再次是北美地区，占12%；东欧仅占4%。游客入境的高峰季节为12月、1月和3月，以12月人数最多。外国游客中的87%是观光客，商务客人占11%，探亲访友者仅占1.7%。

但是，以下3个因素可能会限制印度旅游业发展：

（1）基础设施瓶颈。政府已经优先投资国家基础设施，提高到国际水平，但各地进展不一。旅行仍然困难：道路保养不利，空港难以应付增长的航班和旅客数量。尽管出现新开办的优惠价宾馆，但宾馆房间仍然不足。

（2）官僚主义。国外游客感到办理签证费时，而且官僚作风严重。驻各国使馆难以应付更多的签证申请，致使旅游部准备对16国游客提供办理落地签证的条件。但是内政部表示对安全的担心，这将影响该计划的实施。

（3）政治风险。与巴基斯坦的和平谈判只取得了零星的进展，而关于克什米尔问题的核心争端尚未涉及。如果地区冲突再起，将影响国外游客。此外，发生种族暴力冲突的风险依然存在。

（二）旅游资源

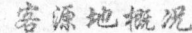

1. 主要旅游城市

（1）新德里

首都，是一座既具有现代气息又有古代风貌的花园城市，位于印度西北部亚穆纳河畔，现有人口838万。旧德里城已有3 000多年的历史，早在公元前1200年前，印度著名诗篇《摩诃婆罗多》中就有建城的记载。公元17世纪，莫卧儿王朝皇帝夏杰汗开始兴建现今的旧德里城，先后有7个王朝在此建都，留下了许多历史古迹，如古代的宫殿红堡、库塔布高塔、铁柱、巨型太阳钟等。新德里始建于1911年，是由英国建筑师埃德温·勒琴斯设计的，历经18年，1929年新城才最后落成。通常人们把新、旧德里统称为德里。自1947年印度独立后，这里就是全国的政治、经济、文化中心和交通枢纽。

总统府（原为总督府）坐落在新德里市中心的拉伊西纳小山上。这座浅褐色的雄伟建筑，屋顶为一个巨大的半球结构，融合了印度与欧洲的建筑风格。总统府门前有一条2公里长的宽阔林阴大道（称为王子大道），沿途有议会大厦、外交部、国防部、国家博物馆、国家艺术馆等；印度门（又称"印度战士纪念碑"）建在大道的另一端，门高48米，外形似巴黎凯旋门，它是为纪念第一次世界大战中阵亡的印度和英国士兵于1921年建造的。总统府东北1.5公里的康诺特广场是商业中心和繁华市区，大的商店、银行、旅行社基本上都在这里。

（2）加尔各答

印度东部最大城市，人口超过1 100万，位于恒河下游的支流胡格利河畔，为西孟加拉邦首府，是印度的主要港口和重要铁路、航空枢纽。主要工业有黄麻加工、棉丝纺织、金属加工、机械、造纸、制革、化学合成橡胶等。1912年以前这里曾是英属印度的首府，因此留下了不少历史性建筑，它们大多集中在位于市中心的焦林格一带。如著名的威廉要塞、维多利亚纪念馆、伊甸花园、印度博物馆、国家图书馆（藏书800多万册），及东方最大的跑马场（建于1819年），它的旁边矗立着哥德式建筑圣保罗大教堂（建于1847年）。市中心附近还有18世纪建的唐人街和古中国市场，现仍有众多华人居住在这里。

（3）孟买

位于印度西海岸，人口820万，城市名意为"美丽的海湾"。孟买是印度的主要工业和金融中心，最大的棉纺和贸易中心。长期以来，它被称为"印度的好莱坞"，每年生产的故事片达150部以上。一些高科技企业也集中在这里，如卫星设备制造、电子技术、原子能研究中心和核电站等。孟买的旅游业也较发达,著名的旅游景点有:威尔士亲王博物馆,为东西合璧的圆顶建筑,建于 1905 年,收藏有非常精美的慕加尔和拉贾士丹派的微型画及各种玉器和瓷器的精品。花神泉位于要塞区的烈士广场中央,它是为新孟买的创建者而立的纪念物,已成为该市的一个标志。

(4) 瓦腊纳西

瓦腊纳西(Varanasi 即贝纳勒斯的梵文名字)是印度著名的圣地之一。瓦腊纳西 2 000 多座寺庙。在圣城瓦腊纳西,一定不可错过去看恒河,恒河岸边有一座座沿河而建的高大的"码头",虽然也停靠船只,但却不是真正的船坞,而是历朝历代的王侯巨贾们所修建的城堡般的宫殿,以及与之相应的数十级的高大而宽敞的台阶,以此作为他们来朝圣居住的"行宫"及朝圣者下河沐浴祈祷的专用通道。每天早晨,来自印度各个角落的数不尽的朝圣者挤满了码头,朝着初升的太阳,在河水中进行他们的晨祷。

2. 主要旅游景点

(1) 胡马雍陵:是莫卧儿王朝第一个成型的建筑典范,是印度建筑史上的重要分水岭,标志着从单调建筑形式转入结构复杂、装饰华丽的建筑新时期。该陵共安放有莫卧儿王朝六个帝王、一个妃子的石棺。

(2) 泰姬陵:坐落于印度古都阿格拉的泰姬陵,是世界七大奇迹之一,到印度旅游的人士,大多是慕它的盛名而来。泰姬陵宏伟壮观,以纯白大理石砌建而成的主体建筑叫人心醉神迷,四座长长的尖塔、皇陵前方的清澈水道、偌大的花园,使它盛名响遍环宇,成为各国游客心驰神往的旅游点。

据说,泰姬陵最美丽的时候,是朗月当空的夜晚,因为白色的大理石陵寝,在月光映照下会发出淡淡的紫色,清雅出尘,美得仿似下凡的仙女。然而,一年之中有此良机的日子不多,能否欣赏得到,就要看你自己的运气。不过,泰姬陵在一早一晚,也同样迷人。

(3) 阿旃陀石窟:位于孟买东北 480 公里一个半圆形山谷下的河流旁,开山凿石而成。是建筑、雕刻和绘画三种艺术结合的范例,被誉为世界艺术精粹之一。石窟埋没了近 2000 年,19 世纪才被发现。在已发现的 29 个石窟中,25 个为僧居,4 个是佛殿。壁画以佛教内容为主,讲述释迦牟尼的诞生、出家、修行、成道、漫架等。有些壁画反映古印度人民的生活及帝王宫殿生活,其中人物花卉、宫廷田舍、飞禽走兽无不栩栩如生。

(4) 埃洛拉石窟:埃洛拉石窟始建于公元 350 年,约在公元 700 年完成。印度教、佛教和耆那教 3 种宗教的寺庙共建在一起,达 34 座之多。由于这一特点,来这里朝圣的游客特别多。

(5) 金庙:印度锡克教最神圣的庙宇,位于印度西北部的旁遮普邦的阿姆利则市。该庙被一个大水池（称为"圣地"）所包围。1803年重修时，仅圆形顶就用了400公斤的黄金，内部装饰可谓金碧辉煌，来朝圣的锡克教徒从早到晚络绎不绝。

三、出国旅游与来华旅游

（一）出国旅游

1. 形成条件

近年来，印度出国旅游人数增长迅速，究其原因，主要是：（1）外汇兑换规定放松；（2）印度进一步开放，对外交流频繁，经济持续增长；（3）居民可自由支配的收入越来越高，消费能力增强。印度总理瓦杰帕伊在欢庆独立55周年的庆典仪式上，提出了15点经济发展方案，推动印度在2020年迈入发达国家的行列。世界旅行和旅游理事会（WTTC）的研究表明，印度是世界上旅游花费增长最快的国家，预计将由2001年的161美元增加到2011年的510美元。

2. 客源特点

印度出国人数中的60%是朝圣者，25%是商人，休闲观光者仅占15%。

出行主要目的地是东南亚、欧洲和美国。美国虽排在第三位，但与前二位相差较大。东南亚独占鳌头的原因是，"9·11"事件后，很多欧美航空公司取消或削减了飞往印度的航班。如斯堪的纳维亚、美国、加拿大航空公司停飞，奥地利、法国、德国航空公司减少了航班，但是亚洲却有中国的东方航空公司、台湾省华航在内的数家航空公司加盟印度市场，斯里兰卡、马来西亚、泰国、新加坡等则增加了运力。瑞士、伦敦、巴黎等热点目的地仍持续升温，特别是欧洲的地中海地区和美国的阿拉斯加将是印度人向往的旅游目的地。

（二）来华旅游

中印两国于1950年4月建立外交关系并互派大使；1959年因西藏事件两国关系步入低谷，1962年10月双方发生了边境冲突。1976年两国恢复互派大使，关系逐步改善。进入20世纪90年代，双方高层互访不断，双方签署了涉及边界、领事、海运和社会方面的协定，以及贸易议定书、和平利用外太空合作备忘录等文件，并决定恢复在孟买和上海互设总领事馆。1996年两国签署《关于在中印边境实际控制线地区军事领域建立信任措施的协定》。

20世纪80年代以来，中印之间的旅游活动也逐步增长。1984年印度来华旅游者0.45万人次，1994年3.56万人次，2005年达35.65万人次，成为我国第十六位客源国。但是市场份额仅占其出国旅游者的1%，显然与两个文明古国应有的旅游交往有较大差距。

10亿人口的背景和中产阶级的迅速崛起，使印度成为一个值得特别关注的旅游潜在市场。据业界估计，在未来10年内，印度出国旅游人数将由400万增加到1 000万，印度将成为重要的客源产出国之一。因此，我们应找出薄弱环节，有针对性地进行市场宣传与促销，使印度来华旅游有一个较大的发展。

思 考 题

1. 简述印度的地理特点。
2. 简述印度的社会和人口特征。
3. 印度的主要旅游资源有哪些？
4. 印度旅游业发展现状与趋势如何？

第四章

东南亚地区

东南亚包括越南、老挝、柬埔寨、缅甸、泰国、马来西亚、新加坡、印度尼西亚、菲律宾、文莱、东帝汶等国家和地区。本章重点探讨东南亚五国——泰国、马来西亚、新加坡、印度尼西亚、菲律宾的自然、人文环境特征、旅游业概况以及出国旅游与来华旅游的基本情况。

第一节 概 述

一、概况

东南亚地区位于亚洲东南部，由中南半岛和马来群岛两部分组成，总面积约 448 万平方公里。马来群岛也称南洋群岛，陆地面积约 243 万平方公里。它包括大巽他、努沙登加拉、马鲁古和菲律宾等群岛；组成这些群岛的 2 万多个岛屿广泛分布于太平洋和印度洋之间。因为东南亚处于亚洲大陆和澳大利亚大陆之间，也处于太平洋和印度洋之间，所以战略位置十分重要。目前，东南亚已经发展成为世界海上和空中运输的枢纽之地。著名的马六甲海峡是太平洋和印度洋这两大洋之间的主要海上通道。

东南亚地区气候湿热，植被繁茂，森林葱郁，分布着众多美丽的沙滩和岛屿，不仅有热带自然景观，而且还有许多名胜古迹和独特的风土人情。这些旅游资源，为该地区发展旅游业提供了良好的基础。

近 30 年来，东南亚许多国家，尤其是泰国、马来西亚、新加坡、菲律宾和印度尼西亚，采取了一系列的具体而有效的措施发展旅游业和开发旅游资源，旅游业得到了迅速的发展。除了将旅游业看成是本国重要的产业部

门,大力进行投资以外,还采取了一些有效措施:

(一) 提高服务质量,提供优质服务

东南亚许多国家,将提供优质服务作为吸引游客和加速发展旅游业的根本措施之一。对于旅馆服务人员和导游人员,经常进行培训,因此该地区许多国家的高质量服务在国际上受到好评。如泰国的东方饭店在世界最佳饭店评比中多次名列前茅。著名的新加坡樟宜机场在国际性评比中多次被评为最佳机场。为了吸引更多的中国大陆及港、澳、台地区游客,1994年新加坡制订出版了《华文旅游说明书》和《培训华语导游的计划》。这些国家高质量的服务不但没有明显增加旅游者的费用,相反地使旅游费用在国际上相对较低。据有关机构1988年和1989年进行的两次调查,新加坡、曼谷、雅加达和马尼拉的国际旅游平均费用是东京、汉城、香港、悉尼的1/3到1/4,比洛杉矶、檀香山、巴黎和伦敦也低得多。

(二) 促进旅游项目的多样化,满足不同的旅游需求

东南亚许多国家努力增加多种形式的旅游活动以满足不同旅游者的需求。新加坡和其他一些国家推出了购物旅游。泰国成立专门的机构竭力争取国际组织在该国召开国际会议,加强会议旅游,使曼谷成为世界第19大会议城市。各国还推出探险旅游以满足西方某些旅游者追求刺激的心理,如泰国的金三角探奇旅游和印尼的火山和热带雨林探险旅游等。马来西亚在其东海岸丁加奴州的肯逸湖举办了国际钓鱼赛。这些项目吸引了更多的外国旅游者,并使他们在该地区逗留的时间有所延长。

(三) 开展宣传运动,扩大知名度

为了吸引更多的旅游者到东南亚地区旅游,该地区许多国家不惜花费大量资金,利用一切机会进行旅游宣传。20世纪90年代初期,泰国、马来西亚、新加坡、印度尼西亚在世界若干大城市进行旅游宣传,耗资1.09亿美元。在国外,利用一切新闻媒介进行广告宣传。在国内,则举办旅游年活动,以扩大影响。从上述5国每年的组织活动中可见,开展宣传运动,对于旅游业的发展具有极其重要的作用。

(四) 制定有关法规,建立旅游管理部门

为了使旅游业得到健康有序的发展,东南亚各国制定了若干关于旅游的法律和法规,使旅游业处在法律的保护和管理之下,并使旅游业的操作有法可依。同时,为了加强对旅游业的管理和协调,政府还建立了一些旅游管理机构。这些都对旅游业的持续发展起了重要的作用。

20世纪60年代中期新加坡、泰国等东南亚国家的经济开始较快发展,东南亚丰富的旅游资源加上上述的种种措施使东南亚国家特别是新加坡、泰

国、马来西亚、印度尼西亚和菲律宾五国的旅游业近30年来有了较快的发展。这些国家在60年代初旅游业刚刚起步时，国际旅游人数和旅游收入都不太高。经过70年代，特别是80年代的发展，外国旅游者和国际旅游收入都有明显增加。旅游业已成为上述5国国民经济的支柱产业，尤其是在亚洲金融危机时期，旅游业一枝独秀，并给这些国家带来发展的动力。它同时也带动了与之相关行业的经济运作，提供了大量的就业机会，使这5国迅速地走出了低谷，稳步地迈入了21世纪。

近30年来，这些国家的国际旅游业在本国国民经济中的地位也不断提高。20世纪80年代初，5国国际旅游业占其国内生产总值的平均比重为1.7%，1990年增长到5.8%。同时，这些国家国际旅游业的发展也推动了有关产业的发展，包括酒店餐饮业、农业、畜牧业、石油和煤炭、电力工业、交通运输业、商业服务业等。而且，也提供了大量的就业机会。此外，旅游业的发展也提高了外商投资的信心，如迪斯尼公司计划在马来西亚投资32亿美元建造东南亚迪斯尼乐园。

目前，这些国家的国际旅游以彼此游客对流为主体。同时，日本、中国（含港澳台地区）、澳大利亚等国家和地区，正在成为该5国努力开发的客源市场。据分析，东南亚国家正欲开发的这些客源市场，也是我国主要的旅游客源市场。对于它们的竞争，我国应做好充分准备及早作出对策。

在国际旅游业发展的同时，这5国的出国旅游在经济不断发展的推动下也有较快发展。20世纪80年代末、90年代初，5国出国访问的人数约为70万人次，现在每年至少有数百万人次出国旅游，东南亚地区已成为世界重要的客源地区。原来，东南亚地区各国出国旅游的主要目的地是东盟国家。但近10年来，到中国、日本、韩国旅游的人数正在不断增加。

二、东南亚来华旅游客源情况的调研分析

（一）东南亚客源国的重要地位

据国家旅游局计划统计司的统计，2001年全年东南亚来华旅游入境人数就达181.42万人次，占整个入境旅游人数的16.2%。10多年来一直保持在我国主要市场的前列，90年代以来，每年都有大幅递增。而客源逐年大幅递增的主要原因是东南亚各国居住有约2 000万华人华侨，他们回祖籍地寻根、祭祖、探亲构成东南亚来华旅游客源的主体。因而调查东南亚来华旅游客源的具体情况，分析其原因，研究相应之对策，是我国旅游管理部门要做的一项重要工作。

（二）东南亚华人社会的特点及其历史渊源

（1）华人在东南亚分布广泛。我国分布在东南亚各地的华侨，以粤闽两籍为最多。这大抵是由以下几个方面的因素造成的：地理位置及气候原因；他们素习航海，善于经商，勇于冒险；经济落后，资源丰富，适于华人落脚谋生；华人乡族观念浓郁，带领大量宗亲赴东南亚定居。

（2）粤语、闽南语为东南亚华人社会的通用语言。

（3）华人经济实力较强。

（4）华人具有极强的逆境生存能力。

（三）开拓东南亚客源市场的具体措施

1. 在组团形式上要有针对性

（1）对于老年华侨，他们有经济实力，能出游的大多为第一代华人移民，他们在文化认同上几乎无保留地倾向中国文化，津津乐道于传统的价值观念，由于他们在血缘、文化、心理方面与中国故土的感情纽带难以割舍，因此，中华故土永远是这些老华侨心理的隶属实体，是他们回首寻根的根基所在。我们应充分理解老一辈华侨这一份浓浓的"中国情"，并尽力根据他们的心理、生理需求，直接进入华人各种宗亲会，向他们推出寻根团、省亲团、祭祖团、礼佛团。

在组团的同时，根据老年人年老体弱的特点，可以增加保健医师随团活动；或在行程表上辟出专门的时间为他们安排做全身的保健检查。这一方面是基于我国的医药费用相对比较低，另一方面，则是因为老华侨们笃信中国的医疗技术及医务水准。

（2）对于中年华侨，他们是在东南亚出生的第二代或第三代华人，在当地侨校受过完整的中文教育，接受了传统文化观念。因而，他们在事业有成，生活稳定之余，仍要追思寻觅自己的根源，仍对祖籍国怀有一种特殊的情感。对这一部分人来说，往往没有很多的休闲时间，即使出游，也与商务活动分不开，同时，他们在自己企业里习惯于指挥他人，因此不喜欢有组织、有固定日程的活动，也不喜欢受所到之处都要由他人安排的团队旅游方式的拘束。针对这一特点，我国旅游部门定期向东南亚五国有关的业缘性社团发布我国各种有关的商贸交流信息，包括招商信息、展示信息等，配合有关部门，有目的地做好有关考察团、商贸团及交流团的接待工作。

（3）对于东南亚华裔青少年，其思维定势已深深地带有东南亚本国的文化烙印。因此，青年一代，思想言行与当地人一样倾向欧美化。在他们身上还不难看到美国文明的影子，浪漫、自由、自立。而在家里，也不排斥老一辈所信奉的佛教或道教神灵；在家庭关系中，他们承继了中国封建家庭的传统美德，热爱家庭、尊重兄长、孝敬老人，也吸收了东南亚各民族的特性，好客、有礼、宁静、勇敢、忠信。可见，他们置身于两种文化的冲突之中，自身充满着种种困惑，这种困惑导致华裔青年反向追寻自己的中华文化之根。希望通过学习中国的历史和文化，找回自我，摆脱迷茫，建立并增强自信心。

针对青年这一特殊层次的特殊需要，我国的旅游部门为他们提供了针对性的旅游安排，让他们能够深入到祖国内地，全面的了解中国的风土人情；并为参加文艺体育等专项活动的华人社团组织观摩团。在旅行游览的同时，穿插一些专业团队的文艺演出或体育赛事，或让双方进行交流学习，或请专业人士对他们进行专门训练，以进一步提高他们对中华文化的鉴赏能力及兴趣。

2. 在导游接待上要有销售意识

说到旅游销售环节就好像理所当然与导游无关，而只是外联人员的专职任务，其实不然。导游好比一个活动广告，其上乘的表现犹如生动的广告词，有利于刺激现有游客的重复出游及诱导潜在的游客源。因此，现代旅游不能像过去那样将导游的功能单一化，而应让每个导游明确自己所扮演的角色，不仅仅是讲解员、服务员、保卫员、统计员，等等，而且还应是一个成功的公关促销员。特别像东南亚这些国家，贫富悬殊，政局较不稳定，能有条件来华旅游的人数有限，这本身已影响了其客源的增长幅度，因而，导游员的工作质量显得尤为重要。

总之，要做到事先了解东南亚各国的历史和国情，掌握近期中国与东南亚各国关系中的大事记，熟知他们的生活习惯和喜好，把握客人的旅游心态，才能做到有备无患、有的放矢，以崇高的爱国热情赢得客人的尊重，以高度的工作责任感和热忱的服务精神赢得客人的认可。

思 考 题

1. 东南亚地区为什么会成为我国稳定的客源市场？
2. 我国在开发东南亚客源市场中应在哪几方面做工作？

第二节　新　加　坡

"新加"在马来语中是"狮子"，"坡"是"城"，新加坡即为狮子城的意思。新加坡之岛形状也像个狮子。

一、基本概述

(一)地理概况

新加坡位于东南亚的马来半岛南端,是个一面临海、三面由海峡环抱的岛屿国家,地理位置十分重要。它东临辽阔的南中国海,与北加里曼丹遥遥相对;西面是马六甲海峡;南面是新加坡海峡;北面是与马来西亚仅隔1.2公里的柔佛海峡。新加坡由于地处马六甲海峡的咽喉地带,扼守太平洋与印度洋通航要道,向有"东方十字路口"之称,是国际海运交通中心之一。

新加坡领土由新加坡岛和附近的50多个小岛组成,总面积647.5平方公里。城市面积占绝大部分,因而被誉为"城市国家"。新加坡岛略呈菱形,东西最长42公里,南北最宽23公里,面积541平方公里,约占全国面积的83.6%。岛上地势平缓,起伏不大,平均海拔17米,岛的中部为花岗岩低丘,最高处是锡山,海拔也只有166米,沿海有冲积平原。

新加坡地处赤道附近,离赤道仅137公里,属热带雨林气候,全年高温多雨,年平均气温24℃~27℃,最高气温35℃。新加坡雨量充沛,年平均降水量为2 400毫米,经常下暴雨。由于受海洋气候的调节,这里早晚有海风吹拂,气候宜人,植物繁茂,终年常绿,是个风光绮丽的热带岛国。

新加坡矿藏资源贫乏,但是新加坡的气候适宜各种植物繁茂和生长,植物资源比较丰富,已发现的植物物种达2 000多种,其中橡胶、椰子是经济价值较高的作物,但现存的数量不多。著名的热带观赏花卉胡姬花(万代兰)种植很普遍,品种也很多,它四季常开,十分诱人喜爱。万代兰也是新家坡的重要出口商品之一,大量销售于西欧、日本、美国和我国香港地区等国家和地区。

(二)国家简史

古新加坡究竟从何时起建立国家,这在史书上尚无明确记载。传说在远古时代,亚历山大大帝的后裔乌塔王子在海上航行时,船被暴风雨刮到现在的新加坡岛上,在岛上,王子看到一头怪兽,浑身赤红色,头部的毛黑亮,胸前还有一撮白毛,随行人员告诉王子这是狮子,王子便把这个不知名的小岛称为"新加普拉",也就是狮子城的意思,这个名字一直沿用至今。

新加坡古称"单马锡",后改称"信可补罗"。这是一个梵语名,由"信可"和"补罗"两个词组成。"信可"的意思是狮子,"补罗"的意思是城堡。意即"狮城"。新加坡就是从梵文"信可补罗"演变而来的。"信可补罗"王朝(狮城王朝)统治了大约123年。15世纪又建立了马六甲王朝,自16世纪中叶起,新加坡成为廖内柔佛王国管辖的一个地区,一直到

19世纪初。1824年，新加坡沦为英国的殖民地。从19世纪30年代的100多年中，新加坡一直是英国在东南亚的重要转口贸易商港和主要军事基地。1926年，新加坡与马六甲、槟榔屿合并为英"海峡殖民地"。1942年2月被日军占领。1945年8月，日军投降后，英国恢复了对新加坡的占领。1958年6月，新加坡自治邦成立。1963年新加坡作为一个州并入马来西亚。1965年8月9日，新加坡退出了马来西亚，成立了新加坡共和国。新加坡现在是英联邦的成员国。

（三）政治经济

新加坡实行共和制政体，实行议会制，按三权分立原则组织国家机构。新加坡没有地方行政机构，中央政府直接处理各项事务。总统为国家元首，由议会选举产生；总理为政府首脑，由议会中多数党提名，总统任命。人民行动党为执政党。首都为新加坡市。

历史上新加坡是世界著名的自由贸易港，主要以转口贸易、加工出口和航运业为主。目前，新加坡已建成一个包括炼油、石油化工、造船、冶金、电子电器、纺织等综合性工业区，世界第三大炼油中心，是东南亚最大的修船业中心。近些年来，电子电器工业发展很快，电子产品出口额已跃居亚洲第三，并成为电脑磁盘制造中心。新加坡是一个城市国家，农业在国民经济中只占很小的比重。园艺种植、畜、禽、渔业是新加坡农业的重要组成部分。粮食全部进口，4/5的蔬菜供应来自马来西亚、中国、印尼和澳大利亚。新加坡无论陆地、海上、空中运输都十分发达，尤其是海空，成为世界交通中心。新加坡有铁路67公里。公路总长3 000公里，其中高速公路11.6公里。新加坡是著名的国际港口，有500多条航线连接世界700多个港口，80多个国家的150多家船务公司的船只使用此港。进港船舶总吨位超过鹿特丹而居第一位。新加坡是联系欧亚大洋洲的航空中心。航空客运量居世界第九位。货币为新加坡元。

（四）社会

1. 人口和民族

新加坡人口为348.7万，常住人口424万（2004年），新加坡地窄人稠，是东南亚地区面积最小、人口密度最大的国家，这在全世界都是少见的。同时，新加坡是一个多元种族的社会，境内住有20多个民族。其各族居民的祖先大多数是从附近各国移来的。其中华人占77%，马来人占14%，印度、巴基斯坦和斯里兰卡（主要是泰米尔族）人占7.6%。

2. 语言和宗教

新加坡的国语是马来语，英语、华语、马来语和泰米尔语为官方语言，英语为行政语言。

新加坡属多宗教国家，世界上主要宗教在这里都有信徒。有宗教信仰的居民占85.5%。华人和斯里兰卡人多信奉佛教，也有人信奉基督教，马来人和巴基斯坦人多信奉伊斯兰教，印度人信奉印度教。

3. 文化

新加坡是一个多民族国家，在保留各民族传统文化的同时，鼓励向统一民族文化演变，一直在为树立新加坡民族精神而努力。新加坡重视教育，其教育政策是扫除文盲，实行义务教育和多重语言训练。儿童6岁享受免费国民教育，多数学生要修3种语言，到1987年全国所有学校都以英语为第一语言，作为教学用语，华语、马来语和泰米尔语为第二语言。教育经费在政府总开支中占有重要地位。著名大学为新加坡国立大学、南洋理工学院、同济医院。同济医院是拥有100多年历史的中医医院，该院设备齐全，医术高明，东南亚各地的中医师，都以能够取得同济医院颁发的医师证书为荣。

新加坡重视精神文明建设，开展礼貌运动、敬老运动，注意把儒家文化、伦理灌输到人们日常工作和经济生活中，宣传奉献精神和群体精神，这为树立社会良好风尚，促进新加坡经济的发展起了积极作用。

4. 民俗

（1）饮食

新加坡大多数是华人，华人又大部分来自广东省，所以新加坡的饮食与中国广东人很接近，主食是米饭和包子，每日下午有吃点心的习惯，知识分子喜欢西式早点。新加坡喜食闽粤风味菜肴，尤爱食水产菜肴。甜食、油炸糯米和红糖年糕，是春节家家必备的风味小吃，饮茶是新加坡人的普遍爱好。新春佳节，主客共饮"元宝茶"，寓有"财运亨通"之意。

（2）婚嫁

新加坡各民族婚礼不尽相同。华人婚礼新娘穿上代表喜庆的红色衣服，举行仪式时尽可能多地宴请亲朋好友。马来人在婚礼中，几乎邀请全村人前来参加，女方亲友围绕新娘，男方来宾组成一个列队，簇拥新郎到新娘家举行仪式。来宾离去时每人手上握一个煮熟的鸡蛋，表示多子多孙的意思。印度人婚礼在庙里以古老仪式举行。婚礼过程中，新郎跪在新娘面前，悄悄在她的脚趾上套一枚戒指。婚礼高潮是新娘戴上用茉莉花和兰花编成的花环，宾客向新人身上抛撒花束。

（3）礼仪与禁忌

新加坡各民族保持传统的礼仪，打招呼方式各不相同。见面通常握手，华人见面以鞠躬为礼。马来人行握手礼。印度人妇女额头点檀香红点，男人扎白色腰带，见面时双掌合十致意，平时进门脱鞋。新加坡人不用食指指人，双手不要随便插腰；用餐时勿把筷子放在碗和盘上，也勿交叉摆放，应放在托盘上。严禁随地弃物。与马来族人进餐时，勿用左手进食。与印度人进餐不吃牛肉。

（4）时差。

新加坡位于东八区，比格林威治时间早8个小时，与北京时间相同。

二、旅游业概况

（一）旅游业发展状况

新加坡是世界上最著名的清洁卫生国家之一。但是毕竟面积不大，既没有名山大川，也没有多少名胜古迹，旅游资源并不丰富。然而，由于政府重视旅游业的发展，有关法律法规健全，实施严格，不仅开展观光旅游，而且重视开展购物旅游，发挥其作为"购物天堂"的优势；航空交通发达，新加坡与世界49个航空公司建立了联系，每周有1 500次班机起落，目前航线所达的国家共54个，城市110个；会议设施齐全完善，注意加强会议旅游，1990年在这里举行了2 708次国际会议，与会者达50.9万人；特别注意开展优质服务，一些饭店屡屡在国际上获得最佳饭店的称号，新加坡航空公司在国际上享有很高的声誉；旅游费用也相对较低；另外，为了激励旅游需求并帮助某些生意不佳的饭店和餐馆，政府还对它们实行减税。因此，新加坡旅游业相当发达，旅游业是新加坡经济的支柱产业之一，且成为新加坡仅次于工业和贸易的第三大经济行业和创汇行业，旅游业每年约给新加坡带来58亿美元的收入，占新全年GDP的5%左右。在新加坡每年的旅游收益中，有64%来自休闲旅客、25%来自商务与会展旅客、其余11%来自医疗和教育旅游。未来新加坡定位于一个会务、奖励旅游、论坛、展览和休闲目的地的首选国家。目前新加坡的主要客源国或地区为：印尼、日本、中国、英国、马来西亚、韩国、印度与中国香港。

新加坡旅游业开始于20世纪50年代初。1964年成立新加坡旅游促进局。1964年外国游客不足10万人次，到1973年达到百万人次，1978年突破200万人次大关。1994年达530万人次，是本国人口的2倍多。新加坡是小国，但在世界旅游业中占有十分重要的地位。1998年，新加坡接待游客560万人，居世界第26位，国际旅游收入65.01亿美元，居世界第17位。1996年出国旅游人数达330万人次，超过全国人口数。出国旅游支出达32.24亿美元，居世界第27位。1981～1986年间，新加坡旅游外汇收入占全国外汇收入的15%。1990年突破30亿美元，占外汇收入17%，占整个国民经济收入6%。新加坡旅游局提供的资料显示，2005年新加坡来访游客量和旅游收益分别达到894万人次和108亿新元的新高。与2004年相比，旅游收益增幅达到10.5%。而到访新加坡的游客在新加坡逗留的平均天数也从3.2天延长到3.4天，新加坡本地酒店的住客率平均达到84%，每间客房每晚平均价格提高12%，达到136新元，全年所有酒店客房的总收益也取得16%的增长率，达到12亿新元。

根据新加坡旅游局定下的未来10年发展宏图，当局希望到2015年，新加坡每年可以吸引1 700万旅客人次到本地旅游，旅游收益也能够增加到每年300亿新元，并为旅游业制造10万个额外的就业机会。

（二）旅游资源

新加坡是亚洲旅游业最发达的国家之一。尽管新加坡国小，人少，自然旅游资源贫乏，但新加坡重要的地理位置、优美的自然环境和宜人的气候独具特色。新加坡政府扬长避短，充分利用这些条件。新加坡是一个自由贸易中心，来自世界各地的货物品种齐全，价格便宜，因此购物成为新加坡吸引游客的一个重要内容。另外，交通便利，舒适的现代化服务，廉价的食宿和优良的会议设施，是新加坡发展会议旅游的宝贵资源，新加坡多次被会议联盟选为亚洲最佳会议城市。

花园城市——新加坡　新加坡市是新加坡共和国的首都。新加坡既是城市名，又是岛名、国名。马来语意为"狮子城"，位于新加坡岛的南端。面积约为98平方公里。市容整洁，土不露面。林阴道路宽阔，高层建筑林立，草坪、花坛、公园点缀其间。椰雨蕉风，景色宜人，被誉为"美丽的花园城市"。市内有天福宫、裕华园、星和园、晚晴园、植物园、博物馆等风景名胜。市区与沿海岛屿有轮渡或空中缆车相通。

（1）鱼尾狮公园：位于新加坡河口左岸，建于1972年。园内主要有一座鱼尾狮身塑像，高8米，重40吨，狮子口喷泉水，十分晶莹夺目。新加坡名称原意为狮城，鱼尾狮身像是新加坡的象征。每当游人站在这个塑像下面远眺海面，新加坡的繁荣景象尽收眼底。

（2）世界贸易中心大厦：位于查甸码头港务局大厦对面，里面有一个可容纳4 000人的大会议厅、2个大展览馆和30个常设展览馆。它是新加坡举办各种国际展览会和会议的重要场所。

（3）新加坡植物园：新加坡植物园是世界闻名的热带植物园之一。位于新加坡市东陵区，建于1859年。占地32公顷。园内各种奇异花卉和珍贵树木多达2万～3万种，还收藏各种植物标本近50万种。

（4）天福宫：天福宫是新加坡最古老的庙宇之一，建于1839～1842

年。宫内正殿供奉堵塞天妃，为中国福建人敬奉的海神"妈祖"，因此又有"妈祖宫"之称。庙宇具有浓厚的中国建筑风格，神像、花岗岩石柱、木祭台等都是从中国运去的。当人们经过惊涛骇浪而平安抵达新加坡后，常到天福宫去叩谢神恩。

（5）晚晴园：晚晴园位于新加坡市郊，占地1 800多平方米。晚晴园名称取自唐代诗人李商隐的"人间爱晚晴"诗句，有夕阳绚丽之意。1906～1910年，孙中山先生曾7次路过新加坡，均居于此。故又称孙逸仙别墅。园内有孙中山铜像、孙中山居住的双层楼房，存放许多孙中山的革命史料。

（6）裕廊飞禽公园：裕廊飞禽公园是世界著名的鸟禽公园之一。位于新加坡西部裕廊镇。占地20公顷。1971年正式开放。公园有95个鸟舍、6个池塘和10个围场，饲养着360多种、约8 500只形态各异的鸟禽。园内备有小型游览车，供环游全园之用。

（7）圣淘沙岛：是位于新加坡南方海中的一个小岛，1970年以前是英军基地，现已成为新加坡主要的观光游览区和度假胜地，有跨海大桥与新加坡本岛相连。

岛上有美丽的海滩、高大的棕榈，有各种展览馆，如有展出90多位新加坡先驱的蜡像馆，世界一流的珊瑚展览馆，展出4 000多种蝴蝶、甲虫、蛾类、蟑螂等活虫与标本的亚洲最大的昆虫馆等。岛上最引人注目的还是号称东南亚最大的海底世界，乘坐电动轮传送带，穿过错综复杂的隧道后，即可看到名目繁多、数以千计的海族动物。

岛上还有人工湖、旱冰场、网球场、高尔夫球场等娱乐设施，可供游人开展各种活动。晚上有音乐喷泉表演。

岛上的古迹有建于1880年的西洛索堡，保存有公元5世纪的古炮。岛上有单轨电车为代步工具，环游全岛一周需45分钟。

三、出国旅游与来华旅游

由于本国国土面积较小，因此新加坡虽然只有四百万人口，但他们非常喜欢出国旅游。出国旅游量在2004年高达520万人次（不包括去马来西亚的900万人次）。一般来说，中国、马来西亚、泰国、澳大利亚是新加坡人最喜欢去的目的地。

新加坡与中国人民的往来有悠久的历史。1990年10月，新加坡与中国正式建交。中国在新加坡设有旅游办事处，新加坡旅游促进局在上海设有办事处。

20世纪80年代以来，新加坡来华旅游的人数不断增加。1979年来华游客 1.3 万人次，目前，每年到中国观光的新加坡游客基本保持二位数的增长，2005 年增至 75.59 万人次，比上年增长 18.70%，占中国入境游客总量的 3.7%，是 2005 年我国的第 6 大客源国。中国已成为新加坡人出国旅游者首选地之一。

近年来，中国大陆赴新加坡旅游人数迅速增长，1998 年达到 19.25 万人次。新加坡旅游局一直重视中国市场，认为中国不但具有庞大的发展潜力，更是新加坡发展最迅速的旅游客源市场之一。根据 2004 年的统计，前往新加坡旅游的中国游客达 88 万人次。目前中国是印度尼亚西、日本之后的第三大客源国。

思 考 题

1. 列举新加坡主要的旅游景点。
2. 新加坡为什么能成为亚洲旅游业最发达的国家之一？

第三节 马来西亚

马来二字在马来语中为"黄金"，马来半岛盛产黄金，意即"黄金国家"；另一说，国名与马六甲有关。

一、基本概述

（一）地理概况

马来西亚地处两洲、两洋相交的十字中心，南北连亚洲和大洋洲；东西通太平洋和印度洋，地理位置极为重要。马来西亚联邦由马来亚、沙捞越和沙巴三部分组成，全境被南中国海分割成东西两部分，分别称为西马来西亚（简称西马），东马来西亚（简称东马）。西马位于马来半岛南部，北与泰国为邻，南临柔佛海峡，通过长堤与新加坡相衔，西濒马六甲海峡，东临中国南海；东马位于加里曼岛北部，由沙捞越地区与沙巴地区组成总面积为 33 万平方公里，海岸线总长 4 192 公里，其中西马为 2 000 公里，沙捞越地区 740 公里，沙巴地区 1 450 公里。

马来亚地势北高南低，山地位于中部，纵贯南北，向东西两侧逐渐降低，沿海为宽窄不等的平原。中部山地由 8 条大体平行的山岭组成，其中吉保山脉为最大的山地，由花岗岩等构成。这里有闻名于世的锡矿带。塔汉山海拔 2 190 米，为马来亚地区的最高峰，河流以吉保山脉为分水岭，分别向东西两侧流入太平洋和印度洋,东侧河流以彭亨河最长,西部河流以霹雳河最长。东马来西亚地势呈西南、东北走向,即沙捞越的伊兰山脉和沙巴的克罗克山脉。沙捞越的地势由东南向西北倾斜,沙巴地势由中部向东西两侧递斜,主峰基纳巴卢山海拔4 101米,为马来西亚的最高峰。东马来西亚河网密,水量大,主要河流有拉让河、基纳巴坦甘河等。

马来西亚处于北纬1°~7°之间,靠近赤道地带,属热带海洋气候,高温多雨,年平均气温为29℃,6~7月为旱季,10~12月是雨季。马来西亚平均降水量大部分地区在2 000~3 000毫米之间,多为暴雨。

在丰沛的水热条件下,生物繁衍旺盛,植物种类众多,森林资源丰富,森林面积占全国总面积的75%以上,盛产龙脑香、红木、柚木、樟木等多种名贵木材及各种林副产品。天然橡胶是马来西亚最重要的作物,而且橡胶和锡矿产地基本上是重叠在一起,形成世界著名的"胶锡地带",橡胶和锡的产量曾经居世界第一位,故马来西亚有"胶锡王国"之称。石油储藏量30亿桶,天然气1.5亿万立方米,此外还有铁、钨、煤、铝等矿产。

(二) 国家简史

在远古时代,马来西亚就已经有人类居住、栖息。距今约1万年前,马来半岛的居民进入旧石器时代。公元前2500年左右,进入新石器时代。公元前1300年左右,进入铁器时代。16世纪,西方海上霸权兴起,马六甲因其交通及战略地位重要,引起西方列强窥视和入侵,马来西亚先后沦为葡萄牙、荷兰、英国等国的殖民地。第二次世界大战时,马来西亚被日本帝国主义占领,当地人民进行了英勇的抗日武装斗争。日本投降后,英国恢复了殖民统治。1948年成立马来西亚联合邦,1957年宣布独立。1963年马来西亚联合邦与新加坡、沙捞越、沙巴合并,组成马来西亚联邦。1965年新加坡宣布退出,成立新加坡共和国,目前马来西亚是"英联邦"的成员国。

(三) 政治经济

马来西亚是君主立宪制国家,最高元首由国家最高权力机构——统治者会议选举产生,是国家的象征,是法定的国家首脑、宗教首领和武装部队总司令。最高元首拥有立法、司法和行政的最高权力,以及任命总理、拒绝同意解散国会的权力。统治者会议由西马九个州的世袭苏丹和马六甲、槟榔屿、沙捞越、沙巴的州长和元首共13人组成,在选举最高元首时只有九个苏丹有选举权。国会为最高立法机构,实行下院和上院两院制。政府(内阁)由国会中占多数的政党组成。总理由国会提名,经国家元首委任组阁。首都为吉隆坡。

马来西亚原是个农业国。独立后,马来西亚为改造旧的经济结构,发展本国经济,推行了一条以农业为基础、以发展工业为主,全面开放、面向出口的经济发展方针,积极引进外国资本和先进技术,创造了很多加工出口工业区,发展对外贸易,经济得到迅速发展,国民经济结构发生较大变化。传统工业主要是采矿、炼锡、石油和天然气,现代工业主要有电子、纺织、汽车装配、钢铁、石油化工等。马来西亚农业以经济作物为主,主要有橡胶、油棕、胡椒、可可、椰子等,其中橡胶、油棕的产量均居世界前列,有"橡胶王国"的称号。水稻是马来西亚的主要粮食作物。马来西亚是世界最大的热带锯木出口国与第二位热带原木出口国。马来西亚交通发达,公路交通系统被世界银行列为 A 类,达到发达国家水平。其特点是:公路运输量大于铁路运输量、海洋运输量大于陆地运输量、国际运输量大于国内运输量。货币名称:林吉特,也称马元。

(四) 社会

1. 人口与民族

马来西亚人口为 2 558 万(2004 年),其中 83% 分布在西马。马来西亚是一个多民族的国家,主要有马来人、华人、印巴人、欧亚混血人、泰人和山地土著人。其中以马来人最多,占全国人口的 51.8%,华人占 31.3%,印巴人占 6.3%。马来西亚人口分布极为不均,有 3/4 的人口集中在土地肥沃、资源丰富的西马,而东马土地贫瘠、人口稀少。

全国居民城市化水平为 35%,人口平均寿命为 71 岁。

2. 语言与宗教

马来西亚的语言主要有马来语、华语、泰米尔语和英语,其中马来语为国语和官方语言。大多数人能讲英语,在日常活动中,华语和泰米尔语也经常使用。

马来西亚把伊斯兰教作为国教,约有 50% 的人信奉伊斯兰教,其他宗教有佛教、印度教和基督教等。

3. 文化

(1) 教育

马来西亚是个多民族的国家,马来人、华人、印巴人等民族都有自己独特的文化。政府努力塑造以马来文化为基础的国家文化。推行国民教育政策,重视马来语的普及教育。

(2) 文学艺术

马来西亚以其悠久的历史,灿烂的文化,著称于世,其文学在世界文坛上也具有一定的影响。它有优雅的古典文学,又有现代气息的当代文学。既有从国外译进的脍炙人口的名篇,又有土生土长、经久不衰的佳作,这样古今穿插、内外交融、雅俗共赏，形成独特的马来西亚文学，它犹如一颗璀璨的明珠，在世界文明的宝库中，独放异彩。

(3) 世界羽毛球的王国

马来西亚政府十分重视体育事业。全国性的业余体育协会有20多个。每个协会的会长和秘书长均由政府高级官员、社会名流和体坛名将兼任。在马来西亚体育史上，最值得一提的要算羽毛球了，羽毛球20世纪从英国传入。由于其方便，又能锻炼身体，所以，这项体育活动深得人们的喜爱。1949年，马来西亚获得英国第一届汤姆斯杯羽毛球冠军。此后，又蝉联第二、三、四届冠军。并连续获得8届全英羽毛球单打冠军，因而一度享有"世界羽毛球王国"的盛誉。

4. 习俗

马来西亚是一个由不同民族，不同宗教信仰，不同历史组成的大家庭。各民族既保持了传统的奇特风俗，又不乏具有高度文明的现代生活方式。再加上那些寓意深刻，又丰富有趣的节日，这一切绘成了一幅色彩斑斓、五彩缤纷的民俗图案。

(1) 独具特色的"国服衣着"

在马来西亚到处都可以看到人们穿着一种由蜡染花布做成的长袖上衣，色彩鲜艳，质地薄而凉爽、适宜当地的炎热气候。这种美观大方的衣服被称为"巴迪"服，不论是在正式的场合，还是在比较随便的场合都可以穿，所以又称为"国服"。马来西亚是一个古老的民族，有自己传统的服装，男子上身穿无领长袖衣，下身围一大块布叫"沙笼"，女子穿"克巴亚"即无领长袖的连衣裙。马来人有个习惯，就是在公共场合不论男女其衣着不得露出胳膊和腿部。

(2) 深受华人影响的饮食

华人在马来西亚为第二大族，其习俗也深深地影响着这个多民族的国度，华人的煎、炒、烹技术享誉世界，尤以色香味出众，所以马来西亚的各民族都喜欢到汉族家里做客，品尝中国饭菜，在那里多是福建、广东风味。马来西亚的食物以米饭、糯米糕点、椰浆、咖啡为主，喜辣。马来风味食物以河嗲（烤鸡、羊肉串）尤为出名，是各种宴席不可少的名菜，马来人习惯用手抓饭进食，进餐时，桌上备有清水两杯，一杯供饮用，一杯供净手用。节日期间，饭店酒楼生意兴隆。傍晚至深夜，饮食街区和一些广场，路边挤满经营各种风味食品的小摊，来这里品尝一下马来式肉串、中国火锅、汤面米粉及印度式、日本式小吃更是别有一番情趣。

(3) 古老而独特的住宅

浮脚楼是一种单层建筑,房顶用树叶铺盖,墙和地板用木质材料建成。地板离地数尺,可以防潮湿及蛇、鼠的侵害。门口有一张梯子,来访客人须先脱鞋,然后拾级而上。还有一种与浮脚楼相似,但很长的住宅,叫长屋。长屋中间有一个走廊,走廊两旁是住户房间。长屋的居民多则几百户,少则几户。长屋设有屋长,其职责为调解纠纷,处理屋内"红"、"白"喜庆之事。有趣的是屋长选举具有氏族社会民主选举的性质。当选者必须德高望重,不能世袭,没有任何特权和报酬。屋内还设巫师一名,主持宗教仪式,为病人驱魔逐鬼,医治疾病。令人生畏的是,长屋的横梁上还悬挂着许多人的人头颅骨。据说早在一个世纪前,海达雅克人有一种猎取人头的风俗。当一名男少年满18岁时,必须猎取一个敌人的人头挂在门前,才称得上为一个勇敢的青年人。这种风俗早已绝迹,但那些人头颅骨却至今还保存着。

(4) 婚礼

马来人的婚礼十分隆重,一般举行两三天,实行"三礼",即"饰发礼"、"染手掌礼"、"并坐礼"。第一天,新郎新娘在各自家中饰发美容。然后染手掌。新郎在自己家中染完手掌后,到女家参加大染仪式。完毕后新郎先回家,然后为新娘举行大染仪式。第二天在新娘家举行"并坐礼",新郎家派出迎亲队伍敲锣打鼓前往新娘家。迎亲队伍到达后,新娘在年长亲人带引下,在一片欢呼声中,登上"并坐台",在台的右首就坐,新郎在台的左首就坐。

(5) 礼仪与禁忌

马来人多信奉伊斯兰教,然而其穆斯林在生活方式上却拥有更多的自由。如在节日里,青年穆斯林男女之间自由地跳舞,甚至有时舞会会通宵达旦。马来人在生活上十分重视礼节。在家庭中必须尊敬并服从父母,子女在父母面前入坐必须端坐。如坐在席地上,男子必须盘膝,女子则应屈膝,将双腿伸向一旁斜坐。马来西亚人见面时互相摩擦一下对方手心,然后双掌合十,摸一下心窝,互致问候。马来人到别人家访问时,男人必须戴"宋和"帽,进屋时必须脱鞋。马来人的内厅是做祈祷的地方,神圣不可侵犯,如穿鞋会被视为亵渎神明,不能宽容。当主人用马来糕、点心、菜、咖啡等招待客人时,客人必须尝一点,否则会被认为对主人不敬。任何人都不可触摸马来人的头和背部,因为那被看成是对他的严重侵犯,会给他带来厄运。在马来西亚,女士不能穿太短的裙子或裙裤,上身不能太暴露。在较正式的场合,女士应穿长及脚背的长裙,男士则要穿西式衬衫、打领带。马来人认为左手是不清洁的,用膳时右手五指并拢抓饭,用拇指将饭填入口中,对女士不能先伸出手要求握手,不可随便用手指指人。绝大多数马来人嗜食槟榔。

(6) 时差

马来西亚位于东八区,比格林威治时间早8小时,与北京时间相同。

二、旅游业概况

(一) 旅游业发展与现状

旅游业在马来西亚经济中有极为重要的地位,同时政府也非常重视。发达的旅游业对其他事业起了推动和促进作用。国内交通业和服务业也都随之发展起来,同时也促进了各国之间的文化和科技的交流。到马来西亚旅游,不必选择季节,因为全年都很适宜。终年高温多雨的热带气候,白天炎热。但是几乎每天午后都有一场阵雨,雨后天气清凉。傍晚有季风吹拂,更是凉爽宜人。

马来西亚旅游业始于20世纪60年代,70年代有显著发展,如1970年仅接待外国游客7.6万人次,到1980年猛增到153万人次,10年间年平均增长率达14.4%;外汇收入由52.8万美元增加到3.1亿美元。80年代,旅游业进一步发展,1989年接待外国游客399.2万人次,位列世界国际旅游接待第21位。90年代旅游业又有更大发展,1994年接待外国游客687万人次,居世界第18位;外汇收入19.05亿美元,居世界第34位。1996年,马来西亚实施旅游业发展第七个五年计划,提出以商务旅游为主,以文化旅游和度假旅游为辅。全年接待外国游客774.2万人次,创汇44.1亿美元。1998年接待入境过夜旅游者685.6万人次,居世界第21位;旅游外汇收入33.69亿美元,居世界第31位。2002年马来西亚共接待外国游客1 280多万人次,外汇收入达63亿美元。旅游业已成为制造业之后该国第二大创汇产业。为了使旅游业再上一层楼,超过制造业而成为第一大产业,旅游部目前采取了多项措施,以便实现在2010年入境游客达到2 000万人次的目标。目前游客主要来自东盟国家、日本、美国、英国、中国香港等国家和地区。

为了鼓励国内旅游,马来西亚采取增加机场税、护照费和降低国内旅游产品价格等措施来抑制国民出境旅游。

(二) 旅游资源

马来西亚是举世闻名的旅游胜地。这里美丽多姿的热带风光;千姿百态的山、河、岛、礁滩、洞穴;奇异美妙的多种动植物景观;遍布全国的名胜古迹;不同民族各具特色的文化习俗交织成一幅色彩斑斓的图画,吸引着世界各地的旅游者。马来西亚气候宜人,雨量充沛,万木常春,四季花香;蜿蜒的金色沙滩、挺拔的绿色椰林,形成了迷人的海滨景色,是世界旅游者向往的旅游乐园。

马来西亚将全国划分为4个旅游度假区,即吉隆坡—马六甲旅游区,东部海岸旅游区,槟榔屿—兰卡维旅游区,沙巴—沙捞越旅游区。主要旅游城市与旅游景点如下。

1. 首都——吉隆坡

吉隆坡是马来西亚联邦的首都,是全国的政治、经济、文化和交通中心,位于马来半岛的中西部,面积244平方公里,人口约150万,全国最大的城市,也是该国惟一超过100万人口的城市,当地人喜欢称它为"KL"。巴生河与其支流在市内汇合,吉隆坡在马来语中的意思为"泥泞的河口"。1857年华侨来此开采锡矿,后来逐步发展为城市。巴生河以西为政府机关区,以东为商业区和住宅区。城市风景秀丽、绿树成荫、气候宜人,高楼大厦鳞次栉比,同时又有多种风格的古老建筑和高大茂盛的灌木丛林,现代化的气氛与传统景观并存,使这座马来名城独具风采。著名的建筑有国会大厦、国家博物馆、国家清真寺、默迪卡体育馆等;风景名胜有湖滨公园、黑风洞、热水洞、吉冷结瀑布等。

(1)国会大厦:国会大厦是一幢18层高的宏伟建筑物,马来西亚独立后建成,融合了现代建筑风格和传统文化韵味。游客入内参观要先得到有关方面的批准。

(2)国家博物馆:在湖滨公园附近,是一幢三层高的马来吉打州式的建筑,里面陈列了马来西亚的历史文物、艺术品、手工艺品、古币,并展示了自1409年以来的历代生活方式和服饰、礼仪等。

(3)国家回教堂:位于苏丹大道上,是东南亚最大的清真寺。整幢建筑呈纯白色,总面积为5.5公顷,中央大楼高73米,屋顶为圆顶带尖角,中央大厅可容纳8 000人。屋顶由49个大小圆拱组成,最大圆拱直径45米,寺后有安葬伊斯兰教"国家英雄"的陵墓,按规定只有任过总理或在职去世的副总理才能长眠于此。每逢周五早晨,有许多虔诚的教徒到此祈祷。进入回教堂参观必须脱鞋,女士还必须在门口披上黑色头纱才可入内。

(4)湖滨公园:位于吉隆坡市区南方的曼哈默路附近,有繁茂的森林环绕着两个湖泊,绿茵草地可供游客野餐、休息,游客还可以租一条小船在湖中游览观光。

(5)黑风洞:位于吉隆坡北郊11公里处的一个树林茂密的山上,是一个由石灰岩形成的奇形怪状的洞穴。第一个洞是暗洞,第二个洞是明洞,设有印度教徒的祭坛,供奉苏巴马廉神像,被印度兴都教教徒视为圣地。

(6)云顶高原:位于距吉隆坡北郊约50公里处,海拔1 700米,是马来西亚国内一个凉爽的山地度假胜地。山中云雾缥渺,建筑群俨然白云颠的蓬莱，又如海市蜃楼。山上有电动游乐设施、游泳池、室内体育馆、保龄球馆等，但最引人注目的还是设于云顶大酒店内的赌场，这是马来西亚惟一的合法赌场，有"南洋群岛的蒙特卡罗"之称。

2. 亚洲新崛起的"硅岛"——槟城

槟城又名乔治市，是槟榔屿州的首府。城内多名胜，其中最著名的有佛教极乐寺、泰禅寺、观音寺；有印度教寺庙诗华寺、马里安曼寺；有古老的圣乔治教堂；有全国最大的清真寺即甲必丹吉村清真寺；有世界上少有的蛇庙等，故有"宗教建筑博物馆"之称。这里有1979年兴建的、长达8 320米的海峡大桥，与马来半岛相连。

（1）槟榔屿：位于马六甲海峡北口东岸，以槟榔树多而得名。与马来半岛隔有3公里宽的海峡。该岛南北长24公里，东西宽15公里，面积285公里。全岛椰林葱翠，森林覆盖率约30%。最高峰海拔830米，山间多溪流与瀑布。岛上建有大小公园与花园多处，并有许多庙宇和名胜。海岸线长达74公里，海滩沙细松软，石岬错落其间，素有"东方花园"之称。

（2）极乐寺：位于升旗山，依山而建，分为三层，被誉为东南亚最雄伟的佛庙之一。寺里有康有为手书"勿忘故国"和大清光绪丁未三十三年赐槟城极乐禅寺规条匾额。万佛宝塔是寺内最宏伟的建筑物，塔高30米，分为七级，融合了泰、中、缅三国建筑特色，每层都供奉佛像。

（3）蛇庙：又叫青龙寺，位于槟城东南14公里的日落洞路，距机场约1.6公里。蛇庙原来祭祀的是清水祖师，称为兴福堂，由于有许多青蛇盘踞，又称蛇庙。庙里的廊柱、烛台、香炉、神像上到处可见蛇影，但这里的蛇不伤人，白天被缭绕的香烟熏的昏昏然，晚上则四处爬行，吞食信徒们供奉的鸡蛋。

（4）度假海滩：槟城的海滩主要分布于北部，从丹戎武雅一直延续到巴都丁宜，有长达11公里的白色沙滩，全年都可享受弄潮戏水的乐趣。丹戎武雅号称"花之岬"。

（5）康华利斯堡：位于海滩边，建于1808年，为纪念英国东印度公司的法兰斯船长而建。古堡围墙高大，有大炮指向马六甲，曾作为防御要塞。此处设有一座船桅形的高大灯塔，为夜间过往船只导航。

其他著名旅游城市有马来西亚最古老的城市马六甲，有"风下之乡"之称的沙巴。

三、出国旅游与来华旅游

马来西亚出国旅游业也有较快发展。进入20世纪80年代，马来西亚成为世界第 20 个主要客源国,每年出国旅游人数约 300 万。旅游目的地主要是东盟国家、中国、澳大利亚;其次是美国和东欧国家及南非。

中国与马来西亚友好往来已有 2000 多年的历史。1974 年 5 月,马来西亚与中国正式建立外交关系,中马双方在古晋和广州互设领事馆。随着两国经济文化合作来往日益密切,两国贸易与旅游团组互访明显增多。1986~1989 年,马来西亚每年来华旅游人数约 1 万人次,1990 年猛增至 3.7 万人次,1994 年达 20.87 万人次,2005 年又增至 89.96 万人次,占中国入境游客总量的 4.4%,成为中国第五大客源国。随着马来西亚政府取消对华旅游的限制和中国推出穆斯林旅游项目,来华游客将会日益增多。

近年来,中国赴马来西亚旅游者也不断增加,这个与中国隔海相望的热带国家的目标是:尽快吸引 100 万中国游客,更多地分享中国的繁荣。

思 考 题

1. 试分析马来西亚旅游业的发展现状及前景。
2. 简要回答马来西亚有哪些主要的禁忌。
3. 马来西亚全国划分为哪几个旅游度假区?

第四节 泰 国

泰国国名是由泰语而来,原为"自由"之意。泰国人称自己的国家为"孟泰",孟在泰语中是"国家之意",因此,泰国在泰语中为"自由之国"的意思。

一、基本概述

(一) 地理概况

泰国位于亚洲南部,中南半岛中心,它东邻柬埔寨,西和西北与缅甸接壤,东北与老挝毗邻,南与马来西亚相接,西南面向印度洋的安达曼海,东南濒临暹罗湾(泰国湾)。国土总面积为 51.4 万平方公里,在东南亚国家中居第三位。

泰国的地势北高南低,由西北向东南倾斜;地形以平地和低地为主,海拔 200 米以下的平原和低谷占全国总面积的 50% 以上。北部、西部多山,许多山峰超过 200 米;东部是海拔 100~200 米的呵叻高原;中部是广阔的平原,湄南河流经平原,成为泰国农业最发达的地区;南部是丘陵。湄南河是泰国境内最主要的河流，纵贯泰国南北，全长1 200公里，流域面积15万平方公里。

泰国地处热带，深受季风的影响，故而全国大部分地区为季节分明的热带季风气候，一年分为三季：热季2~5月，雨季6~10月，凉季11~1月。凉季和热季很少下雨，也叫干季。年平均气温为22℃~28℃，年平均降水量为1600毫米。泰国在马来半岛上面的部分，属于热带雨林气候，终年多雨，迎风的山坡年降雨量大4000毫米以上。

由于地形复杂，又属于热带季风和热带雨林气候，泰国有很多热带经济作物与动物。有很高经济价值的柚木和松木；盛产热带水果，有水果王国之称；有犀牛、象、虎、豹、鳄鱼等。

泰国矿藏丰富，锡矿、钨矿、金矿、石油等蕴藏量都十分丰富。其中锡矿的总储量约为150万吨，为世界总储量的12.2%；钨矿的总储量也居世界前茅。

(二) 国家简史

泰国是东南亚的文明古国之一，大约在距今13 000~7 000年间，就已经有人类活动。大致在13世纪初，一批泰人部落建立起素可泰国（又称"孟泰"），成为泰国历史上第一个王朝。后来，素可泰国迅速向四周扩张领土，到13世纪下半期，其疆域包括泰国中部的大部分地区。此时，中国称素可泰国为"暹国"。16世纪初，葡萄牙与荷兰在泰国获得特权。随后，英、法两国相继侵入。1856年4月5日泰、英双方缔结的《孟泰英国友好通商条约》被批准时，第一次正式使用了泰国的它称——暹罗。1896年英法签订条约，规定暹罗为英属缅甸和法属印度支那之间的缓冲国。1904年，英法又将湄南河以西划为英国势力范围，以东为法国势力范围。1939年改国名为泰国，因此，它是东南亚惟一没有沦为殖民地的国家。1941年底，日本帝国主义侵占泰国。1945年日本战败后恢复国名为暹罗。1949年再次改称为泰国，并一直沿用至今。

(三) 政治经济

泰国自1932年以来实行君主立宪制。国王是国家元首，武装部队名义上的最高统帅，佛教的最高维护者。他至高无上，享有神圣不可冒犯的地位，任何人不能对国王进行任何指责和控告。而作为国家元首一般不直接问政，国王通过国会行使立法权，内阁代表国王理政，又通过法院行使司法权。与此同时，国王还专门设枢密院作为自己的咨询机构。总理是政府首脑。泰国国会实行两院制，由上议院和下议院组成。

泰国曾经是个落后的农业国，第二次大战前80%以上的人口从事农业，工业落后。20世纪50年代，泰国根据本国特点，大力发展经济，实施工业多样化和农业多种经营方针，于1954年10月颁布了《鼓励工业发展法案》，这是泰国实行以工业化为中心的经济发展战略的开端。1960年又实施《鼓励工业投资法案》，1961年开始实施第一个五年计划。进入20世纪60年代，泰国经济开始迅速发展。进入70年代，泰国从以发展进口替代工业为主转向以发展出口工业为主，这期间是战后泰国经济发展最迅速的时期，1970~1980年，泰国 国民生产总值年增长率达7.2%。80年代，泰国从1982年到1991年，实施第四、五个五年计划，大力发展工业化，在东部沿海新建基础工业区，经济继续高速增长。货币为铢。

（四）社会

1. 人口与民族

泰国现有人口约6 308.2万（2003年），其中84.7%居住在农村，9.9%居住在曼谷。泰国是个多民族的国家，共有30多个民族，泰族占40%，老族占35%，马来族占3.5%，高棉族占2%。

2. 语言和宗教

泰国官方语言为泰语，英语为通用语。为方便游客，泰国全国各地的街巷都有泰文和英文的标识。汉语使用的也很广泛，尤其在华人圈里和唐人街讲汉语的人很多，接待中国旅游者的当地导游也多为华裔。

佛教是泰国国教，94%的泰国人信仰佛教，泰国宪法规定，国王必须是佛教徒。世界佛教联谊会的总部就设在泰国。佛寺遍及全国各地，共有3万多座，泰国故有"千佛之国"的称号。在泰国，身披黄色袈裟的和尚到处可见，因此泰国又获"黄袍佛国"的美称。作为一种历史传统，泰国每一个年过20岁的男子，在他的一生中必须做5天到3个月的僧侣。

全国居民城市化水平近30%，人口平均寿命为67岁。

3. 文学艺术

泰国的文学最早产生于13世纪末素可泰王朝时期，它是伴随着泰文书面文学的诞生而产生的，基本上是宗教文学和宫廷文学。20世纪20年代，泰国受西方文化影响，新文化兴起，文坛出现一批年轻作家，其作品深受人们喜爱。

泰国既有古典宫廷舞，也有流传于各族的民间舞。无论古典宫廷舞还是民间舞，都千姿百态，优美典雅。表演中静中有动，动中有静，富有雕塑美。节奏多徐缓，只不过民间舞比古典舞更活泼多样。

4. 习俗

（1）衣着

城市居民，特别是中上层青年男女，主要着西方现代服装，而普通劳动者则女着筒裙，男着长裤；农村居民男着长裤和圆领式短袖上衣，以"水布"（即一种色格子花纹粗布，为擦汗和沐浴用）缠头。妇女多穿筒裙，长、短上衣，男女均着拖鞋或赤脚。

（2）饮食

以米饭为主，但常常在米饭上掺拌以鱼为原料的辣调味品。调味品除以鱼为原料外，有时也加入多种青菜。现在泰国人早上喜欢吃西餐，鸡粥、甜包、猪油糕、野山糕、沙丁鱼、汤面、水饺等亦是常吃的。菜肴多煎炸。泰国人在饮食方面有两个特点：一是性喜辣，平日烹调中，胡椒、辣椒等是少不了的；另一点是常去饭馆用餐，故而泰国饭馆特别多，华人所开餐馆比比皆是。冰茶，是泰国人最喜欢喝的一种独特的饮料。在一杯滚烫的热茶中，放进一些冰块，使热茶很快冷却下来，这即使是在挥汗如雨的烈日下，喝上一杯，也会是非常舒畅的。花汁粽子，是泰国人喜欢吃的一种食物，也是待客的上品。这是用绿叶包成有鸡蛋那么大的多角形食品，里面的粽子则是用花汁浸染为淡绿色的糯米粉精制而成的，味道清香甘美，极为适口。

（3）居室

泰国的农村房屋多为杆栏式，砖木为主体材料，房顶多为白铁皮波形瓦。屋地多为铺垫或地板，无论主人还是客人均席地而坐。房屋多建在河边水源地带，以方便人们沐浴纳凉。城市房屋多为钢骨水泥，已逐渐现代化。

（4）婚姻

泰国法定一夫一妻制。在泰国结婚的首要条件是男人必须有自己的房子。婚前要经历一个提亲（新郎到女方家向其父提亲）、订亲（订亲前女方要对男方进行调查，着重了解男方是不是佛教徒，是否已在寺中修行了3个月）到举行婚礼的过程。结婚仪式均在双月，即非雨季的2、4、6月举行，以象征成双成对之意。婚礼当然要由僧侣主持，在女方家里举行，新郎新娘家人先行入场，再由几个和尚念经，新人站在和尚近旁洗耳恭听。但新婚之夜之前，最主要的仪式之一，是前一天下午所举行的净身仪式，即新郎新娘在新居进行沐浴，"以洗清所有的罪恶"。现在这种仪式已省掉，改由僧侣在婚礼仪式上，象征性的在新人头上蘸上少量水珠即可。这是佛教式婚礼。当然在泰国的不同地区和不同民族中，还有许多不同的婚嫁习俗。在泰国的北部有一种婚俗：当求婚者登门求婚时，待嫁的姑娘在全家人有意避开的情况下，亲自接待求婚者。当姑娘看中了求婚者时，就将槟榔老叶一口送给男方，另一口自嚼；如果姑娘仅献出一口单叶就表示了拒绝之意，这叫槟榔叶代言。在腊佤族中，男青年追求少女时要弹一种"比亚"的乐器，由它做红娘。当双方决定成亲时,男青年通过中间人,以十二个泰铢、一对蜡烛、一束蒌叶和一束槟榔去女方家求婚。经双方父母同意,就可举行婚礼,婚后丈夫住妻子家,这称之为"比亚传情"。

(5) 礼仪与禁忌

泰国人习惯"合十礼"(即合掌躬首互向对方致礼),合十时常互致问候"沙瓦迪卡"(泰语"你好"的意思)。别人向你合十问候时,你也要合十回敬,否则失礼。合十后,便不必再握手问候或告别,但僧侣对俗家则不必回礼。见面或告别时的握手礼,尚未普及流行于泰国社会。泰国人通常称呼人名时,在名字前加一个"坤"字,无论男女均可,表示为"先生"、"夫人"、"小姐"之意。泰国人忌讳用脚指物或指人,即便是坐着时,也不允许将脚尖对着别人,此举被视为不礼貌的做法。抚摸对方头或挥手越过别人头顶,被视为有侮蔑之意,是禁止的动作。泰国人认为右手高贵,而左手只能用来拿一些不干净的东西,因此,给别人递东西时都用右手,以示敬意。在比较正式的场合还要双手奉上,用左手会被认为是鄙视他人。女士若想将东西奉给僧侣,宜托男士转交。如果亲手送赠,那僧侣便会张开一块黄袍或手巾,承接该女士交来的东西,因为僧侣是不允许碰触女性的。尊重宗教,寺庙是泰国人公认的神圣的地方,因此凡入寺庙的人,衣着必须端庄整洁,不可穿短裤、迷你裙、袒胸露背或其他不适宜的衣服。在寺庙内,可以穿鞋,但进入佛殿时,必须脱下鞋子,并注意不可脚踏门槛。每尊佛像,无论大小或是否损坏,都是神圣的,绝对不可爬上佛像拍照,或对佛像做出失敬的动作。尊重王室,在泰国处处可以看见国王和王室的人像,如硬币、纸币、日历牌、挂图等,由此可见对王室的尊重。游客要小心表现适当的礼仪,例如在公共场合有皇室人员出席时,最好是留意其他人的动作,跟着照做。不要在公共场所做有伤风化的动作,例如在公共场合应避免和泰国人接吻、拥抱或握手。除在某些海滩允许裸体日光浴外,在其他地方泰国人不喜欢这种行为,尽管未触犯法律,但是违背了泰国人的佛教理念。

(6) 时差

泰国位于东七区,比格林威治时间早 7 个小时,比北京时间晚一个小时。

二、旅游业概况

(一) 旅游业历史与现状

泰国风景优美,山河秀丽,古迹众多,夜生活丰富多彩。而作为一个佛教发达的文明古国,它的旅游资源更丰富而有魅力。泰国政府充分利用这些条件，大力发展旅游业，使它成为泰国经济发展的重要环节，也成为泰国增加外汇收入的重要无烟工业，旅游业收入占泰国经济总收入的6%。泰国旅游局2001年9月份宣布了其旅游发展的"五点计划"，该计划体现了其旅游发展战略的一个重大调整，即：从过去单纯地追求游客来泰旅游的入境人数转向努力增加游客在泰国停留的天数和增加其人均消费。为此，泰国国家旅游局将日本、中国、韩国、马来西亚、新加坡和印度等作为头等重要市场。

泰国旅游业开始于20世纪50年代末。60年代初，每年接待外国游客仅8万人次。经过30年的发展，1989年，接待外国游客已达481万，外汇收入37亿美元；1990年接待外国游客589万人次，外汇收入44亿美元。1994年，接待外国游客601.7万人次，旅游收入65.92亿美元。旅游外汇收入已超过传统的纺织品、大米、橡胶等出口收入，成为泰国第一大创汇行业。1992年泰国的外汇收入和接待外国游客人数在世界分别排第11位和第22位。2000年，泰国接待入境游客957.4万人次，旅游外汇收入75.35亿美元。由于"9·11"事件的影响，泰国2001年的旅游接待人数为987万人次，仅比2000年增长了4%。泰国国家旅游局预计2006年将有1 380万游客前来泰国旅游，而其中亚洲游客占六成。泰国入境旅游市场，主要还是以东亚国家为主，其次是欧盟国家和美国。

（二）旅游资源

泰国是一个历史悠久的佛教之国。在这个被称为"白象王国"的美丽之邦，到处是金碧辉煌，尖角高耸的庙宇、佛塔；无处不有精致美观的佛尊、石雕和绘画。这些在常年青绿的柳林掩映下的古迹，为泰国这妩媚动人的热带风光增添了绚丽的色彩。那些既具有鲜明民族特色，又呈维多利亚式建筑风格的王宫故院更是奇伟瑰丽、格外壮观。这些文化历史古迹，这些佛教艺术宝藏，这些热带特有的秀丽风光，已经令人神往。加之泰国独特的文化传统和民族风俗，如丰富多彩的众多节日，水上人家的清新生活，闻名于世的古典舞和民族舞，饶有兴趣的哑剧和洛坤剧，别具一格的泰拳、赛象、斗鸡、赏鱼，更会使游人流连忘返。泰国的旅游资源十分丰富，主要旅游城市与旅游景点有：

1. 天仙之都——曼谷

曼谷是泰国的首都，位于湄南河下游东岸。全国的政治、经济、文化、交通中心，东南亚第二大城市，也是全国的工商业城市。泰国人称之为"功贴"，意思是"天使之城"，面积1 565.2平方公里，人口约600万。市内河道纵横，舟楫如梭，水上集市繁荣，有"东方威尼斯"之称。市内有大小佛寺300多座，堪称"佛庙之都"，其中以大王宫，有泰国三大国宝之称的玉佛寺、卧佛寺和金佛寺以及纪念中国航海家郑和的三宝公庙最为著名。曼谷是联合国亚洲及太平洋经济社会委员会总部和联合国的一些特设机构的所在地，常在这里举行国际会议。曼谷每年吸引大量的外国游客，已成为亚洲旅游业最兴盛的城市之一。

(1) 大王宫：是曼谷王朝一世的王宫，又称故宫。位于湄南河畔。总面积约为22万平方米。大王宫主要由3座宫殿和一座寺院组成，四周的白色宫墙高约5米，总长1 900米。阿玛林宫是典型的泰国早期建筑式样，三角形的殿顶分三层相叠，层层低垂，现在这里仍是国王登基加冕时举行仪式和庆典之地。查基宫是大王宫中最大的一座宫殿，殿顶呈现典型的泰国三座锥形尖塔的风格，该宫是国王接受外国使节递交国书的场所。大王宫内还有许多以我国古典小说三国演义为题材的屏风画、景泰蓝花瓶等，显示出中泰两国人民友好交往的悠久历史。

(2) 玉佛寺，又称护国寺，是大王宫的一部分。建于1784年，整个建筑宏伟堂皇，寺中屋宇厅榭，高塔长廊，或玲珑剔透，金玉璀璨，或高耸挺拔，宏伟壮观，几乎集中了泰国所有佛寺的特点，是全国最大的寺庙。玉佛殿正中的玉佛，是由一整块珍贵的碧玉雕刻而成，高66厘米。这尊玉佛周围立着许多尊金佛，使玉佛显得更加庄重。

(3) 金佛寺，寺殿正中有尊纯金铸成的坐佛，重8.5吨，高2米，金光灿灿，庄严肃穆。

(4) 卧佛寺，位于大王宫以南。寺内有尊大佛卧于神坛之上，大佛长45米，高17米，为铁铸包金，镶有宝石，左手托头，每只脚底长5.8米，这尊卧佛几乎占满整个殿堂。寺中佛塔林立，7米以上的塔有71座，其中41米以上的高塔4座，分别用青、白、蓝、黄四色瓷砖镶嵌。

2. 玫瑰之都——清迈

清迈是泰国第二大城市，历史文化名城，坐落在湄南河支流滨河河畔，距曼谷约800公里，是泰国北部地区的政治经济文化中心，早在1296年就成为都城，清迈的意思是"新京"，它也是佛教圣地。全城有寺庙100多座，其中著名的有建于1411年，拥有巨大四方形佛塔的斋里銮寺；曾举行佛教史上第八次大会的斋里则约寺；供奉着有1 000多年历史的水晶佛的昌挽寺等。该市还有作为泰国国王避暑行宫的普屏王宫和陈列山地民族手工艺品的泰北文化公园。市郊西北16公里处有素贴山风景区，距市区40公里处有泰国最美丽的嫩江瀑布。该市的玫瑰花、民间传统舞蹈和一年一度的泼水节也很有名。清迈是柚木集散地，更是著名的观光胜地，这里的绢织品、漆器、木刻、银器等精致美丽，最能表现泰国的文化传统及工艺技术。在清迈可以现场参观许多传统工艺制作程序，现场购买。

3. 东方夏威夷——芭堤雅（帕塔亚）

泰国著名的海滨游览胜地。位于暹罗海湾，曼谷东南150公里处。这里原是一个小村落，不到20年间，现已成为拥有数万人口的旅游区。芭堤雅依山傍海，风景秀丽，这里到处是葱郁透绿的椰子树，遍地是芬芳鲜艳的花朵。在长长的迷人的海滩上，闪闪发光的沙砾，碧蓝碧蓝的海水，千姿百态的浪花，加之海上点点风帆，使人有种心旷神怡、舒适的感受。人们在这里不仅可以住上舒适的宾馆，观赏到大海变幻无穷的景色，而且还能够进行各种各样的水上运动。芭堤雅的市区整洁，商店宾馆酒吧和小吃店，比比皆是。入夜，霓虹灯五光十色，热闹非凡。

（1）珊瑚岛：距离芭堤雅9公里，是芭堤雅海滩外最大的岛，岛的四周有许多沙滩，沙白细绵，水清见底，海底又有许多珊瑚和热带鱼，故称珊瑚岛，是休闲、海浴、游泳、潜水和其他海上活动的好去处。

（2）东芭乐园：位于芭堤雅东南。该处依山傍水，椰林环抱，白花吐艳，景色优美。院内有一大型表演场，可以观看泰国传统风俗歌舞表演及大象表演。游客在这里还可以看到灵猴摘椰的有趣情景。

（3）人妖表演：是由一种经过变性手术和艰苦训练而具有柔媚妇女形象的男性演员表演节目，在泰国各个主要城市都可以看到，但在芭堤雅最为著名，现已成为泰国旅游业中独特的项目，芭堤雅有3座人妖剧场，每晚上演2场，主要节目有西方的古典歌剧、热烈的中国戏剧，也有迷人的泰国舞蹈、奔放的牛仔歌舞，还有诙谐的小品剧，丰富多彩，观者如潮。演出结束后，观众还可以与人妖合影留念。

4. 漂浮在印度洋上的珍珠——普吉岛

普吉岛是泰国最大的岛屿，位于马来半岛西岸附近的按达曼海中，面积543平方公里。岛上海岸线曲折蜿蜒，形成近10处大"U"字形的美丽海滩，水清沙细，风光旖旎。这里石灰岩造型地貌星罗棋布，奇岩怪石兀立，如鲤鱼山、雏鸡山、小狗山、双乳峰山等，有些高达300米，苍劲雄伟，因而有中国小桂林之称。海滩上盛产海龟蛋，旅游者往往以观看海龟下蛋为乐。

其他著名旅游城市和景点还有素可泰、佛统和北榄府、鳄鱼湖等。

三、出国旅游与来华旅游

泰国近几年出境旅游发展也很快。1988年出境旅游为54万人次，1995

年增至167万人次,旅游支出34.03亿美元,名列世界第22位。出境旅游目的地以邻国为主,其次是欧洲国家、日本、美国。东盟国家仍然是泰国最大的出境市场。2002年1~5月,泰国共有49.65万人次到其他东盟国家旅游,其中到马来西亚的游客最多,为30.26万人次。

泰中两国人民交往历史悠久。历史上,元兵大举南侵,中国傣族大量南迁至今日泰国。19世纪中叶,华人大量移居泰国,从事锡矿的开采和橡胶园的种植,为泰国的经济开发、发展作出了重大贡献。1975年7月1日,中泰建交。中国在清迈设有总领事馆,泰国在广州有总领事馆。1995年2月签署了《中泰双边合作协定备忘录》,并在昆明和泰国宋卡增设了领事馆。随着两国在政治经济科技文化方面友好合作和发展。中泰间旅游业发展也很快,1979年泰国来华旅游者仅9 704人次,2005年增至58.63万人次,比上年增长26.30%,占我国入境游客总量的2.9%,成为我国的第九大客源国。虽然马来西亚和新加坡依旧是泰国最主要的出境游市场,但是中国大陆已经成为除东盟以外最受泰国游客青睐的目的地。

同时,赴泰中国游客呈逐年增加趋势,据统计,1996年至2005年间,赴泰中国游客年均增幅为9%,从1996年的45.69万人次增至2005年的80万人次。2005年赴泰旅游的中国游客同比增长3%,给泰国带来逾200亿泰铢(1美元约合37.5泰铢)的旅游收入,同比增长1.6%。中国大陆已经成为泰国第四大客源市场。

思 考 题

1. 为什么佛教在泰国社会中占有十分重要的地位?
2. 列举出泰国人的主要禁忌。
3. 泰国在世界上享有盛名的旅游景点有哪些?

第五节 菲 律 宾

国名:1543年西班牙殖民者占领海岛时,以西班牙国王菲利普二世的名字命名为菲律宾。

一、基本概述

(一) 地理概况

菲律宾共和国位于亚洲东南,太平洋西部海面上,中国的东南方,北隔巴士海峡与中国台湾岛遥遥相对，南面和西面隔苏拉威海、苏禄海、巴拉巴克海峡与印度尼西亚、马来西亚相望。菲律宾是个群岛国家，由大小岛7 107个组成，面积为299 700平方公里，其中吕宋岛、棉兰老岛、萨马岛等11个主要岛屿占全国面积的96%，海岸线约18 533公里，有许多良港。

菲律宾各岛多以山脉为骨干，山地占全国总面积的3/4，沿海一带为窄小的平原。菲律宾多火山，地震频繁。还有很多活火山，有"火山之国"之称。吕宋岛的马容火山是最大的、形态较完整的活火山。棉兰老岛的阿波火山为全国的最高峰，海拔2 954米。棉兰老岛以东的菲律宾海沟，最深达万米以上，是世界上海洋最深的地区之一。

菲律宾位于热带，又是群岛，基本属于热带海洋气候，高温多雨，湿度大，台风多。5~10月份为雨季，11~4月为旱季，年平均气温为27℃，年平均降水量2 000毫米。

由于火成岩和变质岩的广泛分布，菲律宾的金属矿藏丰富多样，主要矿藏有铜、金、银、铁等20余种。同时菲律宾曾经是亚洲主要原木出口国之一。在20世纪60年代，这个国家的土地面积有一半被原始森林所覆盖，至今仍有1/3土地被森林覆盖。森林资源丰富，光树种就有2 500种，较好的有红木、樟木等名贵木材。而且菲律宾盛产各种水果，被称为"太平洋上的果盘"，椰子、香蕉、菠萝到处可见。菲律宾的椰子产量占世界第一位，素有"世界椰王"之称。香蕉在国际市场上也大为畅销，一跃而成为亚洲第一香蕉输出国，被誉为"亚洲香蕉大王"。

（二）国家简史

菲律宾是个有着悠久历史的国家。早在公元前4000~前3000年和公元前1500年左右，先后有两批蒙古利亚种人和印度尼西亚种人，乘船来到菲律宾，现在的马来族就是他们的后裔。根据中国文献记载，早在公元10世纪前，菲律宾就出现麻逸国，该国对外贸易很发达，后又在菲律宾南部出现苏禄国。15世纪时，伊斯兰教传入棉兰老岛和苏禄群岛。1521年，麦哲仑率领西班牙远征船队到达该国，1565年，西班牙殖民者侵占了菲律宾，统治长达300多年。

对西班牙的殖民统治，菲律宾人民进行了长期的反抗斗争。19世纪，在菲律宾出现了一个受过教育的中产阶级，他们竭力谋求国家的独立，其中比较突出的为黎刹博士（被菲律宾人称为"国父"）。1896年，以博尼法西奥为首的资产阶级成立了"长蒂普南"秘密团体，并领导各界人民发动了反西班牙殖民主义的武装起义，1898年6月12日，发表了《独立宣言》，阿奎纳多任总统。就在菲律宾宣布独立前，美国与西班牙战争爆发，并以西班牙的失败而告终,签订了巴黎和约。和约规定,西班牙将菲律宾"转让"给美国,美国付给西班牙2 000万美元。1899年美国发动侵略战争,菲律宾人民开展了反对美国的独立战争,美国强行占领了菲律宾。1935年11月,美国被迫允许建立以曼努埃尔·奎松为总统的自治政府。1942年菲律宾被日本占领,二战后,美国恢复对菲的统治。1946年举行大选,自由党的曼努埃尔·罗哈斯当选自治政府总统,7月菲律宾宣告独立,成为独立共和国。1962年菲律宾政府宣布,将7月4日菲律宾的独立日改为6月12日(因7月4日也是美国的独立日,6月12日是菲律宾摆脱西班牙殖民统治的日子)。

(三) 政治经济

菲律宾实行总统内阁制,由总统组阁,总统是政府首脑。总统拥有行政权,由选民直接选举产生;总统无权实施戒严法,无权解散国会,不得任意拘捕反对派。国会是最高立法机构,实行参众两院制。

菲律宾独立前,经济落后,是以农业为主、畸形发展的半殖民地经济,农业人口占总人口的2/3以上。菲律宾独立后,收回了本国的资源,逐步改变单一、畸形的经济结构,民族经济得到很大的发展。20世纪50年代,菲律宾采取经济管制政策,限制消费品进口,加强外汇管制,鼓励发展本国进口替代工业,发展新工业部门。菲律宾的经济结构发生了较大的变化。货币为比索(Philippine,简称P)。

(四) 社会

1. 人口和民族

菲律宾人口8 400万(2004年)。主要民族是马来族,占全国人口的85%以上,另外有华人、印度尼西亚人、阿拉伯人等。其中华人占1.5%~2%,90~120万人;还有人数不多的土著民族。

2. 语言与宗教

全国有70多种语言,国语是菲律宾语,英语为通用语言,政府公报及报刊大都使用英语,上层社会流行西班牙语。当地华人多讲普通话、福建话和广东话。

由于长期受西班牙的统治和天主教的影响,全国居民84%信奉天主教,此外还有人信奉独立教、基督教,约5%的居民信奉伊斯兰教。华人多信奉佛教。

3. 文学艺术

菲律宾有古老的文化,著名的叙事诗《阿丽古荣》,史诗《呼得呼得和阿里姆》、《拉姆安格的生活》,民间故事《麻雀与小虾》、《安格传》、《世界的起源》等都是古代流传下来的优秀口头文学作品。西班牙殖民主义入侵菲律宾后,菲律宾人民在反对入侵者的斗争中创作了许多优秀文化作品,其中诗人弗郎西斯科·巴尔塔萨尔,在狱中写了《弗罗兰第和罗拉》,被誉为菲律宾近代文学的第一篇杰作,作者被誉为"菲律宾人的诗王"。1887年,菲律宾民族诗人和作家发表长篇小说《不许犯我》,反映了菲律宾人民反抗西班牙殖民统治的觉醒与斗争,鲁迅先生曾给这部著作很高的评价。这一时期有名的诗人还有何塞·帕尔马,他的代表作《菲律宾诺斯》诗篇,被选为今日菲律宾国歌歌词。

菲律宾民族能歌善舞。全国几十个民族各有独特的民族音乐和舞蹈。西班牙入侵后,西班牙音乐舞蹈传入,随着时间推移,菲律宾一些民族音乐舞蹈与西班牙音乐舞蹈融为一体,成为具有菲律宾民族特色的音乐舞蹈。菲律宾政府对发展本国民间艺术很重视,1973 年起,每年 7 月在马尼拉举行一次"菲律宾民间艺术节"。斗鸡也是菲律宾极为流行的一种游戏。斗鸡场面惊险残酷,吸引大批本地观众和外国游客。

4. 习俗

(1) 饮食

菲律宾人主食是大米,全国有 70% 的人以大米为主食,其余的人以玉米为主食。喜吃椰汁煮饭。著名的菜肴有咖哩鸡肉、肉类炖蒜、虾子煮汤和烤乳猪。菲律宾人口味受西班牙的影响较大,爱用香辣调味品。流行嚼槟榔。

(2) 服饰

穆斯林男子穿紧身的短外衣和宽大的长裤,用一条纱笼作为腰带。到麦加朝圣过的教徒头上围一条白色头巾或戴一顶白帽子。妇女穿紧身的短袖背心,钉上两排金属纽扣,穿紧脚口的宽大裤子或裙子。妇女像马来人一样结发髻,有时裹着颜色鲜艳的头巾,喜戴手镯、项链和耳环。

少数民族穿戴各不相同,但穿着比较简单,比如伊富高男人上身往往袒露,加林鄢人和伊洛戈人男女上身皆裸露。下身女子往往穿筒裙,男子往往围一条围巾。

(3) 礼仪与禁忌

菲律宾受美国的影响很大,有些人喜欢模仿美国人的生活方式,爱说英语。但也有人反美情绪很大,因此谈话时要避免谈到政治倾向性问题。菲律宾人见面时一般是握手,男性间有时以拍肩膀表示亲热。家庭观念很强,与菲律宾人交谈,多谈家庭问题受欢迎。崇尚茉莉花,将其视为忠于祖国、忠于爱情和表达友谊的象征,常把花环挂到贵宾的脖子上。

菲律宾人忌讳"13"和星期五。穆斯林人忌猪肉和烈性酒。

(4) 时差

菲律宾位于东八区，比格林威治时间早8个小时，与北京时间相同。

二、旅游业概况

(一) 旅游业发展概况

20世纪70年代以来，菲律宾十分重视发展旅游业。1973~1981年，入境旅游人数一直稳步增长，1980年入境旅游者突破百万，创外汇3.2亿美元。1983年以后，由于政局动乱、民族矛盾、通货膨胀、经济衰退等多方面原因，入境旅游人数减少。1986年政府重视旅游业的复苏，旅游人数和创汇都有相应增加。1987年接待国际游客104万人，创汇14.24亿美元。2005年接待国际游客260万人，比上年增长14.5%，与近邻的马来西亚、泰国和新加坡等还有很大差距。目前，旅游业已成为菲律宾第三大外汇来源。游客主要来自美国、日本、韩国、中国台湾、中国香港和澳大利亚等国。

菲律宾是个旅游业极具潜力的国家，如有必要的基础建设与旅游观光业人士的适当培训，前景无可限量。

(二) 旅游资源

菲律宾旅游资源丰富，风光多姿多彩，既有椰林海滩又有火山瀑布。海水云天，湖光山色，风景十分绮丽。因为地处亚热带，物产富饶，水果、海鲜四季不断。再加上菲律宾是一个多民族的国家，由于历史的原因，它融合了许多东西方的文化，富有独特的风俗习惯特点，富于异国风情。这一切使它成为人们所向往的旅游胜地。主要旅游城市与旅游景点有：

1. 首都——马尼拉

马尼拉是菲律宾共和国的首都，又名小吕宋，位于吕宋岛西南马尼拉湾沿岸。面积628.58平方公里，人口900万。马尼拉是全国的政治、经济、文化中心。马尼拉集中了全国半数以上的工业企业。马尼拉湾水深，是世界优良港湾之一，全国最大的港口，马尼拉还是重要国际航空站，国际贸易中心，也是全国铁路、公路的交通枢纽。巴石河把马尼拉分成两部分，有6座桥梁连接市区南北两岸。北部是工商业聚集区，南岸是观光区。同时，马尼拉是一座市容整洁、风光绮丽的热带花园城市。菲律宾的国花——茉莉花（菲律宾人称"山谷巴达"），洁白如玉，芳香四溢，到处可见。市中心的黎刹公园附近和罗哈斯滨海大道两旁，高层建筑鳞次栉比，挺拔的椰树和苍翠的棕榈，掩映其间。马尼拉港以南一块70公顷填海造就的土地上，有国际会议中心、文化中心、国际贸易展览中心、民间艺术剧院、椰子宫等现代化宏大建筑,它们和马尼拉教堂、圣奥古斯丁教堂、圣地亚哥古堡等建筑,以及充满中国风情特色的唐人街(王彬街),构成一幅奇特的城市景色。市郊还有百胜滩的急流和瀑布、达尔湖的优美景色。

马尼拉的主要景点有:

(1)菲律宾村:是一个位于马尼拉南区的微缩公园,内部的建筑和设计,犹如一个微型的菲律宾,因此又称为"千岛缩影"。公园内的陈设,展示了菲律宾几十个省的民间文化、风土人情和山区土著民族的特色建筑。

(2)黎刹公园:位于马尼拉市中心,为纪念国父黎刹而建。黎刹公园面对马尼拉湾,自然环境幽雅,是人们度假休息的理想去处。

(3)国力博物馆:位于黎刹公园东边的海朗街,一楼是菲律宾旅游局的办公室,二、三楼陈列民俗工艺品及文物。

(4)圣奥古斯丁大教堂:建于1571年,但是仅用竹子、泥巴及椰树叶子建造,1574年和1583年曾两次遭到火灾。1599年重建,1601年竣工,城墙、天花板和地面都用大理石砌成,天花板的石块上雕刻有各种花草,雕刻细致逼真。菲律宾的历代高官显要者的骨灰均埋藏在此教堂的墙内,并在地面上的石块上刻上死者的生卒年。教堂正中供奉圣奥古斯丁像,左右陈列耶稣像和其他神像。教堂左侧为修道院,走廊壁上有大幅油画。该教堂还设有反映马尼拉历史的博物馆。博物馆的入口处有一个古教堂的钟和一间陈列有古代马尼拉市图片的展览室。

(5)唐人街:又称"王彬街",位于马尼拉市的北部,是马尼拉的商业中心。王彬是一位华侨,曾捐钱支持菲律宾反对西班牙殖民统治的革命运动,于1972年去世,菲律宾政府为颂扬他,立王彬街以示纪念,街上有他的铜像和纪念碑。这里中国气息浓厚,华语电影院、中国菜馆、佛寺及中国工艺品商店林立。

(6)马拉坎阑宫:是菲律宾的总统府,其名称的意思是"高贵人居住的地方",位于马尼拉市的仙美讫区、巴士河北岸。在殖民统治时期,它是西班牙总督的居所,菲律宾独立后改作总统府。

2. 菲律宾最大的岛屿——吕宋岛

吕宋岛是菲律宾最大的岛屿,也是人口最密集的地区,盛产稻米、椰子,吕宋雪茄闻名于世。吕宋岛是菲律宾旅游的精华地区,外国游客一般以此为起点。主要景点有:

(1)古代奇迹——巴纳韦高山梯田:位于吕宋岛北部的伊富高省巴纳韦镇附近,距马尼拉约300多公里。这里是2000多年前菲律宾伊富高人用双手建成的古代水稻梯田。其中最高的梯田海拔 1 500 米,比最低的梯田高出 420 多米。另外还建有复杂的人工灌溉水渠体系,被称为"世界古代第八奇迹"。

（2）百胜滩：又称北染瀑布,位于马尼拉南部的内湖省,以急流和瀑布著称。

（3）塔尔湖：位于吕宋岛西南部,是一个巨大的火山口形成。湖中有一小岛,岛上有一个世界上最小的火山,火山中间又有一直径为 1 000 多米的小湖,形成湖中有山、山中有湖的奇特自然景观。

（4）碧瑶：位于吕宋岛的西部,距马尼拉市 250 公里,是海拔 1 500 米的山城,是菲律宾的避暑胜地,有"夏都"之称。

（5）马容火山：位于吕宋岛东南端,是菲律宾最大的活火山,海拔 2 642 米,被誉为"世界最完美的火山锥"。上半部几乎没有树木,下半部则森林茂密。在山腰处可眺望太平洋风光。

此外,宿务岛和棉兰老岛也是菲律宾著名的旅游胜地。

三、出国旅游与来华旅游

20 世纪 80 年代菲律宾每年出国旅游人数约 80 万人次,90 年代以来已超过 110 万人次。出国旅游主要目的是人才、劳务输出,寻找工作和度假旅行。主要旅行目的地为亚洲邻近国家,并开始向澳大利亚及欧美方向发展。每年国内旅游者约 200 万人次。

菲律宾与中国人民的往来,有文字记载的开始于公元 10 世纪。明初,菲律宾苏禄国王来到中国,后客死山东省德州地区,成为广泛流传于中菲两国人民的佳话。菲律宾与中国在 1975 年 6 月 9 日建立外交关系。中菲两国政府签有贸易、文化、民用航空、科学技术和旅游合作协定。菲律宾近些年来华旅游人数不断增加,1979 年,菲律宾游客 17 219 人次,1989 年来华游客 7.3 万人次,2005 年增加到 65.40 万人次,比上年增长 19.04%,占来华总数比重的 3.2%,成为我国的第七大客源国。

同时,中国已经成为菲旅游业增长最快的客源地。自 2002 年 2 月 1 日起,菲律宾驻华使馆简化赴菲商务、个人旅游和组团旅游签证申请的材料要求,为我公民赴菲提供便利。菲驻华使馆受理签证申请的时间将缩短为不超过 3 个工作日,签证费下降为 250 元人民币/人。2005 年到菲律宾旅游的中国游客将达 10 万人,中国可能成为菲律宾旅游第四大客源国,仅次于美国、韩国和日本。

思 考 题

1. 分析菲律宾社会的宗教结构及形成的原因。
2. 列举出菲律宾主要民风民俗。
3. 菲律宾有哪些独特的旅游景观?

第六节 印度尼西亚

国名释义：一说来自希腊文，由 Indos（水）和 Nesos（岛）两字组成，意为"水中岛国"。另一说，16 世纪末荷兰人称这些岛为"东印度"，后加上希腊语 nesia（岛），合成印度尼西亚。

一、基本概述

（一）地理概况

印度尼西亚共和国位于亚洲东南部，太平洋西南角，地跨赤道，由太平洋与印度洋之间 13 667 个大小岛屿组成，其中有人居住的有 6 000 个岛屿，是世界上最大的群岛之国。陆地面积 190.4 万平方公里，主要岛屿有爪哇岛、苏门答腊岛、加里曼丹岛南部、伊里安岛西部、苏拉威西岛等。岛屿之间构成许多海峡和内海，内海面积是陆地面积的 3 倍，海岸线长 3.5 公里。

印尼各岛地形以山地和高原为主，仅沿海有平原，除加里曼丹岛外，各岛均有活火山，地震频繁。最大的山脉在加里曼丹岛上，最高的山峰是伊里安岛上的查亚峰，海拔 5 030 米。河流多，但一般不长。爪哇岛上的梭罗河，全长 560 公里。

印度尼西亚横跨赤道，是典型的赤道海洋性气候，终年高温多雨，各地年平均雨量约为 3 000 毫米，年平均气温为 26℃。

印度尼西亚的物产丰富，森林覆盖面积占总面积的 64%，盛产热带动植物，有棕榈、槟榔、咖啡、胡椒和檀木、铁木、乌木等贵重木材；热带动物种类很多，如虎、豹、犀牛、狮子、印度水牛，还有各种珍奇鸟类。石油产量居东南亚各国首位；锡的储量也很多，仅次于马来西亚，是世界第三大产锡国；水产丰富。

（二）国家简史

印度尼西亚是人类最古老的居住地之一。大约公元前 5 世纪，原先在印度支那半岛的印度尼西亚民族沿马来半岛东下，逐渐散布到了印度尼西亚各个岛屿上，1世纪前后，又有一部分印度民族也移入该地。公元3~7世纪，建立了一些分散的王朝，到了7世纪，苏门答腊岛上建立了室利佛逝王朝。14世纪初，在东爪哇建立了印尼历史上最大的封建帝国——麻喏巴歇帝国，其版图包括现今印度尼西亚和马来半岛。15世纪后，遭到葡萄牙、西班牙和英国的入侵。16世纪末至1942年，沦为荷兰的殖民地。荷兰统治者于1602年在印尼成立荷兰东印度公司兼国家行政职权，从那时起，印尼人民就一直没有停止过反抗统治者的斗争。1942年3月，日本占领印度尼西亚。1945年8月日本战败投降，同年8月17日，印度尼西亚宣布独立，成立印度尼西亚共和国，苏加诺出任首任总统。

（三）政治经济

印度尼西亚实行总统内阁制。总统是最高行政首脑和部队最高统帅，直接领导内阁，有权单独颁布政令和宣布国家紧急状态法令，对外宣战或媾和等。人民协商会议为国家最高权力机构。有权制订、修改宪法和国家总方针和政策，选举总统和副总统。印尼国会为人民代表大会，是国家立法机构。首都为雅加达。

印度尼西亚独立时，是一个落后的农业国。主要种植橡胶，开采锡和石油，粮食不能自给。1945年独立后，发展民族经济，开发土地资源，特别是发展石油、锡、橡胶生产，发展各岛屿之间的交通运输设施，解决民众住房、教育，努力达到粮食自给。20世纪70年代以后，印尼政府奉行稳定国内经济、利用外资外援开展经济建设方针，实施以农业为基础、工业为主导、经济多元化、均衡发展的经济发展战略，进行大规模的经济建设，并取得明显成绩，70~80年代经济迅速发展，国内生产总值年平均增长率为6%~7%。印尼空中交通比较发达，海上交通占有重要地位。货币为印度尼西亚盾（Indonesian Rupiah，简写RP）。

（四）社会

1. 人口与民族

2004年统计，人口2.170亿，是世界第四人口大国，有100多个民族，其中主要民族有：爪哇族，占人口的47%；暌他族，占14%；马都拉族，占7%；另外还有马来族和华人，华人占人口约2.8%。全国人口65%居住在爪哇岛上，爪哇岛是世界上人口最稠密的地区之一。

2. 语言与宗教

印度尼西亚语为国语，英语为第二语言，此外尚有语言200多种。政府部门、商业活动广泛使用英语。居民87.2%信奉伊斯兰教，6.1%信奉基督教，3.6%信奉天主教，此外还有印度教、佛教和原始拜物教等。

3. 文学艺术

印度尼西亚有悠久的历史，古老的文化。在伊斯兰教传入之前，印尼古典文学在很长一段时间内受印度梵文文学的影响，印度的两大史诗《摩诃婆罗多》和《罗摩衍那》，从内容到形式和题材都给印尼文学以很大的影响，尤其爪哇古典文学，就是从移植印度两大史诗开始，后来结合本国实际，逐渐发展成为具有爪哇民族特色的文学，其著名作品有斯蒲·达尔玛扎的《玛拉达哈那》。

印度尼西亚巴厘岛，不仅以风景闻名于世，而且以居民擅长各种舞蹈著称，被誉称"舞之岛"。巴厘岛的舞蹈扎根于岛民的宗教信仰中，岛内有众多寺院，庙前的空地是人们跳舞的好场所。各种职业的人即兴参加舞蹈，盛大节日时，总要举行声势浩大的庆祝舞会。巴厘人的舞蹈，讲究手和指头的动作。全岛流行的"狮子舞"，模仿狮子的吼叫和各种动作，难度极大。另外也有充满讽刺、滑稽、幽默的舞蹈。

4. 习俗

（1）饮食

印度尼西亚人主食为大米饭，喜食广东菜肴。印度尼西亚人爱将牛、羊、鸡鱼及其内脏，用炸、烤、煎、爆的方法烹调，再用咖喱、胡椒、虾酱等作调料。著名的菜肴有辣子肉丁、虾酱牛肉、香酥百合鸡、酥炸鸡肝、红焖羊肉、锅烧全鸭、清炖鸡等。在苏门答腊等地，有一种名叫沙嗲的风味小吃，类似于我国新疆的烧羊肉串；当地人还喜欢吃手抓饭，嚼槟榔。

（2）服饰

印度尼西亚人一般着上衣和纱笼，并配有色调一致的披肩和腰带。妇女习惯戴金银首饰。

（3）礼仪与禁忌

印度尼西亚人见面时可以握手或点头。应邀作客，最好给主人送一束鲜花，用右手递接东西。印度尼西亚人还有敬蛇的习俗。印度尼西亚人敬蛇如敬神，蛇是善良、智慧、本领、德行的象征。在巴厘岛，专门建造一个像庙宇的蛇舍，养着一条大蛇。蛇舍前设有香案，供人礼拜、祈祷之用。蛇舍后面的蛇洞里还养着大量蝙蝠，供蛇吞食。

除伊斯兰教的一般禁忌外，印度尼西亚女子怀孕后有很多禁忌。在北苏拉威西，孕妇不能吃鲨鱼肉，否则胎儿会奇丑无比。在西爪哇，女人有身孕，丈夫不能宰鸡，否则婴儿出生后脖子上会有刀痕。孕妇和丈夫不得在门槛房梯停留，不许伸手进洞去掏东西，否则，孕妇会难产。有的地方，孕妇不能触摸猴子，否则胎儿会长的与猴子一般。妇女分娩时要搬出卧房，搬进村中临时搭盖的棚子里去住。分娩当天与产后三天，只能由巫婆和另外一个女子照料，丈夫和所有男子不得靠近产棚，否则男子在外出时会挂彩。

(4) 时差

印度尼西亚位于东七区，比格林威治时间早7小时。比北京时间早一个小时。

二、旅游业概况

(一) 发展现状

印度尼西亚无四季之分，全年均宜旅游。印度尼西亚是世界上旅游资源最丰富的国家之一，有"千岛之国"的美誉。其以旖旎的热带风光、灿烂的历史文化、多彩的民俗风情而闻名于世，近几年来印度尼西亚有关部门大力发展旅游事业，印度尼西亚的名胜古迹和奇山异水较多，开辟了许多旅游胜地，政府动员全社会提高对旅游业的认识，重视旅游，加强旅游设施的建设，服务设施逐渐现代化，简化入境手续，旅游者平均在印度尼西亚停留的时间为12.2天。

印度尼西亚的旅游业在东盟国家中起步较晚，但20世纪70年代中期以来发展迅速，外国游客和旅游外汇收入逐年递增。旅游业的快速发展，不仅为国民经济建设带来了大量的外汇收入，促进了相关产业的发展，尤其是为商业、酒店业以及旅游商品的生产带来了生机，而且解决了大批社会闲散人员的就业问题。旅游业已成为印度尼西亚国民经济的一项支柱产业，是仅次于石油和纺织品的第三大创汇来源。游客主要来自东盟各国以及澳大利亚、日本和美国。印度尼西亚对42个国家和地区实行免办签证。

(二) 旅游资源

印度尼西亚有丰富的旅游资源。热带的风光、漫长的海岸线、珍贵的名胜古迹都为印度尼西亚发展旅游业提供了条件。印度尼西亚的旅游胜地主要有：

1. 岛国京都——雅加达

首都雅加达位于爪哇岛西北部沿岸，由于地处赤道附近，阳光充足，雨量充沛，终年鲜花盛开，绿树成荫，是一座充满热带风光的美丽的城市。同时也是印度尼西亚和东南亚最大的城市。人口937.3万（1997年）。雅加达是一个古老的海港，早在14世纪时就以输出胡椒和香料闻名，15世纪成为航海要地。该地椰树很多，又称"椰城"。1527年，印度尼西亚穆斯林领袖法勒特汉率领人民赶走葡萄牙侵略者，为纪念法勒特汉，把这个城市命名为雅加达，意为"胜利和光荣的堡垒"。1619年为荷兰占领，改名为荷兰名字

"巴达维亚"。直到1945年印度尼西亚获得独立，1949年恢复原来的名称雅加达。雅加达是全国的政治经济文化中心，海陆空交通枢纽。雅加达新旧两区，旧区为商业中心，历史古迹多，是主要旅游区；新区为行政中心。雅加达是印度尼西亚文化中心，重要高等学府、研究单位、著名博物馆、国家运动场、各种宗教著名的寺庙、教堂都集中在这里。

(1) 茂物植物园：它不仅是印度尼西亚，也是世界上最大的热带植物园，树木的种类超过一万种，园内还有植物博物馆、图书馆、橡胶研究所等文化教育、科研机构。

(2) 迷尔公园：又称"印度尼西亚缩影公园"。公园于1982年动工，1984年年底竣工。公园把印度尼西亚全国岛屿山川、都市港口、名胜古迹、风土人情按照印度尼西亚全国的地理位置，以缩影的形式艺术的展现在游人的面前，游人仅需两三个小时即可领略"像一条围绕在赤道两旁的翡翠飘带的美丽岛国"风光。整个公园是印度尼西亚的缩影，也是各民族传统文化和多元宗教的博物馆。

(3) 梦幻世界：印度尼西亚梦幻世界也是游人值得一去之地，这个"梦幻世界"实际上是个娱乐园，园内设有各种游乐场所和服务设施，园内的建筑设计比较新颖，环境幽雅，建在海滨附近，绿树成荫，气候宜人，是游人休息和游玩的好地方。

(4) 拉姑兰动物园：坐落在雅加达南方的15公里处，是拉姑兰动物园，是一座世界上惟一饲养着陆地鳄鱼的动物园，这种鳄鱼以栖息于哥摩多岛及福罗雷斯岛为最大，大的长达3米以上。

此外，还有唐人街、历史博物馆。雅加达有清真寺200余所，教堂100余所。离雅加达10公里的丹戎不碌，是世界著名的海滩和风景区。

2. 秀丽的山城——万隆

万隆位于雅加达东南180公里处，是著名的旅游胜地，有"印度尼西亚小巴黎"之称。周围被火山群峰环抱，地势较高，气候凉爽，空气清新，年平均气温23℃。这里植物茂密，四季如春，市内有风景清幽的小西湖和著名的覆舟火山及隆降温泉，是著名的避暑胜地。

3. 著名的旅游区——巴厘

在千岛之国的印度尼西亚，有一个充满生机的海岛——巴厘。巴厘在印度尼西亚语中意为"诗之岛"。远观该岛像镶嵌在指环下上的翡翠宝石，四周是金色的海滩，岛中间群山起伏，经常喷发的巴都山居中，两旁为莱松巫火山和海拔3 142米的阿贡火山，是岛上最大的火山群，山上林木葱郁，山顶云雾缭绕、凉爽宜人，环境优美、风景如画，名胜古迹星罗棋布，富有诗意，因而有"诗之岛"之称。由于巴厘岛的居民擅长舞蹈，所以又被外人称为"舞之岛"。此外，巴厘岛还以庙宇众多而著称，寺庙多为14世纪的遗迹，所以又有"东方希腊"之称。巴厘岛以金色的海滩火山、众多庙宇、奇特景色、传统的风土人情吸引游客。人们说，如果到印度尼西亚旅游而未去巴厘岛观光，则是一大憾事。

其他著名旅游城市有历史名城日惹和被东爪哇首府泗水等地。

三、出国旅游与来华旅游

印度尼西亚出国旅游业迅速发展，每年出境旅游业约100万人。1995年旅游支出21.98亿美元。主要去新加坡、中国香港、日本等地旅行。旅游者以侨居印度尼西亚的移民和半居留公民为主，出访主要目的是参观旅游和探亲访友。

中国同印度尼西亚很早就有来往。明代郑和下西洋多次过印度尼西亚，保存至今的三保公、三保庙、三保塔等，都是纪念三保太监郑和的标志。印度尼西亚是最早与中国建交的国家之一，1950年4月1日两国建交，1967年10月30日两国外交关系中断，直接贸易关系也逐渐停止。1990年中国、印度尼西亚两国恢复外交关系以来，两国旅游业发展迅速。1993年6月，中国旅游协会与印度尼西亚旅行社协会签署谅解备忘录，双方一致同意加强联系、交流和合作，双方还同意交换旅游促销材料和其他信息，在两国旅游者的旅游安排忽然饭店预定方面，通过对方旅行社进行。印度尼西亚约有700多万华人和一定数量的华侨。因种种原因，华人、华侨问题一直较敏感。1998年5月以来印度尼西亚多次发生针对华人的暴力事件，中国政府多次提出外交交涉并通过其他方式表示关切，要求印度尼西亚政府彻底查处有关排华事件，采取有效措施保护华人正当权益。此后，印度尼西亚政府逐步采取措施，取消有关歧视华人和其他民族的政策。目前印度尼西亚华人处境已得到一定改善。

同时，自2000年9月底印度尼西亚已成为中国公民出境旅游目的地国，为给中国公民到印度尼西亚提供更多方便，目前到印度尼西亚驻华使馆办理旅游签证仅需一天，并在广州设立了领事馆。2005年，印度尼西亚来华入境旅游人数37.76万人次，比上年增长7.94%，占来华总数的1.9%，成为中国的第十四大客源国。

思 考 题

1. 试简述雅加达在印度尼西亚旅游业中的地位。
2. 试分析印度尼西亚为什么也成为中国主要的旅游客源国。
3. 印度尼西亚有哪些独特的旅游景观?

第五章

大洋洲地区

　　大洋洲是指太平洋西南部的大陆和赤道南北广大海域中的大小岛屿，包括澳大利亚、新西兰、伊里安以及美拉尼西亚、密克罗尼西亚和波利尼西亚三大群岛。陆地总面积约897.1万平方公里，约占世界陆地总面积的6%，是世界上最小的一个洲。人口约2 900万，占世界人口的0.5%，是常住人口最稀少的一个洲。本章主要论述大洋洲最主要的国家——澳大利亚的自然、人文环境特征；旅游业的发展现状、旅游资源、旅游机构、旅游企业、旅游教育等基本概况；并对其出国旅游和来华旅游的形成原因、客源特征、制约因素和发展前景进行了较详细的分析。

第一节 概　述

　　从16世纪开始，大洋洲地区便受到西方殖民主义者的掠夺。到19世纪末，整个大洋洲就被殖民主义者瓜分殆尽。到20世纪初，澳大利亚、新西兰相继独立。20世纪60年代以来，西萨摩亚、瑙鲁、汤加、斐济、巴布亚新几内亚、所罗门群岛、图瓦卢、基里巴斯、瓦努阿图等先后摆脱殖民统治而宣告独立，其余地区现仍处于美、英、法等国的殖民统治之下。

　　大洋洲各国和地区经济发展水平相差比较悬殊。澳大利亚和新西兰是发达的资本主义国家，其他地区经济比较落后。澳大利亚具有以工矿业为基础的经济体系，新西兰的农牧业和加工业水平比较高，其他地区至今尚未摆脱"单一经济"局面。

　　大洋洲地区旅游业发展很不平衡，旅游业作为新兴产业，在不同国家和地区中的地位和作用也不一样。但大洋洲各国都拥有得天独厚的旅游资源，具有发展旅游业的优越条件。具体说来，大洋洲地区发展旅游业具有以下优势：

（1）自然资源独特。大洋洲各国都具有丰富而奇特的海洋旅游资源。水中珊瑚礁、地层矿石、地表温泉、火山地震遗迹、海岛风光等，对其他各洲的人们都具有不可抵御的魅力。

（2）民风民俗淳朴。大洋洲各国民族大都保留有淳朴的原始风貌，如原始图腾、原始劳作、原始禁忌等，可以满足世界游客求新求奇的心理需求。

（3）文化渊源相近。大洋洲在文化和宗教方面与西方国家相近，这既可以使游客产生很强的心理认同和归属感，又可以领略和享受文化在异地的神奇风采。

（4）商务旅游优势。澳大利亚被称为"骑在羊背上的国家"和"坐在矿车上的国家"，新西兰也有发达的农牧业和工矿业，其他各国和地区都拥有丰富的矿藏资源，这也是开展商务旅游的有利条件。

据有关专家统计，整个20世纪90年代，东亚太地区从世界国际旅游收入增长方面来看，列第3位，从世界国际旅游接待人数增长方面来看，列第2位，在世界旅游市场中的份额已跃居第三。进入21世纪以来，世界旅游业得到了前所未有的蓬勃发展。在这大好形势下，大洋洲各国也开始不同程度地重视发展本国的旅游业。特别是澳大利亚和新西兰，两国政府非常重视发展旅游业，不仅制定了很多发展旅游业的优惠政策，而且从机构设置、组织管理、资源开发、旅游促销等各方面都给予了大力扶持，从而使两国旅游业出现了蓬勃发展的好势头。据世界旅游组织预测，从1995年到2020年，东亚太地区的旅游业将以年均7.0%的速度增长，增长速度将超过美洲（年均增长率为3.8%），成为世界第二大目的地市场，占世界市场份额也从目前的18%上升为2020年的27%，而大洋洲地区的旅游业在这一大的发展趋势下，也必将出现美好的发展前景。研究大洋洲客源市场状况，对于研究世界旅游业的发展、对于开拓我国的海外客源市场，都具有极为重要的意义。

第二节 澳大利亚（Australia）

一、基本概述

（一）地理概况

1. 位置与领土

澳大利亚，拉丁文语意为"南方大陆"。它位于南半球的大洋洲，亚洲的东南方，由澳大利亚大陆及其附近的塔斯马尼亚等岛屿组成。它四周为海洋所环绕，东临太平洋的珊瑚海和塔斯曼海，北、西、南三面是印度洋及其边缘海——阿拉弗拉海和帝汶海。澳大利亚国土面积为769.2万平方公里，是世界上最小的陆洲和最大的岛屿，因此又有"岛大陆"之称。

澳大利亚大陆及沿海岛屿海岸线共长36 835公里，平均每209平方公里就有海岸线1公里，属海岸线平直和轮廓简单的大陆之一。澳大利亚仅东部海岸濒临太平洋的珊瑚海、塔斯曼海两边缘海，其余广大的北部、西部和南部海岸面临印度洋的卡奔塔利亚湾、阿拉弗拉海、帝汶海。澳大利亚不仅海岸线延绵不尽，而且多平直，较少被岛屿分割，海湾、半岛和岛屿很少，四周零散分布着一些岛屿和群岛，最大的岛屿为塔斯马尼亚岛。东北部近海处有长2 000多公里、宽20～240公里的大堡礁，还有世界上最大的珊瑚海、海中珊瑚岛、暗礁广布，对海上航行构成一定的威胁。

2. 地形

澳大利亚地形明显地分为三个部分：东部山地、中部平原和西部台地。整个大陆地势低平，无崇山峻岭，海拔500m以上的高地仅占总面积的9%，最高峰为科修斯科山，海拔2 230m，是世界各大陆所有最高山峰中的最低山峰。澳大利亚的岩石圈古老而稳定，很少产生强烈地震。

3. 气候

澳大利亚由于位于东经113°09′～153°39′、南纬10°41′～39°08′之间，南回归线大约横贯大陆中部，因而整个大陆几乎在热带和副热带内。

澳大利亚四面环水，气候宜人，没有极端温差。全国大约可分为两个气候区：南回归线之上的北部地区为热带区，其余的则属温带区，由于境内河流少，干旱的沙漠和半沙漠占澳大利亚总面积的1/3，由于位于南半球，其季节的更替与北半球地区恰好完全相反，其最热月份是1月，而最冷月份是7月。澳大利亚有热带雨林气候、热带草原气候、热带沙漠气候、亚热带季风性湿润气候、温带海洋性气候和地中海式气候等几种气候类型，其主要气候特征表现为：炎热干燥，雨量较少，气候带呈环状分布。澳大利亚是干旱少雨和降水量极不均匀的大陆。年均降水量在250毫米以下的地区约占大陆面积的35%，年平均气温北部27℃，南部14℃，内陆地区则干旱少雨，年降水量不足200毫米，东部地区年降水量为500～1 200毫米。

4. 河流与湖泊

澳大利亚最大、惟一发育完整的水系是墨累—达令河，全长3 490公里，流域面积91万平方公里；北艾尔湖是澳大利亚最大湖泊。它位于境内南部，面积约8 200平方公里，随降水而变化。湖面在海平面以下16米，为大洋洲的最低点。

5. 资源

澳大利亚资源中，以动物资源最为突出，动物特有种类多，原始性明显，缺少其他大陆占统治地位的有胎盘类哺乳动物。其中有袋类动物150种、袋鼠48种。澳大利亚鸟类650种以上，其中鸸鹋、琴鸟、鸭嘴兽等百余种特种鸟。植物约有1 500个属，12 049种，特有属约500个，特有种约9 086个。澳大利亚有着丰富的矿藏资源，是举世闻名的资源大国。铝矾土、铁矿砂、镍、锌、锰的储量和产量都居世界前五位，此外，黄金、铅、铜、锡、钨、金红石、锆石、铀矿、煤等也非常丰富。

（二）历史

最早的澳大利亚土著人，是早在4万多年以前，居住在塔斯马尼亚岛上的塔斯马尼亚人和分布于整个大陆的澳大利亚人。1884年，考古学家在澳大利亚东部的塔尔盖地方，发现了第一个澳大利亚的人类头骨；1925年在南部的柯赫那城附近，发现了第二个人类头骨；1940年在墨尔本城西北的凯洛尔地方又发现了两具距今1万多年的人类头骨。毫无疑问，这些头骨的主人无疑同现代澳大利亚土著居民有着亲缘关系。据考古学家鉴定，澳大利亚土著居民同亚洲，特别是东南亚地区，有着密切的历史渊源关系。

在17世纪初，西班牙人、葡萄牙人和荷兰人便陆续抵达澳大利亚大陆。1768年8月，英国政府委派航海家詹姆斯·库克为船长，携同一队科学家，乘坐"努力号"船离开朴次茅斯湾，开始了寻找"南方大陆"的历程。次年6月抵达太平洋上的塔希提岛，随后向西南航行。1770年4月，他们到达澳大利亚的东南海岸。一周以后，库克启锚北航，不久走遍了东海岸2 000多公里的全部航程。8月23日，他在约克角外的占有岛登陆，以英国乔治三世的名义宣布英国占有从南纬38°到南纬10°占有岛的全部东海岸地区，并将这片地区命名为"新南威尔士"。

18世纪的后半叶和19世纪上半叶，是世界历史的一个大变动时期。随着欧洲各国罪犯输送政策（指将本土犯罪的狱民放逐到遥远的澳大利亚孤岛去垦荒）的废止，加之在第一次移民潮中，移民们在澳大利亚领土上发现并开采了大量的金矿，从而形成了澳大利亚历史上的第二次移民浪潮。第二次移民浪潮中的主要对象为自由移民，有的是为了短期的游览和贸易，有的以传播基督教为名，不仅有英国人，而且还有世界各地不同国家的人，其中也有相当一部分为华人。天长日久，这些自由移民们便在这里定居下来，生儿育女，繁衍生息。19世纪60年代，西方列强的企业家们大批涌进澳大利亚各岛，搜罗劳工，在太平洋和澳大利亚各地兴办种植园，致使岛屿上的各色人等弱肉强食,各种暴行有增无减。19世纪末,英国先后在此建立了6个殖民区。1901年1月1日,澳大利亚各殖民区改为州,组成澳大利亚联邦,成为英国的自治领地,1931年获内政、外交独立自主权,成为英联邦内的独立国家。

两个多世纪来的移民浪潮,从根本上改变了澳大利亚的历史和社会面貌,大量移民长年的辛勤劳作,更为这块荒芜之地带来了先进的新文化和新技术,为澳大利亚的崛起输入了生机和活力。

(三) 政治经济

澳大利亚国家实行联邦制。在宪法上,英国女皇是澳大利亚的国家元首,联邦和州的总督是女皇的代表,女皇行使的惟一权利仅是严格根据澳大利亚总理的建议去任命澳大利亚总督。在联邦制下,国家政权和义务由联邦政府、州政府和地方政府三级分担。

澳大利亚在国家制度上实行行政、立法和司法三权分立制度。首都堪培拉。

在经济上,澳大利亚以农牧业、采矿业和制造业为主。20世纪90年代以来,澳大利亚推行了具有深远意义的结构政策,并向全球实行了经济开放政策,从而促使澳大利亚的经济要素始终处于良好状态,造就了澳大利亚的强大实力、坚实的基础及可持续、高增长、低通胀的经济发展势头。

澳大利亚是一个后起的发达工业化国家,拥有基础广泛的制造业和庞大的服务业。过去,澳大利亚最大的出口商是煤炭、黄金等初级产品。现在,澳大利亚的制成品和服务业在出口业中占了主导地位,其外汇收入已超过初级产品出口值的3倍。在电脑设备、医疗用品、通信器材和药品等方面,澳大利亚已经取得了世界级的优势,具有很强的产品竞争力。虽然初级产品在出口中的份额越来越小,但澳大利亚仍保持着世界上最重要的初级产品供应国的地位。铝矾土、煤炭、铁矿、黄金、原油、天然气及羊毛、谷物、牛肉、棉花、食糖等在商品总出口量中的比例仍有1/3强。

澳大利亚的大部分土地较为贫瘠,有1/3土地不适宜于发展农牧业,另有1/3土地只适宜于畜牧业。但通过技术和科学手段,如今澳大利亚已经能够在沙漠和半沙漠地区从事商业性的农业生产,从而保持着其作为谷物、肉类、食糖、水果和羊毛的重要供应国地位。

澳大利亚是个交通非常发达的国家。国家公路是连接各州首府和各中心城市的主要公路网。八成以上的澳大利亚人居住在这个公路网的40公里范围内。澳大利亚的铁路有3.6万公里长,铁路通达各主要城市,城市公交铁路非常发达,年客运量超过43亿人次,而州际铁路利用率极低,年客运量仅1万人。航空运输业在澳大利亚有三重体系：由政府经营的昆塔斯航空有限公司，号称世界第二家"老字号"空运公司；环澳航空公司和澳大利亚安塞特航空公司；地区性小公司。现有275个民用机场，其中14个是国际机场。澳大利亚共有海运货船100多艘，贸易港口70多个。

澳大利亚的货币为澳元。

（四）社会

1. 人口与民族

澳大利亚现有人口2 023.1万（2004年），密度：每平方公里2.6人，是世界上人均面积较大的国家，其中，85%以上的人口聚集在城市，各城市分布密度不均，澳大利亚人口的平均年龄是33岁。

澳大利亚是一个多民族国家，全国境内有140多个民族，其中95%是英国和其他欧洲国家的移民后裔，具有英国和爱尔兰血统的人占人口总数的76%；土著居民占1.5%，约为26万人；华侨和华人约30万。各民族居民大多保留着各自民族的传统、习俗与文化，在他们聚居的地方形成了大大小小的社团，使澳大利亚形成了多姿多彩的多民族文化。由于人口分布中以欧洲民族占绝大多数，所以澳大利亚的生活方式与民族特色也与西欧和北美极其相似。

2. 语言与宗教

澳大利亚移民来自100多个国家和地区，讲140多种语言，但官方语言为英语，英语也是绝大多数居民日常生活的使用语。但各部落土著人仍然讲本族的语言。200多年前，土著人语言共有500种以上，但没有文字，随着时间的推移土著语也逐渐走向消亡。

澳大利亚的主要宗教是新教和罗马天主教，此外，还有东正教、犹太教和伊斯兰教。17世纪后，英国和欧洲大陆的移民来到这里，这些国家的宗教也随之传入澳大利亚。澳大利亚新教主要是圣公会，有教徒400多万，占全国总人口的23%左右。在澳大利亚，仅次于公圣公会是天主教会，拥有340万教徒，占居民总数的20%左右。

澳大利亚土著人有自己独特的原始宗教，其主要形式是动物图腾崇拜。澳大利亚土著人有500多个部落，每个部落又分为若干个民族，每个民族都用一种动物来命名，这种动物就是这个民族崇拜的图腾。图腾大多为飞禽走兽，如海鸟、楔尾鹰、鹦鹉、蝙蝠、袋鼠、蜥蜴和青蛙等。澳大利亚土著人的另一种宗教就是信仰多种法术，如巫术。土著人还相信万物有灵，人死了也是有灵魂的，精灵也有善恶之分等。这些观念，是与图腾信仰紧密联系在一起的。

3. 民俗

（1）服饰

澳大利亚人的衣着习惯可归结为两条：一是按需要穿衣打扮，二是尽可能让自己舒适。在一些重要场所，如出席正式晚宴，商务活动和交响音乐会等，人人衣衫整洁，个个仪态大方；在平常日子里，人人穿着朴实，个个随意休闲。绝大部分场合，人们的衣着以T恤衫、牛仔裤、运动鞋等休闲服装为主。

（2）饮食

澳大利亚的"食"与它的文化一样多元化。虽然澳大利亚传统"食"性是英国风格，以烧烤牛羊肉和土豆、青豆、胡萝卜为主要菜谱，但是由于澳大利亚是个移民国家，其饮食也带有多元化的风格。澳大利亚的名吃有：袋鼠肉、皇帝蟹、牡蛎、鲍鱼、龙虾、三文鱼。澳大利亚也是水果之乡，人们不但可以享受到价廉物美的各种水果，还可以饮用各种不含防腐剂的新鲜果汁。

澳大利亚人最爱喝的饮料是可口可乐，最爱喝的热饮是咖啡，咖啡是澳大利亚的"劳保"饮料。

有人形容澳大利亚是"阳光、海滩、啤酒"的国度，可见酒在澳大利亚生活中的地位。

（3）其他习俗

澳大利亚土著人生活中有许多风俗，成人礼就是其中之一。少年男子在10~12岁时要开始举行成人礼，经受着禁食和肉体痛苦的考验。之后，须单独狩猎一段时间才加入成人行列。文身也是土著人的习俗，对土著人来说，文身常用来表示一个人的年龄、图腾和功绩。

澳大利亚土著人的婚俗颇为奇特，在一些部落里，结婚不是男女当事人的私事，而是整个部族的事，成年的已婚男子可指定某个男青年娶某个姑娘。有的部落施行订婚制，由父母或年长的亲人商定子女的婚事，有时甚至指腹为婚，有部落采取交换婚姻。只有在极少的情况下，婚姻才是根据相爱双方的意见办理的。

（4）时差

位于东十区，比格林威治时间早10小时；比北京时间早2小时。

4. 娱乐与爱好

澳大利亚人热爱体育运动。滑水、冲浪、网球、游泳、划艇、板球、橄榄球以及赛马、赛狗、赛马车等都是较为流行的体育运动，赌马更是澳大利亚人所喜爱的。每到赌马比赛开始，全国城镇的公私机构和商行，一律暂停工作,大家聚集在一起,收看或收听比赛现况。

此外,澳大利亚是个移民国家,其人民既有西方人的爽朗,又有东方人的矜持;他们崇尚友善精神,讲求谦逊礼让。

二、旅游业概况

(一) 发展现状

澳大利亚旅游业创造的收入占国民生产总值的6%以上,创造的就业机会超过50万个。近几年来,澳大利亚旅游业发展迅速,年均增长速度在10%以上,海外游客每年给澳大利亚能够带来170亿澳元的收入,每年有400多万人次的海外游客到访澳大利亚,其中以日本、新西兰、英国、美国、其他欧洲国家及韩国、新加坡、中国香港和台湾地区为主要客源国或地区。大部分来澳旅游游客的动机主要是度假,其次是探亲访友;而就旅游花费而言,花费最高的是商务旅游者,其次是度假旅游者,探亲访友游客花费最低。

中澳两国自从1972年12月21日建交以来,双方在政治、经济、文化、科技等领域的合作关系得到全面、迅速的发展,两国领导人多次进行互访,双方签有贸易、投资、文化、科技、教育、领事和民航、旅游等一系列协定。近年来,中澳关系保持了良好的发展势头,两国高层互访日趋频繁。此外,中澳间已建立20对友好省州和城市,双方在文化、教育、科技等领域的交流和合作进一步发展。

旅游已成为澳大利亚人民生活中的重要组成部分。澳大利亚人热衷于出国旅游,澳大利亚旅游预测协会预测,本国公民出境人数年均增幅为3.8%,到2012年将有150万澳大利亚居民出境旅游。澳国内旅游总人数每年都高达5 000万人次左右,国内旅游消费170亿美元。

(二) 旅游资源

澳大利亚气候温和,境内极少污染,空气能见度好,阳光普照,旅游资源丰富。概括起来有如下特色:美丽的海岛海滩风光;著名的世界活化石博物馆;绚丽的土著民族风情;独特的建筑艺术。

1. 堪培拉

堪培拉是澳大利亚联邦的首都,是在1913年联邦政府定都于此后,从平地拔起的一座新城,现有人口约40万,是一个纯粹的政治中心。这里除了旅游业、赌博业以及满足联邦政府机构、科研单位、大专院校及文化娱乐等部门需要的服务行业以外,没有其他经济部门。整个城市绿地面积占60%以上,是世界著名的花园城市,主要旅游景点有:葛里芬湖、国立水族馆、新国会大厦。

2. 悉尼

悉尼是澳大利亚的最大城市和重要港口，也是新南威尔士州的首府，整个城市建筑在环绕海湾的低矮丘陵上，都市区面积 12 406 平方公里，人口约 375 万（其中都市区 320 万、城市区 55 万）。悉尼是澳洲重要的政治、经济、金融中心，也是闻名于世的旅游城市。

悉尼的风景名胜众多，悉尼歌剧院是最能代表澳洲的建筑，有世界第八奇景之称；悉尼水族馆；悉尼镇，它记录着 1788～1810 之间大英帝国的官员和刑犯的生活情形；悉尼塔，它与悉尼歌剧院、港湾大桥并列为悉尼三大标志性建筑；岩石区，目前这里已恢复殖民时期的风貌，成为探寻澳洲源头的重要旅游点，在精心规划之后，更成为悉尼人文荟萃的中心；邦迪海滩；澳洲野生动物园；澳洲奇趣乐园是南半球最大的游乐场；蓝山，位于悉尼市 100 公里外，保持着原有的自然风貌，是悉尼人周末度假的好去处。

3. 墨尔本

墨尔本市位于亚拉河畔，距离菲利浦湾约 5 公里，是澳洲的文化、运动、购物、餐饮中心，面积约 6 100 平方公里，目前人口 350 万，是澳洲第二大城市。墨尔本市建立于 1835 年，1927 年以前是联邦政府的首都，它是在 19 世纪中期淘金热潮中迅速发展起来的城市。目前市内仍保留许多 19 世纪华丽的维多利亚式建筑，林荫茂盛，公园众多，是澳洲最具有欧洲风味的大城市，1993 年被评为世界第三大最适合居住的城市。

这里的主要旅游景点有：疏芬山；大洋路；帕芬·比利蒸汽火车；菲利普岛，它以黄眼企鹅闻名于世，已成为游客最希望游览的自然生态岛。

4. 黄金海岸

黄金海岸位于澳大利亚东部海岸中段、布里斯班以南，它由一段长约 42 公里、10 多个连续排列的优质沙滩组成，以沙滩为金色而得名。这里气候宜人，日照充足，特别是海浪险急，适合于进行冲浪和滑水活动，是冲浪者的乐园，也是昆士兰州的重点旅游度假区。这里旅游设施齐全，有各种各样的游乐场、赌场、酒吧、夜总会、海洋世界和主题公园，最著名的有华纳兄弟电影世界、梦幻世界、海洋世界等。

5. 阳光海岸

从布里斯班向北驾车而行，约 1 个半小时就可到达阳光海岸。从黄金滩至路水岬是一段美丽的度假区，环境自然典雅。阳光海岸的主要旅游活动有：到阳光农场看大菠萝，坐火车游菠萝园，坐卡车游果园及其他农场，坐小艇游温室等；位于慕奴勒伯的海底世界也十分精彩，沿着水底透明的通道漫行，就如置身海龙皇宫之中。

其他著名旅游城市还有布里斯班、珀斯、达尔文城等。

三、出国旅游与对华旅游

(一) 形成条件

澳大利亚海外旅游目的地排序是：新西兰、美国、英国、印度尼西亚、中国香港、新加坡、泰国、马来西亚、斐济、中国大陆、加拿大、日本，其中前6位顺序几年来一直没有变化，是澳大利亚首选的传统旅游目的地。近年来出国度假的澳大利亚人数持续增长，2005年来华旅游人数达48.30万，比上年增长28.34%，占总来华旅游人数的2.38%，居旅华市场的第11位，这与澳大利亚国家的一系列经济、政治、政策及国民的观念、意识等因素是分不开的。究其原因，主要有以下几个方面。

1. 经济因素

客源国经济发展状况始终是国际客源形成的经济支柱。自从1994年摆脱国内经济不景气状况之后，澳大利亚经济开始稳步上升，失业率下降，澳元持续坚挺，使澳大利亚人到海外旅行的期望和信心加强，促使更多的居民出国旅行。

2. 政策因素

随着各国经济的发展，国别之间的政治经济关系也更加紧密。区域间经贸往来的频繁，也推动了各国的出国旅游。澳大利亚政府在外交上明确施行多元化政策，逐渐将其贸易重心转向亚洲市场，亚洲已成为澳大利亚出国旅游、公务的首选目的地。

3. 时间因素

政府也将法定的带薪假期增加，使游客出境旅游的停留时间延长。在澳大利亚，在职人员只要在同一个雇主手下工作1年以上，将保证每年获得至少是20天的奖励年度带薪休假；而当在同一雇主手中工作时间超过10年和15年以上时，将分别获得至少是6周和13周的长期带薪假期。除此之外，每年生病时，保证有8天的病假期，可以分开休假。充裕的时间促进了澳大利亚出国旅游市场不断扩大。

4. 旅游动机因素

澳大利亚受英美文化影响，加上地缘关系，在海外旅游中，新西兰、美国、英国一直是澳大利亚首选的三个目的地。澳大利亚出国旅游的动机依次为：观光度假、探亲访友、商务、会议。但随着近几年亚太地区逐渐成为世界经济的热点，去亚洲商务旅行的澳洲人占相当大比例，客观上也扩大了旅华市场。

(二）客源特点

分析澳大利亚出国旅游市场的结构与行为，可以看出其具有以下特点：

（1）从旅游目的地的选择来看，血缘关系及文化联系起主要作用。新西兰、美国、英国一直是首选的三个目的地，其原因即在此。

（2）从出游距离来看，近程出国旅游占多数，特别是印度尼西亚，既有热带风光，又有独特的亚洲文化，且两国地理距离近，国际交通费用相对较低，在澳市场备受欢迎。中国香港地区以其独特经济地位和中转中国内地的枢纽同样吸引大量的澳大利亚游客。

（3）从旅游者的年龄结构来看，长假游客趋于年轻化，18~54岁的中青年占绝大多数，传统的"银色市场"结构发生了变化。

（4）从出旅动机来看，传统的观光度假者仍占绝大多数，其次是探亲访友者，而商务旅游者在出境旅游中占的比例呈逐步上升之势。

(三）制约因素

近几年来，尽管来亚洲旅游的澳大利亚人数剧增，但中国大陆还没有成为澳大利亚游客的主要目的地，中国大陆在澳大利亚海外旅游排序中仅居11~13位；而在中国接待的海外游客中，澳大利亚也仅只居11~13位。由此可见，中国大陆要想成为澳大利亚的主要客源国，仍存在很多制约因素，具体分析起来，有以下几点：

（1）对中国大陆了解不够。相对于中国香港地区、新加坡、印度尼西亚等国来说，中国大陆在澳国人心目中，仍然是一个神秘和陌生的地方。

（2）语言交流存在困难。香港、新加坡、泰国等同旅游点均有英文标识，当地大多数人能用英语交流；而在中国英语的普及还很低，致使与澳国游客交流起来存在困难。

（3）旅游费用高。与印度尼西亚、香港地区、泰国、马来西亚等国家和地区来比较，来中国旅游的费用较昂贵，致使澳大利亚游客望而生畏。

（4）交通不便。与其他亚洲国家和地区相比，中国大陆航班次数少，机票价格高，因而交通上缺乏竞争能力。

（5）旅游产品存在替代性，竞争性不强。特别是我国的度假旅游产品、娱乐旅游产品在周边市场中存在相互替代性，影响其竞争力。如我国的海南、青岛、大连等海外度假旅游的首选目的地与夏威夷、关岛、塞班岛、南太平洋诸岛比较起来，根本没有竞争力。

此外，我国旅游设施、旅游服务水平较低，现行旅游业体制不健全，以

及对澳促销缺乏力度,这些都制约了澳大利亚游客来华旅游。

（四）发展前景

1. 开发对策

尽管存在着以上诸多制约因素,但是,我们应该看到,澳大利亚毕竟是一个经济实力雄厚的发达国家,只要我们抓住时机,根据澳大利亚市场出现的新情况,采取必要的措施,就一定能发展和扩大澳大利亚旅华市场。具体来说,可以从以下几个方面入手：

（1）加大中国旅游产品促销力度,树立在澳人心中新形象。此举既可解决澳人对华陌生心理,又可树立旅游产品新形象,提高在澳市场竞争力。

（2）完善旅游设施,提高旅游服务水平。此举目的主要是解决好交通不便、设施质量差、费用昂贵、服务水平低等诸多问题,让澳人来得放心,玩得尽兴。

（3）深入分析澳人旅华市场,推出具有国际竞争力的个性化旅游产品。新产品的开发重点注重澳人旅华需求在社会文化上的差异性,推出新的产品"包装"与"组合",使产品更趋个性化。

此外,建立与国际旅游业发展相适应的管理体制,提高旅游社会经营管理水平,也必将促进澳大利亚来华旅游的发展。

2. 前景展望

澳大利亚旅游预测委员会认为,中国是一个新兴的旅游目的地,有望吸引越来越多的澳洲公民去体验一种终生难忘的特殊旅行经历。并且,澳旅华市场的平均增长速度将高于其他任何一个旅游目的地,年平均增长速度达到8.7%,到2012年澳大利亚旅华人数可达63.7万人次。在这一大的发展趋势下,可以肯定澳大利亚旅华市场必将出现勃勃生机和美好前景。对于澳大利亚旅华市场的发展前景,可以概括为以下几点：

（1）澳大利亚人旅华的主体是消遣性的观光旅游,领略中国多姿多彩的异域心情和古老神秘的东方文化仍然是他们的主要目的。海滨度假有望成为休闲式度假的主流。

（2）单一的目的地取代了多国旅游,由以往以中国大陆作中转站变为以中国大陆作为主要目的地,而且逗留时间短,出游次数多,对中国经济实惠的度假产品的需求将增加。

（3）澳人旅华经验增加,团体旅游规格趋小,小包价、个性化旅游产品在澳人中备受青睐。

（4）男性游客与老年游客仍是澳人旅华的主体,但是游客趋于年轻化,女性游客也不断增加。

（5）随着世界经济重心的转移和中国经济的迅猛发展，澳人旅华市场中的商务旅游规模将快速增长。

思 考 题

1. 澳大利亚有哪些主要旅游景点？各有何特色？
2. 简述澳大利亚旅游业的发展现状及发展前景。
3. 结合中国旅游业实际情况，谈谈如何扩大澳大利亚旅华客源市场。

第六章

欧洲地区

欧洲是欧罗巴洲的简称,位于东半球的西北部,亚洲的西面。北临北冰洋,西濒大西洋,南隔地中海与非洲相望,东以乌拉尔山脉、乌拉尔河、大高加索山脉、博斯普鲁斯海峡、达尼尔海峡同亚洲分界,西北隔格陵兰海、丹麦海峡与北美洲相对。面积为1 016平方公里,约占世界陆地面积的6.8%,超过大洋洲,是世界第六大洲。人口7.27亿多,每平方公里70人以上,是世界各大洲中人口密度第二大的洲。欧洲现有45个国家和地区,在地理上习惯分为南欧、西欧、中欧和东欧。本章主要论述欧洲六个旅游业发达的国家英国、德国、法国、意大利、西班牙、俄罗斯的旅游自然环境和人文环境概况;旅游业的发展现状、旅游资源、旅游机构、旅游企业等基本概况;以及其出国旅游与来华旅游的形成原因、客源特点、制约因素和发展前景。

第一节 概 述

欧洲地区,特别是西欧地区,是世界旅游业发展最早、最快的地区。自19世纪中叶,欧洲大陆的旅游活动就非常活跃,西欧的许多国家便成为主要的旅游接待国和客源输出国。法国、瑞士、奥地利和意大利等国修建起一批旅游设施并相继建立了旅行社、旅游俱乐部和旅游联合会。然而,第二次世界大战却使正在兴起的旅游活动中断了。二战后,特别是进入20世纪60~70年代,处于世界6大旅游区领先地位的欧洲地区(主要是西欧地区),因其经济发达,国民收入高,旅游资源丰富,旅游业发展历史长,出国旅游盛行,成为全世界最大的客源市场,也是世界发达的旅游市场,平均每年有 18 000 多万人出国旅游，占全世界国际旅游人数的 70% 以上，其旅游收入占世界旅游收入的 50% 以上。1985 年 6 月 14 日，在卢森堡的申根城签署欧洲申根签证协议以来，申根协议国不断增加，这使欧洲各国入出境旅游更为方便（详见附录一）。特别是 2004 年以来，随着欧盟成员国的增加和"大欧洲"态势的发展，使欧洲的国际旅游迅速增长，2004 年国际入境旅游总体增长 4.0%，国际旅游人次达 41400 万人次，占世界旅游市场 54.6% 的份额，欧洲仍是世界最发达的旅游市场。

一、欧洲旅游市场和客源市场形成的主要原因

（1）欧洲是希腊罗马古典文明和日耳曼文化的发源地，历史悠久，文化绚丽多彩，古迹众多，风光秀丽，是旅游者的向往之地。

（2）欧洲是世界资本主义发展最早、最发达的地区，是当今世界政治经济格局中的一支重要力量。二战后近半个世纪中，欧洲政治经济一体化进程持续推进。1991 年 10 月，欧洲共同体与欧洲自由贸易联盟签署了欧洲经济区条约。从 1999 年 1 月 1 日起，欧洲统一货币欧元在德国、法国、意大利、西班牙等 11 国首批流通。从 2002 年 7 月 1 日起，欧盟废除原有货币，正式启用欧元。欧洲经济区建成后，将形成一个人口为 3.74 亿，生产总值占世界 30%，贸易总额占世界 40% 的最大自由贸易区。如今，欧洲，尤其是西欧是当今世界经济最发达、人类生活质量最高的地区。

（3）欧盟及各国政府的支持。1948 年，欧洲就成立了欧洲旅游委员会，现有成员国 23 个。多年来，欧盟从财政、信息和法律上支持和推动欧洲旅游业的合作与发展。已颁布的《欧洲共同体旅游发展规划》，把旅游业放在国民经济优先发展的地位上，并对欧洲旅游业的发展目标、对外关系、地区政策、企业政策、合作政策和旅游开发基金等作了统一规定。1993 年 1 月起实施了《欧共体包价旅游规定》。从 1993 年起，西欧 9 国实行统一签证，方便了国际旅游者去这 9 国的旅游及与旅游相关的活动。1997 年，欧洲联盟制定了统一的旅游行动纲领，要求各成员国政府大力支持旅游业的发展，加大对旅游业的投入，建议各国旅游管理部门协调国营和私营企业之间的合作，不断开发新的旅游项目，健全统一的质量保证体系，成立欧洲旅游管理学院，为欧洲旅游的高质量发展做出贡献。

（4）欧洲各国之间以至洲际之间的交通发展迅速，各种交通工具、现代化的公路、铁路以及航空运输为旅游者提供了方便的服务，而且大多数家庭拥有两辆以上的汽车。各国的旅游设施齐全，电信事业不断发展，为旅游者外出提供了便利的条件。

(5)欧洲各国人们传统观念的转变,家庭成员结构简单,三口之家占多数,这样举家外出在时间上的选择上更加主动。文化教育发达,科学技术水平、劳动生产率和经济效益迅速提高,职工工作时间逐渐缩短,使得人们有更多自由支配的时间。各国政府又对休假制度作了调整,休假时间增加到4～6周,甚至更长,是50年代的2～3倍,还可以分段使用,这种休假制度使得外出旅游人数越来越多,尤其远程旅游者迅速增加。

二、欧洲旅游市场现状特点

(1)欧洲是世界最重要的客源国。近程旅游为主,约90%的欧洲人出国旅游是在包括地中海在内的欧洲范围内进行,西班牙是首选目的地,其次是法国和意大利。近程旅游以汽车为主要旅游交通工具,且以家庭旅游为单位的旅游形式很普遍,逗留时间不长。远程旅游主要选择环境优美、阳光充足的国家和地区,以北美为主,南部非洲增长也较快。近些年来到亚太地区旅游者逐年增多。其出国旅游的动机主要有度假旅行、商务旅行、探亲访友和其他私人性质的旅游,其中近70%为度假旅游西欧出国旅游者以中青年为主,平均年龄约41岁,女性出国比例增长很快,在旅游者中与男性比例相当,且中青年人的消费明显高于中老年人,男性的平均消费明显高于女性。

(2)欧洲是世界主要的旅游接待国。其国际旅游者主要来自内部各国,约占总人数的80%,其余多来自北美、日本。

(3)欧洲是我国主要的客源市场。自20世纪80年代我国实行对外开放,大力发展国际旅游事业以来,国际间的文化、贸易交流日渐频繁,在猎奇、商贸、文化交流等诸目的的诱导下,来华旅游的人数逐渐增多,现在欧洲已成为我国重要的旅游客源市场。其中以俄罗斯、英国、德国、法国来华人数最多,均属我国十五大客源国之列,这四个国家构成欧洲市场客源的主体。意大利、荷兰、西班牙、瑞典、奥地利、瑞士等来华旅游人数次之,也是我国比较重要的客源市场。

三、欧洲出国旅游的发展趋势

(1)出境旅游的增长速度超过境内旅游的增长速度。

(2)团体旅游仍呈增长趋势,但散客市场增长在不断大幅上升和扩大。越来越多的旅游者希望不受约束,一个人或与朋友、家人结伴,自选目的地去旅游,寻求各人兴趣爱好和刺激。

(3)旅游者,尤其是年轻的旅游者已不再满足于传统的阳光加沙滩式的度假旅游形式，探险旅游、保健旅游、乡村旅游、城市旅游等具有娱乐性、趣味性、参与性的旅游新产品越来越受到欢迎。

（4）随着经济的进一步发展，商务旅游、会议旅游与奖励旅游的市场前景十分看好。其奖励旅游市场每年将以3%~4%的速度增长。

第二节 英 国

英国全称为大不列颠及北爱尔兰联合王国，简称联合王国。它由英格兰、威尔士、苏格兰和北爱尔兰四部分组成，其中以英格兰人口最多，经济最发达，也是首都伦敦的所在地，所以人们非正式地以"英格兰"来代替整个"联合王国"，再经简化，就变成了"英国"这个名称。

一、基本概述

（一）地理概况

1. 位置与领土

英国是由大不列颠岛和北爱尔兰岛东北部及附近许多岛屿组成的岛国，它位于欧洲西部，东濒北海，面对比利时、荷兰、德国、丹麦、挪威等国，南隔英吉利海峡与法国为邻，并沿比斯开湾和大西洋与西班牙和葡萄牙相望，西邻爱尔兰共和国，横隔大西洋与美国、加拿大遥遥相望，北过大西洋可达冰岛。

英国国土面积为24.42万平方公里，其中英格兰面积13万平方公里，占大不列颠岛的大部分；威尔士面积有2万平方公里；苏格兰和其周围5 000多个小岛面积共为7.8万平方公里；北爱尔兰面积为1.4万平方公里，爱尔兰隔海与大不列颠岛遥遥相望。海岸线总长11 450公里，陆地南北最长966公里，东西最宽483公里。东南距欧洲大陆最窄处（多佛尔海峡）仅33公里。此外，英国还有相当数量的海外领地。

2. 地形

境内多低山和丘陵，海拔大都在500米以下。苏格兰和威尔士以丘陵为主，英格兰平原占优势，北爱尔兰属于高原和平原区。整个地势西北高、东南低。西北部主要由低高原和高地组成，海拔很少超过1 000米，全国最高峰尼维斯山位于苏格兰喀里多尼亚运河附近，海拔仅1 343米。奔宁山脉是大不列颠岛的中轴脊梁，长约200公里，海拔400~500米。此外，还有坎布里安山脉和格兰扁山脉等。东南部是一个波状起伏的平原，由平原、宽谷、低丘等组成。

3. 河流与湖泊

英国的主要河流有泰晤士河，全长346公里，流经牛津、伦敦等重要城市，注入北海，河口形成三角湾，河口潮高6米以上，海轮可上溯至伦敦，富有航运价值。另外一条主要河流为塞文河，长354公里。

英国湖泊较多，以北爱尔兰的内伊湖为最大；英格兰西北部的湖区有大小湖泊20多个，总面积2 243平方公里，大部分湖泊为山谷冰川融化而成，1951年辟为国家公园，是英国著名的风景区，也是最美的风景区。

4. 气候

英国大部位于北纬50°~60°之间，常年受西风和北大西洋暖流的影响，属于典型的温带海洋性气候，其特点是湿润、温和，季节间的温度变化很小，多雾，日照时数少。全年雨天较多，降水量丰富，年平均达1 000毫米左右。伦敦成为世界著名的雾都。英国绅士的特征是雨伞加帽子，这可说是"天气造成的"，同时也使英国人酷爱阳光，每到夏季，纷纷涌向地中海沿岸，享受日光浴。

5. 资源

英国主要矿产资源有煤、铁、石油和天然气，还有少量的锡矿、萤石矿和大量的岩盐。森林面积约占全国土地面积的11.5%，仅能满足英国木材需要的15%，其余要依靠进口。作为一个四面环海的岛国，其渔业资源丰富，鲱鱼、比目鱼、鲭鱼具有很大的经济价值。

（二）简史

在公元前2000多年前，这里居住着最早土著居民，过着原始的生活。公元前600年左右，有一批凯尔特人来到不列颠岛，打败了当地的土著人，并定居下来。公元1~5世纪，大不列颠岛东南部受罗马帝国统治。后盎格鲁、撒克逊、朱特人相继入侵。7世纪开始形成封建制度。829年英格兰统一，史称"盎格鲁-撒克逊时代"。1066年诺曼底公爵威廉渡海征服英格兰，建立诺曼底王朝。1536年英格兰与威尔士合并。1640年爆发资产阶级革命，1649年5月19日宣布为共和国。1660年王朝复辟。1688年发生"光荣革命"，确定了君主立宪制。1707年英格兰与苏格兰合并。1801年又与爱尔兰合并。18世纪60年代至19世纪30年代成为世界上第一个完成工业革命的国家。1914年占有的殖民地比本土大111倍，是第一殖民大国，自称"日不落帝国"。1921年爱尔兰南部26郡成立"自由邦"，北部6郡仍归英国。第一次世界大战后英开始衰落，其世界霸权地位逐渐被美国取代。第二次世界大战严重削弱了英经济实力。随着1947年印度和巴基斯坦相继独立，英殖民体系开始瓦解。目前，英在海外仍有13块领地。1973年1月加入欧共体，现改为欧盟。现任执政党为工党。

（三）政治经济

英国实行君主立宪制。国王是世袭的国家元首、立法机关的组成部分、法院的首领、武装部队总司令和英国国教的世俗领袖。议会是英国最高立法机构，由国王和上院（贵族院）、下院（众议员）组成。首相由多数党领袖担任，并由英王任命。首都伦敦。

英国是世界经济发达国家之一，其国内生产总值居世界第五位。英国是古老的工业发达国家，但第二次世界大战后，英国工业发展缓慢。目前有采矿、冶金、化工、机械、电子、电子仪器、汽车、航空、食品、饮料、烟草、轻纺、造纸、印刷、出版、建筑等。生物制药、航空和国防是英工业研发的重点，也是英最具创新力和竞争力的行业。农业在英国不占重要地位，农业人口不到就业人口的1%，农业产值仅占国内生产总值的1.5%，但农业机械化程度高，农产品能满足国内需求的2/3。英国是欧洲最重要的捕鱼国之一。英国的交通十分发达，铁路纵横交错，公路四通八达。公路运输为岛上首要运输方式，伦敦为公路的最大枢纽，且有十分发达的地铁网。海运是英国的生命线，海上航线可达五大洲主要港口，英国有伦敦、利物浦、朴茨茅斯、多佛尔、布赖顿、南娄普敦等天然海港。英国与欧洲大陆的海上联系主要靠英吉利海峡的轮渡，同时英法之间建有海底隧道，将英国的与欧洲大陆的铁路系统连接起来。空中航线通往世界主要城市，英国主要有三家航空公司：英国航空公司、米德兰航空公司、联合航空公司。伦敦有三个机场，分别为希思罗机场、盖特威克机场和史丹特机场，其中希思罗机场是世界最大航空枢纽之一。英国的货币为英镑。它虽是欧盟主要成员国，但暂时还未启用欧元。

（四）社会

1. 人口与民族

英国有人口约6 027.07万（2004年），其中英格兰人占80%以上。英国是一个人口稠密的国家，人口密度每平方公里为246.8人，但人口分布极不平衡，80%以上的人口居住在城市。

英国主要有四个民族，即英格兰人、威尔士人、苏格兰人、爱尔兰人。这些民族都带有凯尔特人的血统，融合了日耳曼人的情性。此外，还有盖尔人、奥尔斯特人、犹太人、华人等。

英国独有的历史、地理环境孕育出英国人鲜明的民族特性。英国是典型的绅男淑女之乡，言谈举止彬彬有礼，尊重女性，女士优先是英国男士绅士风度的主要表现之一。英国人生活保守且讲传统，克制温和中饱含着固执。

英国人时间观念很强。英国人不爱交际,不喜欢将自己的事情随便告诉别人,也无意打探别人的私事,"不要管别人的闲事"已成为英国人处事的原则。英国存在着大国意识,有一股傲气。英国人喜欢谈天气,这是英国人见面时最普遍的话题,也是熟人间互相致意的客套。

2. 语言与宗教

英语是官方语言,也是世界上许多国家的通用语。据估计,世界上以英语为国语的人约3亿。

英国居民多信仰基督教新教,其教徒占全国人口的48%;北爱尔兰地区部分居民信仰天主教,其教徒占全国总人口的9%;还有一些英国人信奉伊斯兰教、佛教、印度教、锡克教、犹太教等。基督教新教的主要组织——圣公会为英国国教,它包括国内外25个自治的大主教辖区和国外三个地区委员会。大主教、主教和教长由首相建议,国王任命,所有的牧师都要忠于国王。根据规定,英王要严守英国国教会的教义,即位时照例宣誓效忠英国国教。英王为教会最高首脑。

3. 文化艺术

文学——14世纪,英国文学首推乔(Chaucer Geoffrey)的《坎特伯雷的故事》以及马洛礼(Malory)的《阿瑟王》。

文艺复兴时期是英国文学史相当辉煌的时代。威廉·莎士比亚是举世闻名的戏剧泰斗。他的四大悲剧:《哈姆雷特》、《奥赛罗》、《李尔王》和《马克白斯》是他艺术天才的杰出表现。

18~19世纪文学中,笛福被认为是现代小说的先祖,其代表作有:《鲁滨孙漂流记》和《女混混》;诗人拜伦,其代表作《哈罗尔德游记》和《唐璜》;诗人雪莱,其代表作有《卖布女王》、《自由颂》和《云雀》等;作家萨克雷,其代表作《名利场》和《享利·艾斯蒙德》;作家狄更斯,其代表作《老古玩店》、《艰难时世》等;作家夏洛蒂·勃朗台,其代表作《简·爱》。19世纪末,英国又出现了大戏剧家、评论家萧伯纳。

20世纪60年代,哲学小说占了相当重要的地位,代表人物有女作家爱丽斯·默多克等人。

建筑——12世纪以前,英国的建筑多为罗马式建筑,具有庄重及力感的特色。从12世纪起,从欧洲大陆传来哥特式建筑风格,外形优雅,多装饰。14世纪的英国建筑为哥特式中期,更加细腻,但缺乏力感。15世纪的建筑为哥特式后期,最大特征是垂直的隔间和扇形屋顶。16世纪后期就出现今日所见的英国式建筑了。

音乐——15~16世纪,英国盛行文艺复兴时代的音乐。17世纪名家辈出,而后流行通俗的合唱。从20世纪起英国出现了许多优秀的音乐家。现代,音乐在英国文化生活中占有相当重要的地位,无论是古典音乐、流行音乐、民间音乐,还是爵士音乐、轻音乐、铜管音乐都很发达。

舞蹈——英国的舞蹈起源于16世纪,到17世纪形成了民族舞蹈形式的话剧。18～19世纪,在俄罗斯芭蕾舞剧的影响下建立了大型的舞蹈团体。目前,皇家芭蕾舞团和皇家歌剧团为英国著名的芭蕾舞和歌剧团体,它们在国际上享有盛誉。

4. 习俗

(1) 服饰

英国人一向注重服饰的得体与美观。在政府机关或大工商企业工作的职员,一般都穿一身"公务套服",以灰暗的颜色为主,白衬衫,打领带;工人多穿蓝色工作服。每逢星期日,人们则穿上最好的衣服,去教堂做礼拜或访亲会友。

英国人仍然重视传统服饰。在某些特定的场合,如法院正式开庭时,法官头戴假发,身穿黑袍。教堂做礼拜时,牧师要穿上长袍;每届国会开幕,女王前往致词时,更是头戴珠光闪烁的王冠,随行的王宫侍女都身着白长裙礼服,前排面向女王的是假发黑袍的司法贵族和红袍白翻领的宗教贵族,周围侍立的是身着红上衣和瘦腿过膝短裤、黄扣黄束腰,头戴高筒黑皮帽的宫廷侍卫,可谓色彩缤纷。伦敦塔楼的卫士是黑帽、黑衣,上绣红色边线。近卫骑兵是黑衣、白马裤、黑长靴、白手套,头戴银盔,上面飘着高高的红穗。而苏格兰至今仍保持着穿花格子裙的传统。他们头戴小黑呢帽,身着花格裙及短袜,手上拿着管风笛,这是苏格兰男人引以为傲的打扮。苏格兰男人爱穿花格裙,是因为不同图案的花格布代表着不同的氏族,每一个氏族都为自己设计一种代表氏族人精神及血缘关系的花格布。

(2) 饮食

英国菜的特点是油少而清淡,量少而精,讲究花色,注意色、香、味、形。饮食习惯是一日三餐加茶点。英国人喜欢吃牛肉、羊肉、鸡、鸭、蛋、野味(如山鸡、水鸭),每餐都吃水果,进餐时先喝酒,喜喝啤酒、葡萄酒和烈性酒,晚餐喜喝咖啡、吃烤面包和雪糕。英国人喝午茶是一天中很重要的一项内容,每天下午四五点,他们会喝一杯放糖的红茶,再吃上一块蛋糕或饼干。因此,如果找英国人办事,要避开这个时间。

英国人从19世纪就信服"人为生存而吃"的信条,因此不大讲究美食,所以它的烹调技术在国际上无竞争力。总体而言,英国人的饮食比较简单,但是他们创造的炸鱼、土豆条和三明治等对现代快餐业做出了重要贡献。

（3）婚俗

英国的婚俗与西方以信奉基督教为主的国家基本相同，但也有独特之处。英国法律规定，婚礼一般要在女方父母常去的圣公会教堂中举行，由教堂的牧师主持。此外，还要有两个证人婚姻才能生效。其结婚的准备工作主要都是由女方负责。婚礼仪式上，新郎穿着礼服，由男傧相陪同，站在圣坛前等候。新娘身穿白色婚纱，伴随着《结婚进行曲》，挽着她父亲的手臂，由女傧相前导，徐徐走向圣坛，后面有侍童殿后。婚礼结束后，新郎新娘走出教堂，亲友们向他们抛撒米粒或彩纸屑，祝福他们美满富裕。婚礼后，招待亲友，蜜月旅行。

（4）其他礼俗与禁忌

称呼。英国人对初识的人根据不同情况采取不同的称呼方式。对地位高或年龄较长的男女，称"先生"或"夫人"，而不带姓，这是相当正式、带有疏远意味而又有敬意的称呼。一般情况下则带上对方的姓，称"某某先生"、"某某夫人""某某小姐"，这些称呼都可冠以头衔，如"议员先生"、"市长先生"、"秘书小姐"等，在正式场合一般要有全称。英国人最怕别人说自己老，所以在称呼英国老年人时，最好不要加"老"字。为了书写或称呼方便，英国人常常把长名缩写或简写；亲朋好友之间也常用昵称。

禁忌。在英国，朋友相会或道别，互相握手，但不能越过另两个人拉着的手去和第四个人握手，因为这正好形成一个十字架，会带来不幸。一根火柴或一个打火机不能同时点三支烟。在吃饭时，如果刀叉碰响了水杯而任它响个不停认为是不幸的。有些英国人把打碎镜子看作自己的运气就要变坏的先兆。即将做新娘的姑娘，往往在婚礼之前拒绝裁缝要她试穿结婚礼服的请求，原因是怕婚姻破裂。认为"13"这个数字不吉利，而"3"和"7"是吉祥数字。忌用人像（包括人头像）作商品装潢，也忌"象"和象的图案。对待树木，特别是年代久远的树木非常小心谨慎，也不会随便折断随风飘拂的柳条。

（5）时差

经过伦敦格林威治天文台原址的本初子午线的所在时区为零时区。比北京时间晚8小时。

5. 爱好与娱乐

英国人历来爱好体育，英国素有"户外运动之乡"之称，是许多近代竞技运动的发源地，其中足球在英国是最盛行、最大众化、最能聚集广大观众的有代表性的运动项目。橄榄球也是在英国诞生的，是一项很流行的体育运动。高尔夫球是苏格兰牧羊人的发明，15世纪中叶开始在苏格兰流行。板球一般认为它是英格兰的"国球"，它代表了英格兰的传统精神和待人接物的态度。网球在中世纪就是英国贵族所喜爱的一项室内运动。划船在英国非常盛行。英国还有一种很独特的竞技运动是南多尔顿赛马，在3月的第三个星期四举行。英国人喜欢在俱乐部和酒吧聚会与社交；英国人爱好音乐；英国人是个爱宠物的民族，在欧洲被称为"酷爱猫狗之国"。英国人以爱花闻名于世，大多数人都热衷于园艺。英国人喜欢读书，伦敦居民尤以爱书著称。外出度假是英国人最喜欢的消闲方式。他们开着自备车，带着帐篷或拖车，渡过海峡去欧陆各国观光游览。也有的参加旅游团到更远的地方去猎奇。冬季，很多英国人热衷于到阿尔卑斯山去滑雪。

二、旅游业概况

（一）旅游业发展情况

英国是近代旅游业的发源地。目前，英国仍是旅游业最发达的国家之一，旅游业是英国最重要的经济部门之一，旅游服务设施齐全，旅游业收入约占国民生产总值的3.9%，创造了约186万个就业机会。

英国是世界旅游接待大国之一。2003年接待国际旅游者2 480万人次，国际旅游收入194亿美元，是世界第六大旅游国。英国的主要客源市场来自本地区，其中以法国、德国、爱尔兰三国为主，这主要反映了近距离的特点；在远程客源市场中，美国是最重要的客源国，其次为加拿大、澳大利亚、新西兰等，这主要是历史文化的渊源关系。旅游目的主要为商业、探访亲友和历史文化旅游，因而所去旅游地的空间分布，高度集中于城市，特别是伦敦。伦敦一地占入境旅游者总数近一半，占英国旅游外汇收入的2/3。同时，英国也是重要的国际客源国。

英国的国内旅游比较发达，是重要的国民经济部门之一。每年约有1亿人次在国内旅游，国内旅游收入在230亿美元左右。国内旅游目的地主要是海滨度假、观光和探亲访友，旅游交通方式主要是汽车和火车。

（二）旅游资源

英国有宁静的湖泊、苍翠的幽谷、岩石崎岖的海岸与水流和缓的海湾，到处是未经破坏的天然景色，田园风光处处不同；而历史胜迹也同样丰富迷人，单是大英博物馆所收藏的举世珍奇就足以令人神往。主要旅游城市与旅游景点有：伦敦、格林威治、温莎、牛津大学、剑桥大学、爱丁堡和尼斯湖等。

伦敦位于英格兰东南部，跨泰晤士河下游两岸，距河口88公里。它具有 2000 多年的历史，是世界十大都市之一，为英国政治、经济、文化中心，也是最大的海港。大伦敦大体呈四个圈层的同心圆式，包括伦敦城、内伦敦、（伦敦城外的 12 个市区）、外伦敦（内伦敦以外的 20 个市区），面积 1 580 平方公里，人口近 1 000 万。伦敦城是今日伦敦的发祥地，它是伦敦的"城中城"，是世界闻名的金融中心。古老的伦敦城有种种特权，一直实行自治，它有一套市政、警察、法庭等机构，每年选举伦敦城新市长，并举行新市长就职彩车游行活动。按法律规定，女王没有伦敦城市长的许可是不能入城的，只有当迎接的伦敦城市长把一把"市长宝剑"献给女王后，才能进入。

伦敦是一个红色的城市，公共汽车、电话亭、邮筒、星级酒店的侍者服装等都是红色的，伦敦人从心底里偏爱红色，在给商号、酒吧起名时，"Red"这个单词最吃香，仅叫"红狮"的酒吧就有 20 多家。英国王室更是红色的表率，他们表示，红色是尊贵的象征，皇家每逢节日或重大仪式，红色一定是主色调。

伦敦的主要景点有：

白金汉宫——是英国当代的王宫，英国王室生活和工作的地方，现今女王伊丽莎白二世的一些重要的国事活动都在这里举行。它位于西伦敦的中心地区，1703 年为白金汉公爵所建，故名。这是一座围着四方形的四条边砌成的三层建筑群，宫内有各种厅室 600 多个。王宫正门有皇家近卫队守卫着，每天上午 11:30，身穿全套古代御林军礼服的皇家卫队，都要举行一次十分庄重的换岗仪式，成为闻名的一景。

威斯敏斯特宫——是英国议会大厦，位于白厅大街南段泰晤士河畔。它是世界最大的哥特式建筑物，占地 48 亩，主体建筑为 3 排长达 287 米的宫廷大楼，由 7 座横楼相连。宫内共有 14 座大厅和 600 多个房间，走廊总长达 3 000 米。东北角的方塔是钟楼，高 97 米，著名的"大本钟"安放于此。大本钟表盘直径达 7 米，时针和分针为 2.75 米和 4.27 米，钟摆的重量达 305 公斤，而整个钟竟有 21 吨重。大钟每走一刻钟就会奏出一节优美的音乐。

伦敦塔桥——是泰晤士河上 28 座桥梁之一，建于 1886～1894 年，因桥身由 4 座塔形建筑连接而得名。两个桥墩是两座高耸的方塔，中间一段桥洞长 76 米，分上下两层，可通行车辆。海轮通过时，下层桥面自动向上翻起。在历史上，伦敦塔桥被称为伦敦的正门，也是伦敦的标志，每年前来参观的游客有 300 多万人次。

伦敦塔——坐落于伦敦城东南角的泰晤士河畔，名为塔，其实是一座规模宏伟的故宫。它建于 11 世纪,自 1140 年起,中世纪的历代英王曾在那里居住 400 多年。伦敦塔占地 7 公顷,里面除了宫殿外,当年还有兵营、教堂、动物园、监狱、刑场等。英国史上许多失宠的王侯后妃都沦为伦敦塔的囚徒,或监禁或处死。伦敦塔已作为博物馆对外开放,里面专门展出各种古代兵器、盔甲和历代国王的王冠珠宝饰件等。伦敦塔由禁卫队守卫,每天晚上 9 点 45 分——10 点举行上锁仪式。

唐宁街 10 号——它是乔治·唐宁爵士于 17 世纪建造的私人房产。其外观很普通,黑色木门上有个狮头铁门扣,上面是阿拉伯数目字"10",下面是锃亮的黄铜信箱口和球形捏手。特别之处是:它的临街窗口永远悬挂着窗帘,门口日夜肃立着头戴黑色高帽的守卫警察。自 1732 年以来,这里一直是英国首相官邸,震惊世界的许多重大决定都源于这座普通而神秘的楼房。

大英博物馆——又称不列颠博物馆,位于城北罗素广场。它建于 18 世纪中叶,是英国最大的综合性博物馆,和纽约的大都会艺术博物馆、巴黎的卢浮宫同列为世界三大博物馆。博物馆内保存着最能代表英国艺术和文学的珍品。

伦敦蜡像馆——位于贝克尔大街地铁入口处。它的创始人是 18 世纪一位叫玛丽的法国姑娘。蜡像馆以栩栩如生、惟妙惟肖、真假难分的蜡像造型塑造了众多的世界政治舞台上叱咤风云的政治家、社会活动家、国家元首,还有影视明星、运动员、作家以及英国皇家中历代君主和女王的形象。

海德公园——位于白金汉宫的西侧,占地 250 公顷。这个公园最为出名的是东北角拱门边的"演说者之角",常常聚集着许多游人,在听演说家高谈阔论。

伦敦唐人街——位于伦敦闻名的商业区即苏豪区的中心,面积约 1 平方公里。唐人街基本上以爵禄街为中心,该街全长不过百米,另外还有外侧几条窄巷构成。这里与伦敦的贵族区,如英国首相的官邸、白金汉宫和国会相距很近,还有几家高级剧院,故唐人街所在地也称"不夜城"和"戏院区"。

西敏寺——即威斯敏斯特教堂。在国会大厦西侧不远处,是典型的哥特式建筑,与国会大厦并称为"伦敦建筑的珍珠"。自爱德华国王在 1065 年兴建这座教堂以来,每一代国王的婚礼、加冕、丧礼以及其他历史性庆典,都在这里举行。

三、出国旅游与来华旅游

多年来,英国一直是重要的国际旅游客源国,20 世纪 70 年代,英国人出国旅游密度居世界第一;80年代,出国旅游人数居世界第三,旅游密度一直紧随德国,居世界第二;90年代以来,出国旅游人数居世界第四位,而到中国的游客仅占很少的份额。近年来,每年出国旅游的人数超过6 100万人次,其中到亚洲目的地有200多万人次,英国人来华旅游一直呈低速增长,2005年达49.96万人次。目前英国是中国的第十大客源国,是欧洲来华旅游的第一大客源国。

(一) 形成原因

(1) 经济因素:英国是世界经济最发达的国家之一,这为英国人出国旅游提供了经济保证。虽然90年代前半期,出现了一系列事件,如海湾战争、前南斯拉夫内战,90年代后半期以来,伊拉克战争、恐怖主义等因素的影响,导致其出国旅游下降,但是英国国内经济并未受到很大影响,使其出国旅游市场一直呈低速增长。

(2) 时间因素:英国实行每周5天工作制,职工平均每周工作时间为43.4小时,全年周休日104天,还有8天的节假日,年带薪假期24天。充足的闲暇时间增加了出国旅游的机会,延长了境外滞留的时间。

(3) 政治法律因素:1998年北爱尔兰问题达成和平协议,英国的国内局势比较稳定;《英国旅游发展法》为英国人出国旅游提供了法律保证。英国十分重视与欧盟政治经济关系,以及与美国的传统关系,对外贸易伙伴主要是欧盟和美国等。1954年6月17日,中英就达成了互派大使的协议,1972年3月13日两国签订升格为大使级外交关系的联合公报,1984年底中英就香港问题发表了联合声明,1997年7月1日,中国顺利恢复了对香港行使主权。中英双方分别在曼彻斯特和上海设立总领事馆。英国也是西方国家中同中国最早发展贸易关系的国家,目前仍然是西欧国家中仅次于德国的我国第二大贸易伙伴。英国对华投资亦比较活跃。以上这些,无疑对英国人的出国旅游和来华旅游起到了促进作用。

(4) 随着生活水平的提高,人们的消费观念不断更新,旅行已成为英国人生活的重要内容。现在,人们手里一旦有了钱,优先考虑的消费项目就是旅游。

(5) 英国领土狭窄,气候欠佳,常有阴雨,多雾,少阳光,国内不是理想的度假地。

(二) 客源特点

出国旅游客源的主要产出地区是伦敦和英格兰东南部,约占总人数的50%,北部和苏格兰约占34%,中部地区约占15%。

英国人出国旅游流向主要是欧洲,其次是北美和亚洲;主要目的地国是法国、西班牙、美国、意大利、希腊、爱尔兰、德国。而亚洲目的地主要是中国香港、印度、日本、泰国、中国大陆、新加坡。

英国人出国旅游年龄主要集中在 25~54 岁之间，占总人数的 56%。老年人最少，只占 11%。

英国人出游时间较长，平均天数为 13.7 天，其中团队旅游者为 11.6 天，散客旅游者为 17.2 天。

夏秋季是出国旅游的旺季，夏季占 27.5%，秋季占 43.3%。

出国旅游追求依次为：适宜气候（45%）、高质量的吃住（38%）、山水风光（30%）、体育活动（9%）、文化艺术（5%）等。

出国旅游目的以度假旅游为主，占 80% 以上，其次为商务旅游和探亲访友。

参加团体包价旅游占远程旅游总数的 40% 左右，来华旅游主要以团体包价为主。

（三）来华旅游的障碍和发展前景

英国作为世界重要的客源国，但来华旅游比例不大，其主要因素是：

（1）距离较远。而英国人外出旅游最敏感的因素就是价格与气候。距离远，无疑加大了旅游费用。

（2）促销宣传不力。目前我国在英国市场的宣传促销还没有形成较强的攻势，而随着印度、泰国、新加坡、马来西亚、斯里兰卡等亚洲国家对英国市场促销的加强，英国赴华旅游的市场份额正在受到威胁。

（3）环境问题。中国正面临着严重的环境问题，随着商务游客的大量涌入，为旅游的发展创造一个社会、文化、环境皆优的旅游大环境势在必行。

（4）产品及服务质量问题。旅华产品一直以观光为主体，缺乏趣味性、娱乐性和参与性，不能适应新一代旅游者的要求。

此外，政治因素和突发事件也有一定的影响。例如，1999 年 5 月，由于发生北约轰炸我驻南斯拉夫大使馆事件之后，英国外交部借此发布了英国人旅华劝戒令，一时间，计划中的团队纷纷推迟或取消，英国旅华市场因政治事件蒙上了阴影。2003 年由于非典型肺炎的影响，包括英国在内的一些欧洲国家纷纷取消来华旅游的计划。

总体而言，英国这个客源市场潜力还非常大，但不会自然增长，对此，我们应该根据英国人的特点，加强对外宣传，树立中国是最安全、最有魅力的形象，让那些有支付能力的人对中国产生兴趣，来中国旅游。同时，我们要不断优化旅游大环境，不断创新完善旅游产品，加强对市场营销人才的培养。

思 考 题

1. 英国主要的旅游城市有哪些？试列举其著名的旅游景点。
2. 英国人出国旅游密度高的原因是什么？
3. 英国民族性格有何特色？如何有针对性地开拓英国人来华旅游市场？

第三节 法 国

法兰西共和国，简称"法兰西"或"法国"。法兰西由法兰克部落演变而来，它在日耳曼语中意为"勇敢的、自由的"。

一、基本概述

（一）地理概况

1. 位置与领土

法国位于欧洲大陆的最西端，整个国土形状，除科西嘉岛外，略呈六边形，地形相当丰满。其国土三面临海，三面靠陆，西濒大西洋的比斯开湾，西北隔多佛尔海峡、英吉利海峡与英国相望，东南濒地中海。东、东北与摩纳哥、意大利、瑞士、德国、卢森堡、比利时相接，西南同西班牙、安道尔接壤。国土面积55.16万平方公里。国境线共长5 300公里，海岸线长约3 120公里。这种地理位置使其对外联系方便，无任何天然障碍，来往畅通无阻；同时，它处于世界大陆的中心，使其成为世界航空中心，也是众多国际组织的所在地和国际会议的开会地点。

2. 地形

法国的地形主要以平原和丘陵为主，全国有80%的领土是平原和丘陵，其中海拔200米以下的平原地带占法国总面积的60%，250～500米的丘陵地带占20%，高于500米以上的山地区域仅占20%。地势为东南高，西北低。全国分为三大地形区：一是东南部山地区。包括比利牛斯山脉、中央高原、阿尔卑斯山、汝拉山和孚日山。比利牛斯山位于法国与西班牙交界处，略成东西走向，长约435公里；阿尔卑斯山主峰勃朗峰海拔4 810米，是欧洲西部最高峰。二是西北部盆地丘陵区，包括巴黎盆地、阿摩里康丘陵地和阿坤廷盆地、卢瓦尔河下游平原。三是罗讷谷地，索恩—罗讷河谷介于中央高原和阿尔卑斯山之间，南北狭长，宽仅20～30公里，是法国南北交通的天然走廊。

3. 河流与湖泊

法国河流众多，水量丰富，其中大部分河流源于中央高原，并向西北和东南方向呈扇形分布，分别注入大西洋和地中海。注入大西洋的河流主要有塞纳河、卢瓦尔河、夏朗德河、多尔多涅河、加龙河以及阿杜尔河和松姆河等，总流域面积占全法国土面积的72%。而注入地中海的主要是罗纳河，加上源于比利牛斯山和阿尔卑斯山的奥德河和卢瓦尔河，其流域面积约占法国总面积的20%。此外，莱茵河、摩泽尔河、马斯河、埃斯考河等属于国际河流，在法国境内的上游河段，它们的流域面积约占8%。在众多的河流中最著名的是四大河流：卢瓦尔河、罗纳河、塞纳河、加龙河。法国境内点缀着大大小小的湖泊，多似繁星，其中最大最著名的是位于瑞士与法国边界的美丽的日内瓦湖。

4. 气候

法国所处的优越的地理位置和有利的地形决定了它得天独厚的气候特点。1月平均气温北部为1~7℃，南部为6~8℃；7月平均气温北部为16~18℃，南部为20~23℃，年平均降水量为600~1 000毫米，由西向东减少。具体来看，西北沿海地区，因受大西洋的影响，形成了温带海洋性气候，表现为冬暖夏凉，气温年差较小，终年湿润多雨，云雾多，日照弱。东北部地区距海较远，形成温带大陆性气候，冬季寒冷，夏季较热，雨量显著集中于夏季。而东南部地中海沿岸地区则明显呈现亚热带地中海式气候，冬季温暖湿润，夏季炎热干燥，霜期短，降水少，日照长，湿度小。此外，边境山地，如阿尔卑斯山、比利牛斯山、汝拉山、孚日山以及中央高原等地区因高度和地形的影响，具有中山和高山气候的特色，主要表现出为气温较低、降水较多、霜期较长。

5. 资源

法国的资源比较丰富，其中铁矿、铝矾土居世界前列。此外，还有钾盐矿、煤、石油、铀和铅锌等少量的非金属矿藏。水力资源和地热资源开发利用较充分，森林资源约占全国面积的30%。

(二) 简史

法国古称高卢，高卢人是古代世界中最为骁勇好战的民族之一，曾经征服过中欧大部分地区，但高卢人并非一个整体，从未形成一个国家。公元5世纪法兰克人移居这里，843年，法国成为独立的国家，国名也由高卢改为法兰克。1337年英王觊觎法国王位，爆发"百年战争"，后法国人民进行反侵略战争，于1453年结束百年战争。15世纪末到16世纪初形成中央集权国家。17世纪中叶，君主专制制度达到顶峰。随着资产阶级力量的发展，1789年法国爆发大革命，废除君主制，并于1792年9月22日建立第一共和国。1799年11月9日（雾月18日），拿破仑·波拿巴夺取政权，1804年称帝，建立第一帝国。1848年2月爆发革命，建立第二共和国。1851年路易·波拿巴总统发动政变，翌年12月建立第二帝国。1870年在普法战争中战败后，于1871年9月成立第三共和国直到1940年6月法国贝当政府投降德国，至此第三共和国覆灭。1871年3月18日，巴黎人民举行武装起义，成立巴黎公社。同年5月底，被法国军队残酷镇压。第一次、第二次世界大战期间法国遭德国侵略。1944年6月宣布成立临时政府，戴高乐担任首脑，1946年通过宪法，成立第四共和国。1958年9月通过新宪法，第五共和国成立，同年12月戴高乐当选总统。

（三）政治与经济

法国是多党制半总统半议会制的共和国政体，议会是国家最高权力机构。总统为国家元首，是国家权力中心，掌握国家行政权、军事权和外交权。总理执行总统决定的对内对外政策，掌管行政机构和武装部队，并按宪法规定向议会负责。议会由国民议会和参议院组成，拥有制定法律、监督政府、通过预算、批准宣战等权力。首都为巴黎。

法国是以工业为主导，工农业都很发达的先进国家，也是欧洲经济联盟主要发起国和成员国。国内生产总值位居世界第六位。法国的工业部门齐全，以机械、冶金、电子电器、纺织、服装、化妆品和食品等部门为著名，核能、石化海洋开发、军火、宇航事业发展迅速，也位居世界前列。法国的农业也十分发达，是世界著名的农产品出口大国，其中谷物、乳肉、甜菜、葡萄等均名列世界前茅。法国的交通运输是世界上最发达的国家之一，法国公路网是世界上最稠密、最多样化的公路网之一，其密度和质量都居资本主义世界首位。法国的铁路网密度也很高，在西欧诸国中居第一位，拥有高速火车专用轨道1 268公里，保持着高速火车时速的最高纪录（515公里/小时）。法国享有空中中转站之美称，与世界80多个国家，170多个航空公司，480多个城市建立了空中业务联系。法国货币现为欧元。

（四）社会

1. 人口与民族

法国现有总人数约6 290万（2005年）。法国是一个以法兰西民族为主体的国家，法兰西人占全国人口的83%，少数民族有阿尔萨斯人、布列塔尼人、科西嘉人、伊拉芒人和巴斯克人等，大约占人口总数的7.9%，还有约8%来自非洲和欧洲其他国家的移民。

民族性格：法国人想像力丰富，思辨能力强；有无拘无束的天性，比较自由散漫，纪律性差；热情开朗，乐观爱美；自尊心强；对妇女谦恭礼让是法国人引为自豪的传统。

2. 语言与宗教

其官方语言为属拉丁语系的法语，也是联合国工作语言之一，它以其准确、严谨、优雅、国际性，使之成为世界上最优美的语言。目前使用人口超过1亿。而阿尔萨斯人英语正在成为法国第二语言。

法国早期宗教信奉自然之神，山峰、河流、树木、泉水都被称为有神附着，具有超自然力量的存在所崇拜。现在，法国的主要宗教是天主教，据统计，约有90%的人信奉天主教，但经常参加宗教活动的只占15%，其他信奉新教、东正教、伊斯兰教、佛教和犹太教。

3. 文化艺术

法国的文化艺术是世界文化艺术宝库中最主要组成部分。法国为欧洲文艺复兴作出了重要贡献，产生了众多著名的文学家和艺术家。

在16世纪文艺复兴文学中，最能代表文艺复兴精神的是法国16世纪小说家拉伯雷和散文家蒙田。17世纪的古典主义代表作家是莫里哀、高依、拉封登、拉辛等。18世纪的主要代表人物是启蒙运动作家孟德斯鸠、伏尔泰、狄德罗、卢梭等人。19世纪上半叶，以雨果为代表的浪漫主义文学兴起，以巴尔扎克为代表的现实主义文学也发展起来。19世纪后期，出现了以左拉为代表的自然主义文学。进入20世纪，超现实主义意识流文学发展起来。第二次世界大战后，重要作家是萨特和加谬。

艺术方面，公元4世纪，形成了加洛林文艺复兴的艺术，它是日耳曼精神、基督教信仰与本土文化思想的相互融合。11~12世纪，完成了法国罗马式建筑，13~14世纪为哥特式建筑，著名的有里姆斯圣母院，到15世纪，受意大利艺术的影响，出现了如夏宏东的《圣母戴冠》和卢浮宫的《圣母像》等。16世纪受意大利文艺复兴的影响，法国艺术才逐渐趋向热情丰富。17世纪，法国将巴洛克艺术发挥得淋漓尽致。18世纪的绘画十分通俗，华都的《雅宴画》充满朝气，夏尔丹的风俗画则着重生活化。19世纪，在法国画坛上出现了各种风格不同的流派，进入20世纪以后，绘画艺术主要有两种流派，即野兽派和立体派。

法国是全世界公认的电影发源地，戛纳电影节是世界著名电影节，每年吸引成千上万的游人前来观看。

4. 民俗

（1）服饰

法国时装在世界上享有盛誉，选料丰富、优异，设计大胆，制作技术高超，使法国时装一直引导世界时装潮流。目前，高级时装最著名的有"吉莱热"、"巴朗夏卡"、"吉旺熙"、"夏奈尔"等。法国人每年推出 3 500 多种新式时装，也追随国际流行式样和国际流行色，但更多的是根据自己的特点和爱好，有选择地穿戴适合自己的服饰，以达到突出个性的效果。在法国的大街上，你几乎看不到两个妇女穿着一模一样的服装。法国人一般很注意服装方面的鉴赏力，也接受比较便宜而不十分讲究的仿制品。

（2）饮食

谈到饮食，东方首推中国，西方则非法国莫属，法式大菜用料讲究，花色品种繁多，其特点是香味浓厚，鲜嫩味美，讲究色、形和营养。法国最名贵的菜是鹅肝，最爱吃的菜是蜗牛和青蛙腿。法国餐的特点是：始于开胃酒，上菜的顺序是第一道是浓汤，第二道是冷盘，第三道是正菜，通常为配有蔬菜的肉类或家禽、海鲜，第四道是蔬菜，第五道为各式各样的奶酪，第六道是甜点心和冷饮，第七道是时鲜水果和咖啡，最后一道是烈酒或香槟酒，作为饭后酒。法国生产 360 多种干鲜奶酪，它们是法国人午餐、晚餐必不可少的食品，每年人均奶酪消费量是 18.6 公斤，居世界首位，是名副其实"奶酪之国"。法国是香槟酒、白兰地酒的故乡，香槟酒、葡萄酒种类繁多，产量很高，质量上乘，每年人均饮用葡萄酒 106 升，居世界首位。

（3）婚俗

结婚前先订婚，仪式简单，一般由女方的家长宴请男方的家长及兄弟姐妹，也可同时邀请其他亲戚，甚至一两名好友出席。婚礼也逐渐简化，但仍不失为最隆重的家庭节日，带有庄严神圣的色彩。婚约中要写明未婚夫妇的全部财产、未婚妻的嫁妆和未婚夫的产业。婚龄纪念已成为一种喜庆的风俗。

（4）姓名与称呼

法国人的名字同大多数国家一样，分名和姓两部分，但一般名在前，姓在后。

法国人名的一大特点是姓很多，名有限。这主要由于宗教传统所致。凡信教者都有一个教名，而教名多取耶稣门徒或宗教中传说中的天使、圣徒的名字。姓大约有 25 万个，而圣徒们的名也不过三四百，因而重名现象很多。

法国有阴阳姓之分，同一个姓名男女使用有所区别。

法国人至少有三个名字，第一个是父母起的，第二个是祖父或祖母的名字，第三个是外祖父或外祖母的名字。按法国人习惯，可将自己尊敬的亲朋好友或知名人士的名字加在孩子的名字中，还有教名。

法国人名中,既可有复名,也可有复姓。但无论名字有多长,在别人称呼或书写时,往往只用本人的名字和姓。在签署姓名时,经常将姓与名用逗号分开,且名在前,姓在后。

一般女子出嫁前使用父母的姓,出嫁后改用丈夫的姓,但现在法律有所修改,允许出嫁后可保留自己的父姓。

在正式场合称呼法国人,要称姓而不能称名。依亲密程度不同可称名或昵称。

(5) 礼仪

法国是一个讲文明礼貌的国家。其各种礼仪大多与欧美国家相近或相同。但许多礼仪出自法国,其中最为典型的是尊重妇女的"骑士风度"。法国是第一个公认以吻表示感情的国家。法国人的吻有严格的界限:亲友、同事间是贴贴脸或颊;长辈对小辈则是亲额头;爱人和情侣之间才是亲嘴或接吻。

(6) 时差

法国位于东一区,比格林威治时间早1小时;比北京时间晚7小时。

5. 娱乐与爱好

法国最重要的大众娱乐活动是环法自行车比赛;足球是仅次于环法自行车比赛的一项最受人欢迎的体育运动。套车是一项古老的运动项目,但在今日的法国却成为一种时髦;健美、舞蹈和音乐也是法国人最爱。在法国,人们普遍认为体形、美貌、健康比名誉、地位、钱财更重要;此外,法国人喜欢阅读连环画册;法国人偏爱一种叫做前三名独赢赛马赌博游戏(指前三名马皆赌中者为赢的一种赛马赌博游戏);法国人爱好聚会、聊天、购买汽车。现在,法国人对于登山、滑雪、网球等运动的乐趣也在不断增加。

二、旅游概况

(一) 旅游业发展概况

法国是世界上旅游业最发达的国家之一,旅游业发展距今已有近百年的历史。旅游业已成为法国仅次于汽车制造和航空的第三大支柱产业,在国民经济中起着重要作用。在法国,约有20万个中小企业为旅游业服务,直接或间接从事旅游业的人数多达200万以上,约占法国人口的4%,旅游业也是法国创造就业机会的主要行业之一。

法国是一个国际旅游接待大国。法国平均每年接待国际旅游者7 000多万人次,超过本国人口。2005年接待国际旅游者7 500万人次,排名世界第一,国际旅游收入340亿欧元,排名世界第三。其国际旅游者主要来自德国、英国和荷兰，其次来自斯堪的纳维亚国家、比利时、意大利和瑞士，均属欧洲国家，非欧洲国家前往的旅游者很少。法国的沿海旅游胜地是最受外国人喜爱的目的地，其次巴黎也深受偏爱，再次是阿尔卑斯山旅游地、地中海沿海西段和阿基坦地区。法国是世界六大客源国之一，目前法国是中国第十五大客源国。

国内旅游主要为度假旅游，占全部本国度假旅游者人数的80%以上。度假旅游的高峰期十分集中，即集中于夏季的7～8月。度假旅游的交通工具高度依赖于私人汽车，法国境内的旅游者80%是驾车旅游。城市的度假旅游人口比例高于农村的比例。法国人假日目的地的选择是多种多样的。选择国外目的地者很少。

法国的旅游业之所以兴旺发达，其原因是多方面的，主要是：

（1）地理位置优越。法国位于国际旅游业最发达的西欧，与主要国际旅游客源国德国、英国、意大利、比利时、瑞士等相邻，距离近，为开展国际旅游提供了便利条件。

（2）旅游资源丰富。法国是世界旅游资源大国，无论是自然旅游资源，还是人文旅游资源都极其丰富，应有尽有。

（3）基础设施完备。

（4）旅游管理出色。开展多种特色旅游如工业旅游、会议旅游、农业旅游、科技旅游，并提供优质服务。导游人员必须持证上岗，对于那些文化氛围较浓、科技含量较高的旅游点，必须持由法国文化部颁发的专业证书的专家作导游。在法国，有欺骗游客的行为，会受到严惩，并得到认真纠正。

（二）旅游资源

法国旅游资源非常丰富，海滨优美，乡村辽阔，山川秀丽，文化灿烂，名胜古迹比比皆是。风情万种的花都巴黎，美丽迷人的蓝色海岸，阿尔卑斯山的滑雪场，还有20多处被联合国列入世界文化和自然遗产等都是令人神往的旅游胜地。主要旅游城市有：巴黎、戛纳和尼斯等。

1. 巴黎

巴黎是法国的首都，历史名城，世界著名的最繁华的大都市之一，素有"世界花都"之称。巴黎位于法国北部盆地的中央，横跨塞纳河两岸，市区面积105平方公里，包括巴黎市区及周围7个省的大巴黎区总面积达1.2万平方公里。人口大约1 083多万，是世界上人口最多的大都市之一。巴黎不仅是法国，也是西欧的一个政治、经济、文化交通中心。

首先，巴黎有2 000多年的历史，是法国历代王朝的都城，也是历届资产阶级共和国的首都，是法国资产阶级革命的发源地。

其次，巴黎是法国的经济和金融中心。其纺织、电器、汽车等工业都非常发达，时装、化妆品工业更是举世闻名；巴黎的金融、证券、保险业、商业十分繁荣，欧洲最大的商场——四季商场就坐落在巴黎的拉德芳斯区。

再次，巴黎是法国的文化中心。这里有众多世界闻名的大学、学院、图书馆、博物馆、展览馆、剧场、剧院，巴黎是文学家、艺术家的摇篮。

第四，巴黎是法国的交通枢纽。每天客流量达1 300万人次。以巴黎为中心，陆路交通形成一个辐射式的交通网，通向全国各大城市乃至中南欧诸国。戴高尔机场是世界最大的国际空运枢纽之一。塞纳河巴黎以下河段可通1500吨以上的船只。

第五，巴黎是世界第一个旅游中心。拥有众多全球闻名的历史遗迹和艺术建筑。埃菲尔铁塔、巴黎圣母院、凯旋门、凡尔赛宫、卢浮宫、爱丽舍宫、协和广场、国立蓬皮杜文化中心等，都是人们参观游览的胜地。巴黎共有426座公园，还有布洛涅森林、万塞纳森林等。

主要旅游景点：

（1）卢浮宫

它是法国美术博物馆，坐落在塞纳河岸，宫内收藏了40多万件艺术珍品，是世界上最著名、最大的艺术宝库之一，名副其实的万宝之宫。卢浮宫共分6个部分，希腊罗马艺术馆、埃及艺术馆、东方艺术馆、绘画艺术馆、雕塑馆和装饰艺术馆。其宫中之宝是雕塑"爱神维纳斯"、"胜利女神尼卡"和油画"蒙娜丽莎"。

（2）艾菲尔铁塔

位于巴黎市中心的塞纳河畔，是法国和巴黎的标志，它是为纪念1789年法国资产阶级革命100周年而建，并以其设计者居斯塔夫·埃菲尔的名字命名。塔高320米，分三层，共1711级台阶，分别在离地面57米、115米和276米处建有平台。平台上设有餐厅、商店和影剧院、视听陈列馆，游客可在第三层平台上观赏巴黎全景。该塔还是法国广播电台中心，又是气象台和电视发射台，是目前世界上最高的无线塔之一。

（3）巴黎圣母院

位于塞纳河中心"两岱"岛上，是巴黎最负盛誉的名迹之一。它最早破土动工于1163年，由教皇亚利山大和路易七世共同主持奠基，但直到1345年才最后完成。它是世界上哥特式建筑中最庄严、最完美、最富丽堂皇的典型，建筑的最大特点是高而尖，且由竖直的线条构成。正面有三重哥特式拱门，门上装点着犹太和以色列的28位国王的全身像，院内装饰着许多精美的雕刻，栏杆上也分别饰有不同形象的魔鬼雕像，状似奇禽异兽，这就是著名的"希魅尔"。

(4) 凯旋门

坐落在著名的巴黎星辰广场中央，是拿破伦为了纪念1805年在奥斯特利茨战役中击溃奥俄联军的功绩于1806年下令动工兴建的，费时30年。它是建筑师夏尔格兰设计的，大约高50米，宽45米，厚22米，凯旋门的四周都有门，门内刻有跟随拿破伦远征的286名将军的名字，门上刻有1792年至1815年间的法国战事史，其中最杰出的是右侧石柱上刻有驰名的《马赛曲》。在凯旋门的正下方，是1920年建的无名战士墓，墓是平的，地上嵌着红色的墓志"这里安息的是为国牺牲的法国军人"。墓前的长明灯，每晚都准时举行一项拨旺火焰的仪式。现在每年的7月14日，法国举国欢庆国庆时，法国总统都要从凯旋门通过；每当法国总统卸职的最后一天也要来此，向无名烈士墓献上一束鲜花。凯旋门内装有电梯，可直达50米高的拱门上。依门远眺，巴黎名胜尽收眼底。

(5) 拉雪兹公墓

位于巴黎东部，占地44公顷，是巴黎最大的公墓，公墓划分为几十个墓区，许多著名的人物都安息在这里，如《国际歌》歌词作者欧仁·鲍狄埃，著名的巴黎公社社员墙就坐落在公墓里。

(6) 凡尔赛宫

它坐落在巴黎西南郊18公里的凡尔赛镇，占地面积110万平方米，其中建筑面积11万平方米，园林面积100万平方米。它曾是法国的王宫，是典型的洛可可式建筑风格，被联合国教科文组织列为世界遗产的重点文物。它以东西为轴，南北对称，宫中最为富丽堂皇的殿堂是镜廊，它长73米，宽10.5米，高12.3米，长廊一侧是17扇通向花园的巨大拱形窗门；另一侧是17面落地镜，每面均由483块镜片组成。由大运河、瑞士湖和大小特里亚农宫组成的凡尔赛宫花园是典型的法国式园林艺术的体现，园内有雕像、喷泉、草坪、花坛、柱廊等。

(7) 国立蓬皮杜文化中心

位于巴黎著名的拉丁区北侧，塞纳河右岸，是根据已故法国总统蓬皮杜的创议而建立的。它是一座新型的、现代化的知识、艺术与生活相结合的宝库。它由"工业创造中心"、"公共参考图书馆"、"国家现代艺术博物馆"、"音乐—声学协调研究所"四大部分组成，供成人参观、学习，并从事研究。中心还设有两个儿童乐园，一个是儿童图书馆，一个是儿童工作室。国立蓬皮杜文化中心不仅内部设计、装修、设备、展品等新颖、独特，具有现代水平，它的外部结构也是独到、别致，颇具现代化风韵。整座大厦犹如一座被五颜六色的管道和钢筋缠绕起来的庞大的化学工厂厂房。如果说卢浮宫代表法国的古代文明,那么国立蓬皮杜文化中心则是法国现代化的象征。

2. 戛纳

位于法国南部地中海沿岸,号称"蓝色海岸"之畔,是法国一个风景秀丽、气候宜人的重要的国际城市。每年有许多重大的国际会议及文化活动在此举行,其中最为世人瞩目的是一年一度的戛纳国际电影节,它颁发的金棕榈大奖被公认为电影界最高荣誉之一。

三、出国旅游与来华旅游

(一)出国旅游

1. 形成条件

(1)经济发达

法国是世界经济最发达的国家之一,国内生产总值居世界第六位。国民收入的不断增长,用于旅游消费也不断增加,大约每个国民的旅游消费支出占个人所得的4%~6%,这是法国客源市场不断发展的根本原因。近年来,由于社会环境恶化,加上伊拉克战争带来的影响等使法国经济一直比较低迷,但只要经济开始缓慢回升,出境旅游又出现增长的势头。

(2)时间充裕

法国规定每周40小时工作制的同时,所有的劳动者亦获得了带薪休假的权利。1936年最初实行这一制度时,假期时限为2周,到1968年改成每年4周,时至今日,这只是最低限度。有时,有些企业给那些劳动条件差或劳动强度高的职工5~6周的假期,或是按雇主和雇员的协定延长假期。除了带薪假期,法律还规定在一些传统节假日期间,工资照付,如每年的元旦、复活节、五一国际劳动节等。另外,还有星期六和星期日的正常假日。充裕的时间为法国人外出旅游提供了可靠的时间保证。大约每6个法国人中有一个人去国外度假。

(3)政治法律的保证

法国政府历来重视旅游业,国家制定了《旅游宪章》及一系列旅游法规,促进旅游业的发展。1936年,法国在世界上率先实行工薪阶层带薪假期制度,1982年,又实行5天工作制,并把带薪假期增至5周。

目前,法国同180多个国家建立了外交关系。其外交方针是:立足欧共体和北约,维护自身安全,积极推进欧共体一体化,实现欧洲经济、货币和政治联盟;继续保持同美国的联盟和美国在欧洲的存在;帮助独联体、东南欧各国向"民主和市场经济过渡",并争取与之建立睦邻友好和合作关系;

积极同第三世界的合作，缓和南北矛盾，主张和平解决各种地区冲突。

法国与中国于1964年建立外交关系，是西方大国中第一个同中国建交的国家。两国在上海和马赛设有总领事馆。建交以来，两国在政治、经贸和文化领域进行了广泛的合作。两国签有航空、发展经济和合作、科技、银行信贷、避免双重征税和投资保护等协定，在电信、核电、电子、铁路、航空、汽车制造和化工等方面正在进行合作。

（4）旅游动机

旅游动机是旅游者产生旅游的最基本的最初因素。一般而言，因其民族、职业、生活习惯的不同，旅游动机有社会方面的动机、身心方面的动机、文化方面的动机、经济方面的动机等。法国人是一个酷爱旅游的民族，他们出境旅游的动机主要有度假旅行、商务旅行、探亲访友和其他私人性质的旅游。法国旅游者来中国的主要动机是商务与观光度假。

2. 客源特点

法国的出境旅游与欧盟国家相比有其不同的特点，主要表现在：

（1）虽然度假密度达68%以上，与英、德相差不多，但是其出国旅游的比例却大大低于这两个国家。以2005年来华旅游为例，来华旅游的法国人为37.20万人次，而同期英国为49.96万人次，德国为45.49万人次。尽管如此，法国仍可称为旅游客源输出大国之一。

（2）法国旅游者出国旅游目的地主要为欧洲的邻国和地中海沿岸的国家和地区。20世纪90年代以来，到亚太国家和地区旅游的人数呈上升趋势。

（3）法国人出国旅游以青年人和中年人居多数，20~40岁占出国旅游者总人数65%以上，70岁以上占27%左右。

（4）法国的出国旅游职业结构是以中高级官员、职员和自由职业者为多数，占出国旅游总人数的88%强。

（5）客源的主要产出地区是巴黎市和大巴黎地区，其外出旅游占全法国旅游总数的约74%。

（6）外出旅游的季节主要集中在5~10月，特别是8月份，冬季只占28%。8月外出旅游是法国人的一个约定俗成的习惯，这就是所谓的"8月病"。每年这个时候法国城市的商店、饭店、旅馆及部分工厂企业纷纷歇业，造成一种暂时的瘫痪局面，造成部分人员的失业。同时，法国的犯罪率也会骤增，达到全年的最高峰。当然，度假人的大小汽车如潮水般涌向海滨、山区和乡间，也造成公路紧张、交通事故等。

（二）来华旅游

法国是中国的一个重要客源国，2005年达37.20万人次，占入境外国旅游者总数的1.8%。法国游客不怕吃苦，注重通过旅游探索知识，喜欢家庭或朋友式的"深度旅游"，呈现团组小型化和在华滞留时间长的特点。除北京、上海和西安之外，西南部地区的少数民族和自然风情、中部特色地区越来越受到法国游客的青睐。

法国旅华市场的突破主要有以下几方面的原因：

（1）近年来法国经济一直低速增长，2005年国内生产总值增长率仅为1.4%。虽然有各种内忧外患，但2005年法国的失业率出现下降趋势，通货膨胀得到控制，财政赤字达标，这使国民消费心理更为理性。

（2）政治经贸交往更趋频繁，旅游促销投入加大。2006年"世界旅游展"在巴黎凡尔赛展览馆拉开帷幕，它是全球最大的专业展览会，全球679个参展单位在1.5万平方米的展厅里争相竞技，尽情展示本国的风土人情和自然景色魅力。来自各国的旅游局、旅行社现场推荐了217个中远程旅游目的地，其中中国北京、上海、辽宁和苏州榜上有名。

（3）旅华市场快速增长的另一个直接原因是法中之间航空票价下跌，票价低廉，使一些低收入家庭外出旅游梦想成真。

（4）中国是世界上最安全的旅游目的地。尽管受伊拉克战争、非典型肺炎、禽流感等因素的影响，法国出国旅游比例有所下降，但中国作为一个十分安全的旅游地，仍受到法国游客的青睐。

法国作为中国的一个重要客源国，潜力还很大，我们应根据法国人的特点与爱好，进一步开拓法国旅华市场。具体来看：

根据法国人个性强，喜欢无拘无束，图个人自由自在和舒服的特点，应顺应旅游业发展的潮流，大力发展散客旅游。这就要求我们要不断完善接待条件和交通运输条件，以及加大投入，做好宣传促销工作。

根据法国人喜欢体育、富有冒险精神等特点，大力开展各种专项旅游与探险、生态旅游，比如徒步旅行、自行车旅行、摩托车旅行、大篷车旅行、各种山地、河流探险等专项旅游。法国人在这方面的宣传是卓有成效的，拥有上述活动的俱乐部成千上万，报刊上百种，是我们潜在招徕对象。

法国旅华游客的文化素质较高，且法国人视中国为一块充满神奇色彩的东方大地，中国政治稳定，经济繁荣，在当今世界动荡不安的情况下可谓沙漠中的一片绿洲，这对注重安全的法国人来说颇具吸引力，再加上中国政府重视旅游业的发展，制定了旅游业发展的战略。因此，只要我们充分利用自己的资源优势，推出适销对路的产品，努力提高服务质量，相信法国来华旅游的人数一定会有较大的增长,特别是随着 2008 年北京奥运会和 2010 年上海世博会的临近,中国接待法国游客数量一定会逐年增加。

思 考 题

1. 法国的旅游资源有何特色?
2. 为什么说法国是世界上旅游业最发达的国家之一?
3. 近年来法国来华旅游取得突破的原因是什么?如何进一步开发法国客源市场?

第四节 德 国

德国全称德意志联邦共和国。"德意志"一词来源于古德语"DIOT"一词,意为"人民",最早见于公元 8 世纪,是指生活在法兰克王国东部的日耳曼部落所讲的方言。

一、基本概述

(一) 地理概况

1. 位置与领土

现在的德国是由东德(德意志民主共和国)和西德(德意志联邦共和国)合并而成。它位于欧洲的心脏地带,与 9 个国家毗邻。东部与波兰、捷克接壤;西部与荷兰、比利时、卢森堡、法国相邻;南部与奥地利、瑞士为界;北临北海和波罗的海,与丹麦毗连,并和瑞典及其他北欧国家相望。边界线全长 3 758 公里,海岸线长 1 333 公里,南北最大直线距离为 876 公里,东西最远相距 640 公里,全国面积 35.7 万平方公里。

地处欧洲中部的德国,其欧洲中心地位尤为突出,它是东西欧之间和斯堪的纳维亚与地中海地区之间的交通枢纽,其间水、陆、空条条道路经过德国,为此,它被称为"欧洲的走廊"。

2. 地形

德国北自北海和波罗的海沿岸,南至阿尔卑斯山,整个地势南高北低,可分为 5 个地形区:北部的北海沿岸多沙丘和沼泽,波罗的海沿岸沙地、岩石各半,沙嘴、泻湖众多;北德平原,位于北海、波罗的海沿岸和中部山地之间;中德山地,是北德平原以南,多瑙河以北的中部山地;西南部莱茵河断裂谷地区;南部巴伐利亚高原和阿尔卑斯山区,阿尔卑斯山脉的主峰楚格峰海拔2 963米，为全国最高峰。

3. 河流与湖泊

德国境内河流很多，主要河流有莱茵河、易北河、奥得河、多瑙河、威悉河和埃姆斯河等。除多瑙河由西向东流入黑海外，其余河流均由南向北注入北海或波罗的海。

莱茵河——是西欧最长的河流，全长1 320公里，发源于瑞士中南部的阿尔卑斯山脉北麓，从南向北流经瑞士、列支敦士登、奥地利、德国、法国和荷兰，在鹿特丹港附近注入北海；德国境内的莱茵河全长约865公里，是德国境内最大的河流，而且支流众多，其流域面积占德国国土面积的40%。这里是德国工业的发源地，德国最重要的工业区鲁尔区、萨尔区就在此流域内。

易北河——发源于捷克境内，全长1 165公里，它是由东南向西北，经德国北部注入北海。德国境内的易北河长约700公里，是德国东部最长的河流，它有萨勒河和哈弗尔河两条重要支流。

另外，德国还有许多运河，其中著名的有基尔运河和中德运河。

德国较大的湖泊有博登湖、基姆湖、阿莫尔湖等。

4. 气候

德国属温带气候，平均气温1月为-5~0℃，7月为14~19℃，年降水量500~1 000毫米，山地可达1 800毫米。但其内部还有一定差异，其中西北一带为温带海洋性气候，夏季平均气温为18℃，冬季平均气温为1℃，年平均气温约9℃；往东往南逐渐过渡到温带大陆性气候。最冷月气温可达-10℃，最热月近30℃。

德国气候总体特征是平稳温和，但各个月还有一定差异。4月是德国气候最坏的月份，暴雨、洪水、飓风、大雪相互交替；5、6、9、10、11月是德国人从事各种交流活动的好时间；7、8月是德国人休假的旺季。

5. 资源

德国矿产资源较贫乏，但煤的储量2 300亿吨，居世界储量的第四位，主要产区在鲁尔、萨尔、亚琛、莱比锡和哈雷等地。其他矿产有，钾盐、岩盐、天然气、铁矿石、石墨、铝、锌、铀矿等。

德国森林覆盖面积达1 035万公顷，占全国面积的29%。丰富的森林资源在向人们提供木材原料的同时，还有蓄水、防风、净化空气及防止水土流失的功能，它是环境保护的重要力量，是人们理想的休养之地。

（二）简史

公元前1000年前，德国境内就居住着日耳曼人。公元2~3世纪开始形成了萨克森、法兰克、巴伐利亚等一些较稳定的部落联盟。从公元3世纪起，日耳曼部落大举南下。公元5世纪末，在西罗马帝国废墟上，日耳曼人建立了法兰克王国。10世纪在东法兰克王国的基础上形成了德意志早期封建国家。公元962年建立德意志民族的神圣罗马帝国。1871年建立统一的德意志帝国。1914年挑起第一次世界大战。1919年建立魏玛共和国。1939年发动第二次世界大战。战后被美、英、法、苏四国占领。1949年5月23日西部颁布《基本法》，建立德意志联邦共和国。同年10月7日东部成立德意志民主共和国。1990年10月3日，民主德国正式加入联邦德国，德国实现统一。

（三）政治经济

德国是一个由拥有一定立法、行政和司法自治权的各州联合组成的联邦制共和国。国家元首是总统。总统只是国家权力的象征性代表，其职权主要是礼节性的。联邦政府，即内阁为国家最高行政机构，联邦总理握有实权。首都为柏林。

德国是高度发达的工业国。经济总量位居欧洲首位，世界第三，连续两年保持世界头号出口大国地位。同时，它还是G-7（西方七国首脑会议）成员和EU盟主（欧洲联盟）。德国雄居前茅的经济实力决定了它具有举足轻重的地位，它的一举一动对欧洲及全世界经济都具有重要影响。工业是德国的经济支柱。工业生产仅次于美、俄、日，居世界第四位。其中重工业处于支配地位，钢铁、机械、化工、电气和汽车等部门特别发达，占全部工业产值的40%以上。采煤、造船以及战后新兴的石油加工、电子、核能利用、航天、信息技术等部门也很发达。如其核电工业处于世界领先地位，世界10大核电站，德国就占了6个。奔驰股份公司是德国的第一大企业，成为仅次于可口可乐和索尼的世界第三名牌，奔驰已成为德国货的代表，为世人瞩目。德国的农业是高效率的，全国约有一半土地用于农业。农业耕地集中化程度较低，其特点是以农民经营的家庭企业为主。主要农产品为牛奶、猪肉、牛肉及谷物和甜菜，此外还有水果、蔬菜及其一些园林作物。德国交通运输业十分发达。公路、水路和航空运输全面发展。特别是公路密度为世界之冠，高速公路长度居世界第四。德国的火车以准时、方便、舒适、安全而著称。德国的航空运输业发达。法兰克福机场是世界主要航空港之一。汉莎航空公司是国际上经营最好的航空公司之一，在83个国家经营166条航线，它素以安全、准点、方便、清洁以及价格昂贵闻名于世。德国内河运输十分发达。杜伊斯堡的内河港口是世界上最大的内河港。德国的海洋运输业也很发达，其集装箱船及装船运输居于世界领先地位。主要港口有汉堡港、不来梅港、威廉港、吕贝克和罗斯托克。德国原货币为德国马克，现为欧元。

(四) 社会

1. 人口与民族

德国人口8 253.2万（2003年），人口总数仅次于俄罗斯，居欧洲第二位。是世界上人口比较稠密的国家之一，人口密度为230人/平方公里，仅次于比利时、荷兰。城市人口占总人口的85%以上。

德国基本上是一个单一民族的国家，德意志人（日耳曼人）占90%以上。他们是在公元1000年前由法兰克人、萨克森人、施瓦本人和巴伐利亚人等古老的日耳曼部族同生共长而形成的。此外，还有少数的丹麦人、荷兰人、犹太人和吉普赛人。另外，还有720万的外籍人，他们对德国经济的发展做出了卓越的贡献。

德国民族性格十分鲜明，主要表现为：德国是一个讲究秩序的民族，一个遵纪守法的民族；德国人严肃沉稳，不尚浮夸，讲究勤劳整洁。

2. 语言与宗教

德语为官方语言。它属于印欧语系中的日耳曼语族，它与丹麦语、挪威语、瑞典语、荷兰语及英语均为亲属语言。标准德语称为高地德语，北德人讲标准德语，而南德人讲施瓦本德语，与标准德语有较大的差别。世界上有1亿多人以德语为母语，除德国外，还有奥地利、列支敦士登、瑞士绝大部分、意大利的南蒂罗尔等地都讲德语。

大部分居民信奉基督教，其中新教和天主教两派教徒的人数各占一半左右，很小一部分人属于其他基督教派。此外还有少数人信奉伊斯兰教（主要是土耳其人和阿拉伯人）、犹太教和佛教。

3. 文化艺术

德国拥有悠久的历史文化，自中世纪以来，它便被称为诗人、音乐家及思想家的国土。

此外，在德国历史上，杰出的科学家辈出，他们曾为人类做出了巨大的贡献。爱因斯坦是世界最伟大的科学家之一；伦琴也是著名的物理学家，他在1895年发现了"伦琴射线"，并在此领域进行了卓有建树的研究。

4. 习俗

(1) 服饰

德国人在服饰上其民族特征并不明显，只有在少数几个地区，还保留一些本地独特的服饰风格。如巴伐利亚地区，男人戴一种插有羽毛的小毡帽，身穿皮裤，挂着背带，脚穿长袜和翻毛皮鞋，上衣外套没有翻领，且颜色多半是黑绿色；女人多以裙装为主，上衣敞领、束腰，袖子有长短，领边、袖口镶有花边,并以白色为主。裙子的样式类似围裙,颜色各异,裙边多用刺绣、挑花来点缀,腿部再配以白色为主的长袜,还常常佩有多种多样的帽子。如汉堡,人们爱戴一种小便帽。此外,在德国,男人一般喜欢蓄连腮大胡子,且样式多种多样。

现代德国人对服饰最显著的特征是穿戴整齐。在不同的场合,如工作时、做客、看戏、参加婚礼、葬礼、宴会、舞会等要穿上不同的干净整洁的服装,且要佩戴不同的鞋帽、手套和手包等。德国的慕尼黑国际时装博览会是久负盛名的世界五大时装博览会之一,也是德国面向世界的时装橱窗,它在每年的春秋两季举行。

(2) 饮食

与中国饮食习惯不同,德国人最讲究、最丰盛的不是午餐、晚餐,而是早餐。在德国百姓家,早餐的内容有饮料,包括咖啡、茶、各种果汁、牛奶等,主食为各种面包,以及与面包相配的奶油、干酪果酱,外加香肠和火腿。午餐较简单,如一块熟肉、肉饼配菜和面包,或炖牛肉配米饭和生菜;晚餐通常是冷餐,且比较丰盛,一盘肉食的拼盘,鲜嫩可口的蔬菜、新鲜的水果,还有干酪,主食是面包。除了一日三餐外,一些德国人习惯在下午四五点钟喝杯咖啡或茶、吃蛋糕或几块饼干。

在各种佳肴中,德国人对香肠情有独钟,德国的香肠估计有1500多种,其中仅水煮小香肠就有780种,最受欢迎的是润口的肉肠。吃香肠必有面包与其相配,在面包的生产方面德国可称得上是质量和数量的世界冠军。据统计,1994年德国人每人平均吃面包81.5公斤,居欧洲联盟成员国之首。

德国人最爱吃土豆,土豆作为烹饪的主料的地位仅次于猪肉,餐桌上少不了它。

德国人喜食奶酪,其品种多达600多种,是德国人早餐的必备之品。

德国的啤酒、葡萄酒在全世界享有盛名。它是世界饮酒大国,酒类年消耗量居世界第二位,其中啤酒的销量居世界首位。啤酒的三大产地是慕尼黑、汉堡及多特蒙德。一般来说,德国的北方人喜欢饮熟啤酒,南方人偏爱小麦啤酒、淡啤酒、黑啤酒和无苦味的啤酒。啤酒在德国人的饮食生活中占有重要地位,被称为"液体面包"。

(3) 婚俗

德国在结婚的礼仪程序上与其他西方国家大体相同,都要经过结婚登记、教堂婚礼、新婚蜜月三步曲。但也有一些独特的婚俗,例如在择偶方式上就有橡树月老、棋艺定终身、白桦寄深情、电影择偶等。

(4) 时差

德国位于东一区，比格林威治时间早1小时；比北京时间晚7小时。

5. 爱好与娱乐

德国人喜欢看戏剧。其中柏林的剧院数量居德国首位，有150多家，其戏剧演出已成为城市居民文化生活的重要组成部分。当然，德国人也喜欢看电视、看电影。

德国人酷爱音乐；德国人喜欢读书；德国人自古喜欢收藏；德国人喜爱体育运动，德国人最喜爱的体育项目是足球，足球成了德国的国球。此外，网球、高尔夫球、骑马、骑自行车、滑雪、游泳、徒步漫游也是深受德国人喜爱的运动项目。德国人另一个最大爱好就是旅游。在德国，几乎每个家庭都有自己的旅游计划，财力较弱者，去国内和邻近国家旅游，富裕的家庭去遥远的东方、美洲和澳洲旅游。

二、旅游业概况

（一）旅游业发展情况

德国的旅游业起步较早。但是，第二次世界大战给其旅游业造成了极大的破坏。战后，德国为尽快恢复国民经济，政府采取了一系列行之有效的措施，制定了相应的经济政策，国民经济实力迅速增长，人民生活水平居世界前列。同时，由于德国的地理位置、自然环境、文化传统等因素，文化活动对世界游客有强烈的吸引力，旅游业发展较快。

德国是欧洲旅游大国，旅游收入占国内生产总值的8%，旅游业是仅次于汽车和电子工业的第三大行业，直接和间接创造的就业岗位达280万个。

德国是世界重要的旅游接待国。据德国旅游中心提供的数据，70%以上的德国人每年至少外出长途旅游一次，其中65%以上是出国旅游。德国人每年用于旅游的支出平均占其总支出的15%到20%。2003年德国接待国际旅游者1 840万人次，国际旅游收入230亿美元，来德国游览的旅游者主要来自荷兰、美国、英国、意大利、瑞士、法国、比利时、奥地利、丹麦、瑞典、波兰等。随着欧盟东扩，波兰、捷克、俄罗斯、匈牙利等东欧国家成为德国新兴的客源国。而2006年德国世界杯足球赛给德国带来了一个旅游高潮。德国是世界重要的客源输出国。与此同时，德国的国内旅游业也非常普遍，每年约有1/3的德国人在国内度假，他们大多以增进健康、回归大自然为主要旅游动机。

（二）旅游资源

德国是一个令人神往的旅游之国。充满浪漫色彩的莱茵河、美茵河、摩尔泽河、内卡河、多瑙河及易北河吸引着无数游客畅游其中，乐不思返；巍峨雄伟的阿尔卑斯山既是登山爱好者的乐园，也是徒步旅行者涉足为快的目的地；气候宜人、美丽如画的波罗的海海滨则是人们度假的理想之地。同时，还有田园诗般的古老城市、历史悠久的古堡教堂吸引人们驻足不前。德国推出了100多条精选旅游者之路，著名的有"童话之路"、"浪漫之路"、"葡萄园之路"。

1. 莱茵河

莱茵河是欧洲一条著名的国际性河流。莱茵河流经德国的部分长865公里，流域面积占德国总面积的40%，是德国文化的摇篮。从科隆到美茵茨的近200公里的河段是莱茵河景色最美的一段，这里河道蜿蜒曲折，河水清澈见底。人们坐在白色的游艇之上，极目远望，碧绿的葡萄园层次有序地排列在两岸，一座座以桁架建筑而引人注目的小城和50多座古堡、宫殿遗址点缀在青山绿水之中。一段段古老的传说把人们的思绪带向遥远的过去，人们深深地陶醉在这充满浪漫情趣的多姿多彩的莱茵美景之中。

2. 阿尔卑斯山

阿尔卑斯山是欧洲第一大名山，它巍峨地耸立在欧洲中陆，是中欧与南欧的天然分水岭。该山的北缘部分位于德国的南部，一眼望去，蜿蜒起伏的山峦、白雪皑皑的山峰、郁郁葱葱的松林、波光粼粼的湖泊纵横交错、山谷中的村庄、峰巅上的古堡教堂隐现在云雾之中。其变幻莫测的迷人景色使之成为德国最著名的旅游胜地。

3. 波罗的海海滨

魅力入画的波罗的海海滨是德国的又一处度假胜地，这里的海洋性气候温和宜人，大大小小的岛屿、泻湖、浅湾星罗棋布，它们时而陡峭，时而平缓，纵横交错，形成了变化万千的海岸。其中浅海湾和泻湖上巨大的芦苇地在欧洲独一无二。这里有着未遭损害的自然环境，众多宁静而安逸的浴场隐蔽在原始的自然景色之中。波罗的海海滨其特有的魅力每年都吸引着众多旅游者到此度假休闲。

4. 众多的古堡、教堂与博物馆

德国是世界上拥有古堡建筑最多的国家。时至今日，它仍拥有近15 000座古堡。在莱茵河两岸的山头上，几乎每一个山头都屹立着一座古堡。追溯其源，在古代和中世纪，德国长期处于封建割据、四分五裂的状态，为了防御敌人的侵犯，人们纷纷筑起坚固的城堡。城堡里的主要建筑有住房、军火库、粮库和水井，并设有瞭望塔。古城堡使人联想起德国人的传统道德：忠实、坚强、勇敢。

古老的教堂建筑是德国名胜古迹的重要组成部分。有罗曼式的、哥特式的、巴罗克式的各种风格。据不完全统计，德国的尖塔教堂高100米以上的就有24座，80米以上的有113座。教堂已成为德国城市建筑的重要标志。游客去德国观光，教堂是必看之处。

德国有众多的博物馆，特别是反映历史和民俗特色的博物馆引人入胜。如货币博物馆、报纸博物馆、光学博物馆、自行车博物馆、风车博物馆、陨石博物馆、村庄博物馆、扫帚博物馆、蜜蜂博物馆、面包博物馆、鸟蛋博物馆、玩具博物馆、扑克博物馆、纸币博物馆、梳妆博物馆、壁纸博物馆、间谍器材博物馆等。

5. 展览会的王国

德国举办贸易博览会的历史非常悠久，早在中世纪的早期就有了较大规模的专门从事贸易活动的集市。今日德国的博览会得到了世界各国的公认。国际上有150个左右的重要专业博览会，其中大约2/3是在德国举办的。柏林、多特蒙德、杜塞尔多夫、埃森、法兰克福、汉堡、汉诺威、科隆、慕尼黑、纽伦堡和斯图加特已发展成为德国最重要的博览会城。每年春季举办的汉诺威博览会是世界上最大的工业博览会，其展出的工业品是其他任何一家博览会都无法比拟的。

主要旅游城市及旅游景点：

法兰克福——位于德国中部的黑森林的美茵河畔，它是德国通向世界的门户。它是欧洲重要的交通枢纽，是德国的一个金融城市，也是世界金融中心。法兰克福建于公元794年，是一座有800年历史的博览城，法兰克福博览会是世界上最重要的博览会之一，每年春季和秋季举行。此外，还有一年一度的图书博览会、烹饪技术展览会和汽车展览会以及其他9个专业博览会。博览会的客商每年多达1 200万。它也是一座世界闻名的文化名城，各种博物馆遍布全城，有城市艺术博物馆、古雕塑博物馆、历史博物馆、自然博物馆、手工艺博物馆和歌德之家博物馆等17个博物馆。主要游览点有：莱茵河、罗马堡广场、圣堡罗教堂、旧市政厅、圣巴托洛梅乌斯教堂、歌德故居、美茵河边的美术馆区等。

首都柏林——是德国第一大城市，有750年历史，2000年成为德国的新首都。柏林的建筑多姿多彩，蔚为壮观。古老的教堂、博物馆、剧院、宫殿以及现代流派的建筑，让人强烈感受着柏林的古典与现代、浪漫与严谨的氛围。柏林是座文化名城，全年几乎都有文化节。柏林是一个河流湖泊多，空气湿润新鲜的花园城市。全城有1/3的地区为河流湖泊与森林草地，市内水路长达165公里，人均绿地50平方米。主要游览点有：菩提树下大街、德国历史博物馆、勃兰登堡门、亚历山大广场、柏林大教堂、威廉一世纪念堂、国会大厦、凯旋柱碑、柏林墙等。

其他重要的旅游城市还有科隆、慕尼黑、波恩等。

三、出国旅游与来华旅游

(一) 形成原因

德国是世界旅游大国，旅游密度、旅游支出和逗留时间都处于世界前列。2003年德国人的旅游消费开支达525亿欧元（660亿美元），超过了美国，居世界之首。2005年有5 000万德国人出国休假，几乎占德国总人口的三分之二。德国是世界上最重要的旅游客源国之一。究其原因在于：

（1）经济实力雄厚。德国是仅次于美国、日本的经济发达国家，其经济实力与经济发展水平居欧盟各国首位。雄厚的经济实力是居民出国旅游的首要重要条件。

（2）旅游时间充足。德国人一般每年享有6周的带薪休假，是世界上国民享有假期最长的国家。除此之外，还有各种宗教节日和每周两天休息日。随着计算机的网络化，将有不少人在家里办公，从而产生一种"半休闲时间"。对于教师和学生而言，每年则有长过5个月的假期，退休人员则更是时间充裕，有足够的时间外出旅游。

（3）旅游欲望强烈。德国人酷爱旅游，外出旅游已成为生活的一部分。普通德国家庭用于休闲活动的费用约占家庭收入的1/5，仅次于吃穿。据统计，55%的德国人每年进行1次旅游，12.8%的人2次，3.3%的人3次，最高达7次。

（4）文化水平较高。德国居民人口素质高，大学生的入学率高达30%~32%，居世界前列。全国有科学家、工程师、技术员1 022万，占全国总人口的13%。全民族较高的文化水平是德国成为世界主要客源国的重要因素。

（5）地理位置优越。德国地处中欧，与9个国家接壤，过境旅游非常方便。同时，德国交通发达，特别是小汽车的广泛使用，也是德国人近距离出国旅游兴旺发达的原因之一。

（6）奖励旅游市场兴旺。奖励性和鼓动性的竞争策略已成为德国主要大公司经营策略中的重要组成部分。法国、西班牙、葡萄牙和奥地利是最受欢迎的奖励旅游目的地，欧洲以外是香港、新加坡和加勒比海地区。绝大多数奖励旅游持续3~4天。

（7）政治与法律的保证。经过两次世界大战和东西德统一后的德国，其外交政策的核心是和平政策，它的目标是促进欧洲国家和人民之间共处，并创造一个稳定和平的秩序。同时进一步发展与大西洋联盟及跨大西洋的合作,此外要加强国际组织。德国的这种和平外交政策为其国际旅游业的发展提供了政治保证。

(二) 客源特点

旅游目的地,主要在欧洲,占出国旅游总数的85%,去欧洲以外的不足10%,最有吸引力的是北美和亚太地区。近距离主要为意大利、西班牙和奥地利,远距离主要为美国、加拿大和多米尼加共和国。

旅游动机,绝大多数是以改换环境和寻找乐趣为主要旅游动机。

旅游产出地主要有三个:一是以慕尼黑和斯图加特为主的南部地区,是尖端科学、电子工业和奔驰汽车基地,专业人员较多。二是从法兰克福到中部的鲁尔地区,工业发达,第三产业发展较快,人民生活水平较高。三是汉诺威—汉堡地区,汉诺威每年举办世界博览会,当地居民思想开放。汉堡是全国最大的港口,出国旅游人数较多。

旅游者大多数是较富裕的人,即中高级管理人员和自由职业者,年龄结构以20~45岁的人居多。近些年来,老年旅游市场发展较快。

(三) 来华旅游

近年来,德国来华旅游增长加快,2005年,达45.49万人次,比上年增长24.5%,居来华客源国的第12位,占来华旅游总数的3.8%。与此同时,中国人到德国旅游近几年也呈2位数增长,中国已成为德国在欧洲以外地区的第三大客源市场,在亚洲仅次于日本。

德国旅华市场发展良好,主要原因是:中德于1972年10月11日建立正式外交关系,并在上海和汉堡互设总领事馆,两国高层互访频繁。德国的巴登—符腾堡、黑森、巴伐利亚、下萨克森、北莱茵—威斯特法伦、莱茵兰—普法尔茨、汉堡和不来梅等州分别与中国的北京、上海、江苏、山东、四川等省市结为友好省份和城市。中德两国间的经济技术合作范围广泛,多年来,德国一直是中国在欧洲的最大合作伙伴,中德间贸易额占中国进出口的5%,中国是德国在亚洲仅次于日本的第二大出口市场。同时两国在文化教育方面的交流也日趋频繁。此外,中德两国旅游业同仁始终保持着良好的合作关系,双方定期互访,中国国家旅游局在德国的法兰克福设立了办事处,且开展了一系列的宣传促销活动。德国市场是中国远距离市场促销的重点,预计,德国来华观光和度假的旅游者将会进一步增加,且仍主要集中在传统的沪桂线、海南线、长江三峡线上,同时,随着中德两国经贸关系的不断加强,商务旅游会有较大增长,并带来目的地的多样化选择。

但是,德国作为世界旅游客源输出大国,来华旅游仅占其出国旅游总人数的1%，显然，德国仍是我国一个具有很大潜力的客源市场。只要我们优化旅游大环境，不断完善旅游产品，提高服务质量，加大对旅游促销的投入，进一步培养具有现代市场营销理论知识和实际操作技能的专门人才，相信德国来华旅游一定会有一个大的飞跃。

思 考 题

1. 德国的民族特点是什么？
2. 德国的旅游资源有何特色？
3. 德国成为世界旅游大国的原因是什么？

第五节 意 大 利

意大利，国名释义为"小牛生长的乐园"，它是一个美丽而又具有古老文明的国家，也是西方社会经济最发达的七个国家之一。

一、基本概述

（一）地理概况

1. 位置与领土

意大利地处欧洲南部地中海北岸，其领土包括阿尔卑斯山南麓和波河平原、亚平宁半岛、西西里岛、撒丁岛及其他小岛。亚平宁半岛南北长1 300公里，东西平均宽200多公里，它像一只巨大的长筒靴伸入蔚蓝色的地中海之中。意大利北部陆界与法国、瑞士、奥地利毗邻，东北部与克罗地亚接壤；东、西、南三面临海。在意大利境内还有两个独立的国家：一个是地处东北部的圣马力诺共和国，它是欧洲最古老的共和国，也是世界最小的共和国；另一个是梵蒂冈，它位于意大利的首都罗马，是罗马天主教会的中心。意大利的国土面积为30.128万平方公里，国境线长9 054公里，其中海岸线长7 200公里。

2. 地形

意大利是一个多山的国家。北部是阿尔卑斯山脉，沿着亚平宁半岛走向的是亚平宁山脉，两山交接处以东是著名的波河平原。波河平原是意大利最大的平原，面积为4.6万平方公里，约占意大利国土面积的1/6，它地势平坦，土壤肥沃，气候温和，降雨充足，是意大利主要农业区。

3. 河流与湖泊

在意大利境内海拔 2 800 米以上的阿尔卑斯山山坡上约有 1 000 多条冰川，有的冰川很大，如位于勃朗峰南坡的米亚杰冰川长 10 多公里。意大利最大的冰川是威德莱塔德福尼冰川。这些冰川储备了大量有用的水源，成为许多河流的重要源泉。意大利的河流很多，但大多短小流急，春冬流量大，夏秋流量小。波河是最大的河流，全长 652 公里，发源于阿尔卑斯山，向东流入亚得里亚海。意大利湖泊众多，如面积最大的加尔达湖、湖水最深的科莫湖、风景最美的马焦雷湖等。据统计，意大利面积在 5～300 平方公里的湖有 23 个。

4. 气候

意大利南部半岛和岛屿地区是典型的地中海式气候，全年的气温变化不太明显，冬季不冷而且多雨，夏季炎热又干燥。1 月平均气温为 2～10℃，7 月为 23～26℃，大部分地区年降雨量在 500～1 000 毫米之间，但西西里岛和撒丁岛年降雨量却很少，平均在 500 毫米以下。阿尔卑斯山区是全国气温最低的地区，其气候有明显垂直分布的特点。冬季下雪较多，1 月平均气温为 -12～1℃，7 月平均气温为 4～20℃，降雨量达 1 000 毫米以上，有的地方甚至超过 3 000 毫米，集中于夏季。波河平原区属于亚热带和温带之间的过渡气候，具有大陆性气候特征，1 月平均气温 2～4℃，7 月平均气温为 20～24℃，年降雨量为 600～1 000 毫米，集中于夏季。

（二）简史

相传公元前 2000 年，在意大利开始出现定居居民，他们属于拉丁民族。古罗马建立于公元前 753 年，从此，拉丁人开始被称为罗马人，罗马也就成为今日意大利的一种象征。

古罗马从公元前 753 年开始，直至公元 476 年西罗马帝国灭亡，前后共 1 229 年的漫长历史。962 年受神圣罗马帝国统治。11 世纪诺曼人入侵南部并建立王国。12～13 世纪分裂成许多王国、公国、自治城市和小封建领地。

在 14 世纪和 15 世纪，在地中海沿岸的某些城市开始出现资本主义的最初萌芽。从 16 世纪到 18 世纪中叶，专制主义制度在意大利各城市国家确立，1861 年 3 月建立意大利王国。1870 年 9 月 20 日，意大利军队占领罗马，终于实现了统一。

意大利统一后，资本主义经济得以迅速发展，20 世纪初，进入帝国主义阶段并开始殖民扩张。1922 年墨索里尼上台，同德国、日本结成同盟，实行长达 20 余年的法西斯统治。1946 年 6 月 2 日，废除君主制，成立意大利共和国。第二次世界大战后，意大利的天主教民主党和社会党一直居于政治的中心地位，政府更迭频繁，但政府的内外政策具有相对稳定和连续性的特点。

（三）政治经济

意大利是以劳动为基础的民主共和国，政体是议会制，实行两院制议会。总统是国家元首和民族统一的象征，不拥有行政权。内阁是执行行政权力的最高机关。首都为罗马。

意大利是世界上发达的资本主义国家，属于西欧四大强国和西方七大强国之列。意大利南北经济发展不平衡，北部工农业、商业发达，人们的生活水平较高；南部工业较落后，农业也远远赶不上北部。现在经过政府的努力，已有很大的改观。意大利的工业在国民经济中占有重要地位。由于国内自然资源贫乏，原料和能源严重依赖进口，因此意大利工业具有明显的以加工业出口为主的特点。产品的 1/3 以上供出口。其主要工业部门有机械工业、食品工业、纺织、服装、制鞋、皮革业。意大利的原油加工能力居世界第六位，钢产量居欧洲第二位，世界第六位，拖拉机产量居世界第六位，发电量居世界第九位。意大利是军火生产大国，是世界上仅次于美、俄、法的第四大军火出口国。意大利的农业也很发达。农业产值占国内生产总值的 3.5%，农业人口占全国的 10%。小麦是最重要的农作物，蔬菜在意大利农业生产和出口中占有重要地位，是欧洲最大园圃蔬菜生产国之一。著名水果有橄榄、葡萄、柑桔、柠檬、苹果、桃、意大利李子等。意大利号称"橄榄王国"，种植历史达 3 000 年之久。意大利的葡萄和葡萄酒产量均居世界第一，出口量居世界首位。意大利的交通运输业相当发达，自古就有条条道路通罗马一说。现今，全国民用机场 100 座，其中国际机场 30 个，主要机场有罗马的菲乌米奇诺、米兰的利纳特、马尔奔萨和都灵的卡莱塞，罗马是飞往东方和非洲的中途站。海运非常发达，共有 40 多个海港，主要有热那亚、那不勒斯、威尼斯、的里雅斯特等。意大利铁路和公路交通十分便利。意大利原货币为里拉，现为欧元。

（四）社会

1. 人口与民族

意大利现有人口 5 788.82 万（2003 年）。人口居欧洲第五位，人口变化趋势中女性略高于男性，劳动人口比例下降，人口结构趋于老化。人口平均寿命为 77 岁。城市人口占 72%，农村人口占 28%，主要集中在现代化大城市、平原和沿海地区。意大利是世界上移民最多的国家之一。

在意大利的民族构成中，95% 以上是意大利人，基本上是单一民族的国家。

民族性格：意大利多变的地形和宜人的气候，塑造了意大利人"热情有余，严肃不足"的民族性格。他们开朗、热情、浪漫，特别值得称道的是意大利人的热心肠。

2. 语言与宗教

意大利的官方语言是意大利语，它属于印欧语系新拉丁语族（或称为罗曼语族）。意大利语还是圣马力诺、梵蒂冈的官方语言，也是瑞士四种正式语言之一。此外，由于历史原因，不少阿尔巴尼亚人、索马里人、埃塞俄比亚人、利比亚人和马耳他人也能讲意大利语，还有约5 000万生活在其他国家的意大利侨民和后裔也讲意大利语。意大利语是世界上使用人口较多的语言。

意大利是一个信奉天主教的国家，90%以上的居民信奉天主教，只有少数人信仰新教（约10万）、犹太教（5万）、东正教（11万），伊斯兰教（10万）。宗教在意大利有2000多年的历史，它与意大利人的关系极为密切，并对社会、政治、经济、文化、教育及人民等各个方面带来很深的影响。

3. 文化

古罗马文化是世界古典文化的组成部分，在世界历史上具有重要地位。罗马人在哲学、文学、宗教、建筑等方面吸收了伊特鲁里亚、希腊、西亚和北非等地文化的优秀成果，在公元前3世纪末创造了具有自己特色的文化。罗马法是人类天才的伟大创举，早在公元前5世纪便制定了举世之作《十二铜表法》，它是罗马第一部成文法。

文艺复兴是14~16世纪欧洲文化和思想发展的一个历史时期，是欧洲历史上一次重大的新文化运动，是人类历史上一个百花齐放、硕果累累、群芳争妍、人才济济的光辉时代，文艺复兴应归功于勤奋、智慧的意大利人的天才创造，中世纪的意大利确实成为当时欧洲的文化中心。在意大利，尤以诗歌、绘画、雕刻、建筑、音乐方面的成就最为突出。

歌剧诞生于17世纪的意大利，佛罗伦萨、罗马、威尼斯和那不勒斯先后成为意大利歌剧艺术中心，涌现了许多歌剧艺术家。作为歌剧的故乡，意大利拥有许多闻名世界的歌剧院，例如米兰的斯卡拉大歌剧院、那不勒斯的圣卡尔洛歌剧院、威尼斯的凤凰歌剧院、都灵的皇家歌剧院、罗马的罗马歌剧院等。

4. 习俗

（1）服饰

意大利素以服装设计制造、皮鞋生产和首饰加工等闻名于世。意大利服装在世界上久负盛名。米兰是世界七大服装中心之一，除米兰外，还有巴黎、纽约、东京、伦敦、慕尼黑和香港六大城市。巴黎偏向"豪华"、"创作"，而米兰注重"实用"、"商业"，各有千秋。意大利服装大致可以分为民族服装、普通服装、正式服装和流行服装四类。民族服装代表着各民族的传统习惯一直保留至今，但只是重大节日、喜庆活动或表演传统节目时，才穿上五彩缤纷的民族服装，以增添欢乐的情趣。意大利人平时都穿普通服装，男士穿各种衬衫、T恤衫、便装夹克、牛仔裤及各种长裤，妇女穿绣花衬衣、棉麻丝绸上衣、连衣裙、短裙等。在参加重要会议、宴会或观看演出以及在政府机关或重要公共场所工作，男士才穿西服、系领带，女士穿西服套裙。在意大利穿流行服装的人不多，流行服装的时间性很强。

（2）饮食

意大利餐饮在世界上很有名气，它不仅烹调技术历史悠久，菜肴脍炙人口，而且饮食卫生，服务质量高。意大利餐与中国餐、法国餐在世界上齐名。意大利菜的特点是味浓、香、烂，以原汁原味闻名。烹调上以炒、煎、炸、红烩、红焖等办法著称，并喜欢把面条、米饭作为菜用，而不作为粮食。意大利人习惯把饭煮成六七成熟就吃。比萨饼和意大利粉是很出名的食物。意大利人最喜欢吃比萨饼，它是一种最大众化的食品，有数不清的做法和品种，可以说是意大利食品的代名词。最地道的比萨饼一定要用一种特殊的硬质木柴来烤制，烤出的比萨有一种特有的香味。意大利的饮食除了自身的特色外，还与中国有一些相同之处。如中国人喜欢吃面条、饺子，意大利人也喜欢，而且普遍认为面条是由威尼斯人马可·波罗从中国传入意大利的，只是经过意大利人几个世纪的改造和发展，更加发扬光大；中国南方人特别爱吃米饭，意大利北方人也爱吃一种叫"利托"的米饭。意大利人喜欢喝咖啡。咖啡有浓、淡之分，还有掺牛奶的，但当地人爱喝浓咖啡。意大利的酒吧间很多，人们最喜欢叫卡普奇诺的饮料，它是意大利特有的一种带泡沫的饮料，饮前加点白糖，十分可口。意大利人爱喝酒，能喝酒，但他们有文明饮酒的良习，很少饮烈性酒，也很少酗酒、劝酒。

（3）婚俗

意大利人习惯把婚期定在春秋两季。婚礼主要分两种，一种是民政婚礼，另一种是教堂婚礼。妻子不干家务或不爱干家务，丈夫可提出离婚申请。

（4）称呼与姓名

意大利人有良好的风度，其中一点表现在称呼上。一般意大利人不会对陌生人称"你"，只有亲朋好友之间才这样称呼。对长辈、上级和初次见面的人以"您"尊称。"夫人"、"小姐"、"先生"这样的称呼使用的很普遍,已经形成传统,如不清楚女性是夫人还是小姐的身份,可从旁打听,或含糊其词,称之为"女士"就行。如果知道他(她)受过高等教育,会换之以"博士"、"工程师"、"医生"等称呼。意大利人的姓名通常由两部分组成,前面为名,后面为姓,一般称名而不称姓。但对长者、有地位的人或不太熟悉的人,则称呼他们的姓。意大利妇女结婚后,一般保留自己的名字而改用丈夫的姓,但女演员或女作家等名人可以保留自己的姓。

此外,意大利有忌讳用一根火柴给3个人点烟。戴帽子的男子在路上遇到友人时,必须把帽沿向下拉低,以示尊敬。

(5) 时差。

意大利位于东一区,比格林威治时间早1小时;比北京时间晚7小时。

5. 爱好与娱乐

意大利人喜欢足球运动,是国际上公认的"足球王国";喜欢私人收藏;喜欢鲜花;喜欢垂钓;酷爱文物,对各种文物的鉴赏能力很强;喜欢野餐;意大利人还喜欢养狗、喜欢猜奖活动、喜欢玩地滚球运动等。

在意大利,8月份是一个不平凡的月份,因为8月份有一个重要的节日——八月节。八月节在意大利已有2 000多年的历史,自古以来,人们就有在8月份尽情欢乐的风俗,可以说,这就是意大利8月休假的来历。每年8月来临,除了交通、邮电等部分行业外,全国所有企业、机关几乎全部停止工作,人们纷纷外出旅游,或到海滨或山间去休假。与此同时,也造成公路交通十分紧张、交通事故时有发生。

二、旅游业概况

(一) 旅游发展情况

意大利早在19世纪下半叶就成为世界著名的旅游地区,起步较早,但历经战争破坏,到二战后又很快发展起来,50年代成为世界第二旅游接待大国,现在既是世界重要的旅游接待国,又是重要的客源输出国。政府历来对旅游业很重视,管理和开发工作卓有成效,服务质量也非常高,促进了旅游业的发展。旅游业对扩大人们的就业机会、增加国家外汇收入、搞活国民经济发挥了重大作用。意大利旅游业发达,旅游收入是弥补国家收支逆差的重要来源。2003年,国际旅游收入达313亿美元,比上年增长16.2%,国际旅游者人数达39.6百万人次,是世界第四位的旅游大国。

意大利是世界重要的旅游接待国,意大利又是世界重要的客源输出国。欧盟是它的主要客源地区,奥地利、瑞士、德国、法国和英国等为主要客源国，以历史古迹旅游、海滨旅游和会议旅游为主。

(二) 旅游资源

意大利气候宜人,风景秀丽,旅游资源十分丰富,文物和古迹众多,有良好的海滩和许多旅游点,享有"欧洲的天堂和花园"之美誉。

1. 意大利的旅游资源特色

(1) 古迹

意大利是古罗马帝国的发祥地,有许多充满宗教色彩的建筑和历史古迹。意大利又是一座文艺复兴时代的艺术宝库,拥有600多家博物馆、珍藏着3 600多件艺术品和历史文物。它们使意大利成为文化旅游的理想之地。除了以上所涉及的景点外,还有著名的切尔托萨修道院、罗密欧与朱丽叶的故居、伽利略与他的故乡比萨、庞贝古城废墟景观等。

(2) 海滨

意大利充分利用7 000公里长的海滨优势和地中海式气候,在海岸带建起了长达数百公里的海滨旅游基地,包括6 000多个海滨浴场、150多个旅游港口、500多个海滨旅游中心,其游乐设施也非常齐全。

(3) 火山

火山是意大利重要旅游资源之一,主要分布在亚平宁半岛和西西里岛等地。维苏威火山是世界著名活火山,也是欧洲大陆惟一的活火山,它位于那不勒斯市东南,海拔1 277米。公元79年,它发生大爆发,将附近的庞贝城等埋在厚厚的火山灰和浮石之下。20世纪它又几次喷发,分别为1906年、1929年和1944年。埃特纳火山是欧洲最高大、最活跃的火山,位于西西里岛东北部,海拔3 279米。最近一次爆发是在1981年。每当火山爆发,火光冲天,浓烟滚滚,可达500米。活火山的奇景、积雪的山峰、山坡的森林、山麓的葡萄园和橘子林等,给当地的旅游业增添了活力。斯特龙博利火山位于第勒尼安海东南的斯特龙博利岛上,火山海拔926米,是世界上喷发频率最高的一座火山,它每隔5~15分钟爆发一次。

2. 意大利的主要旅游城市和景点

(1) 首都罗马

首都罗马是意大利的政治、经济、文化的中心。它素以其悠久的历史和绚丽的风光名扬天下,距今已有2 750多年的历史,是一座历史悠久的古城,是西方文明的摇篮、世界天主教圣地。罗马城位于亚平宁半岛西部的台伯河畔,建在风景秀丽的七个山丘上,又称"七丘之城"。相传罗马的创建人罗慕洛是母狼养大的,故罗马城徽图案是母狼哺育婴儿。因而意大利有"狼育之城"之称。也被称为"永恒之城",其意一为罗马立于不败之地,二为罗马文明永存。罗马的主要景点为：

斗兽场——罗马古迹比比皆是，斗兽场闻名天下，属世界八大名胜之一，也是罗马帝国的象征。因为此场曾是猛兽相斗供贵族取乐的地方，故被称为斗兽场。斗兽场又被称为竞技场，那是因为这里曾举办过马车及文艺表演之类的竞赛。斗兽场也称之科洛塞奥，意即"巨大"，因为湖边建有高120英尺的尼禄镀金铜像，罗马人叫它巨大金像，故得名科洛塞奥。公元72年，维斯巴西安皇帝为庆祝征服耶路撒冷的胜利，强迫8万名犹太俘虏修建的，后在3世纪和5世纪重加修葺，在文艺复兴时期遭到破坏，直到19世纪，才开始认真修整这残垣断壁。斗兽场外观像一座庞大的碉堡，占地20 000平方米，围墙周长527米，直径188米，墙高57米，相当于一座19层现代楼房的高度，场内可容纳107 000名观众。古罗马一次著名的奴隶起义——斯巴达克起义就是从这里发起的。

威尼斯广场——这里既是罗马旧城地理位置中心、罗马最重要的交通枢纽，又是罗马游览景点最集中之地，它本身以及它的周围都有众多的名胜古迹。罗马的一切重要的庆祝活动都在这里举行。广场上有维托里奥·艾玛努埃莱二世骑马雕像和无名烈士墓。意大利人称之为"祖国祭坛"，视为国家独立和统一的象征。

诚实之嘴广场——它是古罗马、中世纪和巴洛克风格的结合，有两座公元前2世纪的神殿，它们被改建为基督教教堂。圣母玛利亚·因·科斯梅迪教堂入口左边就是诚实之嘴，广场因其得名，其实它原是一个排水口的盖子。

罗马广场——位于威尼斯广场和斗兽场之间，也叫古罗马市场。它是当年古罗马帝国政治、经济、文化和宗教的活动中心。元老院、法庭、宫殿、庙宇及数座雄伟的凯旋门的遗址集中在此地。

西班牙广场——300年来，这里一直是罗马的旅游中心，17世纪时，西班牙驻梵蒂冈大使馆坐落于此，因而得名。这里长达137级的石阶叫"三位一体山石阶"，是由德·桑蒂斯于1722年设计的。石阶下面有一个石舫喷泉，是意大利雕刻家彼得罗于1627年创作的。

许愿喷泉——罗马以美妙壮观的喷泉闻名于世，全市共有各种喷泉1 300多个，其中最有名气、观众最多的就是许愿喷泉了。罗马人有一个美丽的传说，只要背对喷泉将一枚硬币由左心房丢过左肩，让它以美丽的抛物线沉入水底，就可以心想事成。第一个愿望希望能重回罗马，第二个愿望希望能百年好合。

万神殿——现有保存最完整的古罗马帝国古迹是万神殿。这座古建筑是奉马尔科·阿格里帕总督之命于公元前27年至前25年为纪念奥古斯都皇帝远征埃及的战功而兴建的，它的历史比斗兽场还长100多年。万神殿是用来供奉庙宇主要神主的寺庙。这座圆形建筑物正面高达14米的8根石柱，都是当时用大木筏从埃及运到罗马的。万神殿迄今依然是罗马城中古典建筑艺术的最杰出的代表，米开朗基罗曾赞叹万神殿是"天使的设计"，它简洁几何形体的悦目组合——一个半球体，一个带有三角形墙的长方形，独具创造性。穹顶直径为9米的天窗，这是内部惟一的光线来源，光线照射在马赛克的地板上，营造着一种庄严肃穆的气氛。公元609年，万神殿改成为天主教堂。意大利统一后，万神殿作为意大利的皇陵。

（2）佛罗伦萨

它是一座美丽的文化古城，是欧洲文艺的发源地，人们称它是意大利的文化首都。它养育了大批的雕刻家、画家、建筑师、文学家和诗人，如达·芬奇、拉菲尔、提香、米开朗基罗、布鲁内莱斯基、乔托等。它古色古香，其街巷、桥梁、教堂、广场、花园都保留着文艺复兴时的风貌，整个城市弥漫着文艺复兴的气氛，它堪称是那个伟大时代留给今天独一无二的标本。主要景点有：主教堂广场、花之圣母教堂、大教堂、乔托钟楼、老桥、老宫、乌菲奇博物馆、米开朗基罗广场。

此外还有著名的水城威尼斯和经济首都米兰。

三、出国旅游与来华旅游

（一）出国旅游

意大利是世界经济发达国家，这为意大利人出国旅游提供了经济保证。同时意大利人有外出度假旅游的传统，与法国一样，8月份一直是他们度假旅游的高峰期。1983年，通过《旅游基本法》，而且国家法律规定有4天休息，其他规定11天休息，团体协议带薪休假天数为5～6周，这就为意大利人外出旅游提供了法律和时间保证。近年来，意大利人出国旅游增长较快，他们视出国旅游为时髦并将其视为事业成功的标志。其客源基本特点：

意大利人的旅游目的地以洲内的法国、西班牙、奥地利、英国为主，洲外美国是主要旅游目的地。

意大利人近距离出国旅游仍以海滨旅游产品为主，近年来对精神旅游产品、对体育、探险等旅游产品的需求量显著增大。而远距离出国旅游的动机是文化旅游，去享有世界声誉的旅游地度假，去优美的自然风景区旅游。

意大利人8月度假的习俗有所变化，开始多次度假。冬季、春天短期度假的次数开始增加。

意大利人口老龄化日益严重。老年人大部分经济条件较好,有大量的自由支配时间,且身体健康,出国旅游的欲望较强,所以出国旅游者也趋向老年人占多数。

(二) 来华旅游

意中两国人民之间的友好往来历史悠久。早在公元2世纪,古罗马帝国就派使节到过中国,公元13世纪著名的意大利旅行家马可·波罗来过中国,他的名著《马可·波罗游记》第一次向西方介绍了中国的文明,对沟通东西方文化产生了巨大的影响。意大利同中国于1970年11月6日建立外交关系。多年来,两国政治经济交往日趋频繁,领导人不断互访。两国签有海关、民航、商标注册、科技文化、经济、投资保护、领事、互免双重征税等协议或条约。1985年,两国分别在上海和米兰设立总领事馆,而且两国已有30对省市建立了友好省市关系。然而,意大利来华旅游比起英、法、德,增长较慢。究其原因,主要是:

①价格较高。中国旅游包价是意大利市场上最高的,价格在2 500~4 000美元之间。

②旅游产品内容单调,没有体现中国旅游产品的特色,仍以观光旅游为主。

③旅游产品的宣传不力。

④语言障碍。意大利语导游不足,使旅游者无法正常沟通思想,影响了意大利游客来华。

随着我国旅游业的发展,中国旅游形象的树立,以及宣传促销工作的加强,近年来,意大利来华旅游人数呈上升趋势。2005年,来华旅游人次为17.70万人次,比上年增长44.6%,在中国的海外客源国中居18位,意大利仍然属于我国极具潜力的市场。我们相信,只要我们的宣传工作做得好,实行薄利多销的销售政策,进一步树立中国最安全旅游地形象,就一定能够招来更多的意大利旅游者。

思 考 题

1. 为什么说意大利是文艺复兴的摇篮?试列举主要的代表人物和主要作品。
2. 意大利旅游资源的主要特色是什么?有哪些主要旅游城市?
3. 意大利人来华旅游有哪些制约因素?

第六节 西 班 牙

西班牙号称"旅游王国",其旅游业绩举世无双,它和法国、美国并称世界三大旅游国,联合国旅游组织总部就设在西班牙首都马德里。

一、基本概述

(一)地理概况

1. 位置与领土

西班牙东临地中海,北濒比斯开湾,东北同法国、安道尔接壤,西部和葡萄牙紧密相连,南部的直布罗陀海峡与非洲大陆的摩洛哥隔海相望(最窄处只有13.5公里),扼地中海和大西洋航路的咽喉,被称为通往欧洲、非洲、中东和拉丁美洲的"桥梁",海岸线长约7 800公里,航海发达,在15~16世纪,西班牙是海上强国。

西班牙和葡萄牙一起位于欧洲西南端伊比利亚半岛上,号称"永不沉没的航船"。由于欧洲主要山脉之一的比利牛斯山脉横亘半岛与大陆之间,所以自古以来又称为比利牛斯半岛。整个伊比利亚半岛呈五角形,面积为55.38万平方公里,其中西班牙占据了4/5,达49.246万平方公里。除半岛部分外,地中海的巴利阿里群岛(其面积为5 014平方公里),北非西海岸和大西洋中的加那利群岛(面积为7 413平方公里)等地,也是西班牙的一部分。

2. 地形

西班牙是一个多山的国度,坎塔布里亚山脉、比利牛斯山脉、戈列多山脉、安达卢西亚山脉、瓜达拉玛山脉等,这些山脉形成了西班牙复杂奇特的地形。

北部山地区,绵亘着东西走向的比利牛斯山脉和坎塔布连山脉,海拔达2 000米以上,山地林木茂盛,景色迷人,其间许多宽广的河谷置于其间,湖水清澈如镜,落差不一的飞瀑不胜枚举。

中部梅塞塔中央高原区,约占全国面积的60%,平均海拔600~800米。这里居住着西班牙人中的1/3以上,历来是西班牙重要的工业、农业和旅游区。

东北部是阿拉贡平原区,该区位于比利牛斯山脉东南面的坎布罗河流域,是一个大致呈三角形的波状平原。这里是西班牙的天然粮仓,也是重要的葡萄、柑橘等水果产地。

地中海沿岸山地区,从东南部安达卢西亚至东北部加泰卢尼亚,蜿蜒曲折,跨度达1 500余公里。安达卢西亚山脉的最高峰穆拉森山海拔3 478米,是伊比利亚半岛的最高点,号称西班牙"民族的脊梁"。

南部安达卢西亚平原,位于摩莱纳山脉和安达卢西亚山脉之间,这里一马平川,坦坦荡荡。

加那利群岛是由大火山喷发而成,它是由13个火山岛组成,总面积为7 273平方公里。

3. 气候

西班牙本土大体上位于北纬36°~43°之间,受地中海和大西洋以及复杂地形的影响,大部分地区属温带,同时呈现多样性,总体特征是温和少雨、干燥多风。

中部梅塞塔高原为大陆性气候,冬夏温差大。北部和西北部为温带海洋性气候,冬夏温差不大,南部和东南部为地中海式的亚热带气候,夏季酷热,冬暖多雨。

西班牙一年四季分明。最冷月为1~2月,平均气温是:东部、南部为8~13℃;北部2~10℃。最热月是8月,平均气温是:东部、南部为24~36℃;北部为16~21℃。最低气温达-25℃,最高气温可达40℃。

4. 河流

西班牙河流众多,纵横交错,萦回百折,但大多河流水量不很丰富,大部分河段不利于航行。其主要河流有埃布罗河(全长927公里)、杜埃罗河(780公里)、塔霍河(910公里)、瓜迪亚纳河(820公里)和瓜达基维尔河(560公里)等,这些河流分别向西、南、东三个方向注入大西洋和地中海。

5. 资源

西班牙的自然资源丰富多样。铁矿储量居西欧前列;含铜黄铁矿储量名列世界前茅;汞储量居世界第一;森林覆盖率为30%,主要集中在北部沿海一带,森林总面积为1 179万公顷。西班牙的软木产量仅次于葡萄牙,居世界第二位。西班牙的渔业资源也很丰富,金枪鱼、沙丁鱼、鳕鱼都很驰名。

(二)简史

西班牙是一个历史悠久、文明古老的国家。大约20万年前,尼安德特人,即伊比利亚人就开始居住、生活和繁衍在伊比利亚半岛上了。公元前9世纪至公元前8世纪期间,居住在中欧的凯尔特人开始向本区各国尤其是半岛移民,他们除了带来了自己的文化和习俗外,还逐渐与当地人融合、同化，其后裔称凯尔特伊比利亚人。公元前6世纪至公元前5世纪，开始形成自己的文化和文字。这就是半岛最早的文明。

公元8世纪起，西班牙先后遭外族入侵，西班牙人民为反对外族侵略，进行了长达800年的斗争，终于在1492年赶走了摩尔人，取得了"光复运动"的胜利，建立了统一的封建王朝。同年哥伦布发现了西印度群岛，此后，西班牙逐渐成为海上强国，对外进行扩张，在欧美非亚四大洲均有殖民地。

西班牙在第一次世界大战中宣布中立，这使西班牙有机会同交战双方进行贸易和劳务出口，因此大力地推动了西班牙资本主义的发展。

1978年12月29日，西班牙宣布实行议会君主立宪制。

(三) 政治经济

西班牙是以维护自由正义、平等和政治多元化为其法律最高意义的社会民主法制国家，实行两院议会君主制。国王为国家元首和武装部队最高统帅，是国家统一和存在的象征。由首相、副首相及各部大臣组成的部长理事会是政府最高权力机构。首都为马德里。

西班牙是一个中等发达的资本主义国家，国内生产总值居经济合作与发展组织第8位，世界第11位，跻身于十大经济强国之列。西班牙是一个后进的工业国，工业产值占国内生产总值的33%左右。西班牙的工业分布很不平衡，主要集中在马德里、加泰罗尼亚、巴克斯、瓦伦西亚、安达卢西亚和卡斯蒂亚莱昂地区。造船工业，近年来在世界造船业中的地位居世界第五位，在西欧仅次于德国名列第二；汽车工业在西班牙起步较晚，但如今已处于制造业中的领先地位，成为仅次于美、日、德、法之后的世界第五大生产国。西班牙的制鞋业也很发达，阿利坎被誉为"制鞋王国"，是世界产鞋中心之一。西班牙也是世界上最大的葡萄酒生产国之一，葡萄酒产量仅次于意大利和法国，居世界第三位。西班牙是一个传统的农业国，农业产品基本自给，有些农产品还供出口。西班牙素有"橄榄王国"之称。西班牙的交通运输非常发达。全国有机场47个，主要机场有马德里巴拉哈斯机场、帕尔马·德马略卡机场和巴塞罗那机场。已开辟23条国际航线，通往欧洲、非洲、中东和日本。全国最大的航空公司是伊比利亚航空公司，也是欧洲大航空公司之一。西班牙三面环海，港口体系完善，与世界各地相连接。西班牙铁路建设较早，有160多年的历史。有三条过境铁路，一条通往葡萄牙，另二条经法国通往欧洲其他国家。西班牙运输以公路为主，公路密如蛛网，遍布全国。小汽车是西班牙人的主要交通工具。西班牙原货币是比塞塔，现为欧元。

(四) 社会

1. 人口与民族

西班牙人口4 319.8万（2004年），次于俄罗斯、德国、法国、英国、意大利和乌克兰，居欧洲第七位，西班牙人口城市化程度很高，95%以上的人口居住在城市，并且出现人口老年化现象。

西班牙是一个多民族的国家，主体民族是卡斯蒂利亚人，即西班牙人，占总人口的70%。

民族性格：西班牙人的性格是典型的南欧人的性格，热情奔放，乐观向上，无拘无束，讲求实际，与英国人的矜持，德国人的古板，美国人的好动，日本人的认真有较大差别。

2. 语言与宗教

西班牙语即卡斯蒂利亚语，为西班牙官方语言。西班牙语是世界一个大语种，是国际通用语言和联合国六种语言之一。目前，全世界有3亿人使用它，仅次于汉语和英语。

西班牙是一个天主教为主的国家。有94%的居民信奉天主教，天主教对西班牙人的生活影响很大，神甫和修女仍受到社会的尊重，其圣城圣地亚哥被称为欧洲的"朝圣之路"。此外，西班牙还有3万新教徒和少数洗礼教派的信徒。

3. 文化艺术

西班牙文化源远流长，有着2000多年的历史，它哺育了许多著名的文学和艺术天才，为西班牙赢得了广泛的声誉和威望，也为丰富世界文学艺术宝库做出了杰出的贡献。

伟大的文学家塞万提斯与《堂·吉诃德》。西方人认为，人类文明最伟大的两部著作应首推《圣经》和《堂·吉诃德》。《堂·吉诃德》是西班牙人的骄傲，它在世界各地拥有无数的读者。戏剧之父维加，代表作为《羊泉村》。人民诗人加西亚·洛尔卡，他是20世纪西班牙最著名的诗人，代表作为《伊格纳西奥·桑切斯·梅希亚挽歌》，被誉为现代西班牙文学中"最优秀的哀歌之一"。另外，近现代西班牙还有五位诺贝尔文学奖得主。

弗朗西斯科·戈雅是18世纪西班牙最伟大的画家之一。毕加索是20世纪最具有创造性、影响最大的西班牙艺术巨匠。此外，当代著名艺术家还有抽象派画家米罗、意象派画家达利等。

当代西班牙是一个足以与意大利相抗衡的声乐强国。著名歌唱家多明戈和卡雷拉斯与意大利帕瓦罗蒂齐名，并称为当代"世界三大男高音"，此外，贝尔甘萨是西班牙著名女中音歌唱家，以演唱罗西尼和莫扎特歌剧中的花腔角色而闻名,被誉为"甜嗓子的女人";还有情歌大师胡里奥·伊格莱西斯。

西班牙传统舞蹈与戏剧体现了其独特的文化内涵,最为著名的是:奔放的弗拉门戈。弗拉门戈舞和斗牛一样是西班牙的国粹,它是一种民俗舞,起源于吉卜赛人和阿拉伯人的舞蹈,它充分展示了西班牙女郎的形体美和西班牙骑士粗犷和豪放的风采,浸透了西班牙民族的艺术修养和民族情感。激越的萨苏埃拉剧,它是西班牙独有的说唱剧,与弗拉门戈齐名,在西班牙是家喻户晓。热烈的方丹戈,它是西班牙的一种热烈的爱情舞蹈,伴有歌唱,这种舞蹈已有1000多年的历史。欢快的霍塔舞,它是流行于西班牙北部的一种民间舞蹈。

西班牙是世界上独一无二和名副其实的"斗牛王国"。多少世纪以来,斗牛业经久不衰,斗牛文化日益深入人心。西班牙斗牛历史可追溯到2000多年前,他们先是以野牛为猎获对象,而后拿它做游戏,进而将它投入战争。18世纪以前,斗牛基本是显示勇士杀牛的剽悍勇猛,1743年马德里兴建了第一个永久性的斗牛场,斗牛活动逐渐成为一项民族娱乐性的体育活动。目前,西班牙共有400多个斗牛场,首都马德里范塔士斗牛场最具规模,古罗马式的建筑壮观堂皇,可容纳三四万人。在西班牙的文艺作品中,斗牛永远是艺术家热衷表现的题材。文学家海明威说:"生活与斗牛差不多,不是你战胜牛,就是牛挑死你。"更是寓意深远。

4. 民俗

(1) 服饰

西班牙的传统服饰主要有:①披风,也叫披肩。它是西班牙妇女特有的传统服饰。它讲究面料,且大多绣花,图案典雅美观,色调亮丽;可长可短,一般没有袖子,也没有领子,但左右侧有口袋。②安达卢西亚长裙。它是西班牙有民族特色的裙装,其下摆一直坠到双踝处,走起路来雅致而又飘逸。③斗牛裤,又称紧身裤,裤腿很短,是西班牙男子一种传统的裤子,古时的斗牛裤大多为黑色或深蓝色,现时的斗牛裤则带有刺绣的多色花边。做工讲究,结实耐磨,有红色、白色、蓝色等,款式很多。现今的西班牙人的衣着习惯和观念发生了重大的变化,除上班男人穿西装,女子着西装裙外,平时追求自然和舒适,青睐纯棉和纯丝,喜欢突出个性,风格各异。西班牙人在外出旅游时无不一身休闲装、运动服,富有朝气,充满青春活力。

(2) 饮食

西班牙的饮食习惯和东方人一样,也是一日三餐,但其饮食结构和时间却大相径庭。早餐一般在8点左右,以简单快捷为主,大致为牛奶、面包、黄油、**奶酪**、果汁、咖啡等，午餐大约在下午 2 点，不太讲究，常常是份饭，外加一杯饮料或啤酒。晚餐通常在晚上 10 点，比较丰盛，也比较讲究，有开胃汤、主菜和主食，还必备葡萄酒。主菜主要有牛排、猪排、烤牛肉、烤羊肉、炸鸡腿、烤鱼、焖火鸡、焖兔肉、火腿及炸虾、炸土豆等。西班牙最有特色的餐馆第一是海鲜馆，西班牙海鲜很多，特别是巴斯克风味的"盐包烤鱼"，让人回味无穷。第二是牛肉馆。西班牙是斗牛之乡，是盛产牛肉的国家，尤其是烤牛肉四海闻名，其特点一是嫩，二是鲜。第三是"塔巴"小吃店。西班牙有三大特色小吃，这就是"哈蒙"（生火腿）、"托尔大"（鸡蛋土豆煎饼）、"巧里索"（肉肠），其中"哈蒙"最为出名。

（3）婚俗

西班牙的婚俗与其他欧美国家大体上相同，但也有一些鲜为人知的习俗。如用扇子吉他传情的习俗，这可称之为中世纪的美好的遗风。摇扇子是妇女的专利，男子如手持一把扇子，会遭人讥笑。又如，吉卜赛人的婚姻通常要由父母作主，极少与外族通婚。婚礼一般要在十月的妇女节举行，有时要割破新郎新娘的手指，让两人的血溶到一起，表示生死与共，百年同心。

（4）姓名与称呼

西班牙人的姓名和其他西方人姓名一样，名在前，姓在后，其姓名一般由 3 个词组成，排列顺序是本名、父姓和母姓。西班牙人使用复名和复姓很普遍。绝大多数人的名字来自于天主教男、女圣徒的名字或天主教经典著作中的名词，因此，在西班牙，父子、母女，甚至祖孙同名的现象十分普遍。也有一部分人的姓名来自自然现象、花草名称及其他名词。西班牙人的名不分单复数，但有性别之分，一般以字母 O 结尾的名是男人名，以字母 A 结尾的是女人名，但有个别例外。在社交场合，西班牙人通常只用本名和父亲姓，其他省略。在家庭成员和亲朋好友之间，一般称呼名不称呼姓，且经常使用爱称。

（5）时差

西班牙位于东一区，比格林威治时间早 1 小时；比北京时间晚 7 小时。

5. 娱乐与爱好

西班牙人酷爱体育活动。在众多的体育活动中，西班牙人最喜爱足球、网球和摩托车，并称之为"三大迷人的运动"。此外，游泳、帆船、钓鱼、自行车等活动也较普及。

西班牙人喜爱文娱活动。他们在精神生活方面追求"四大要素"，即阅读、看电影、听音乐和逛美术馆，此外，还参加各种文艺俱乐部，以丰富业余文化生活。西班牙人以养宠物为乐。

二、旅游概况

（一）旅游业发展现状

西班牙旅游业十分发达，旅游业是西班牙经济的重要支柱和外汇的主要来源之一，2004年西班牙旅游业产值占国内生产总值的12%。历史上，西班牙旅游业并不发达。由于经济远远落后于英国、法国和德国等西欧工业发达国家，旅游业起步较晚。20世纪60年代，西班牙经济获得高速发展，旅游业真正起步并取得长足的进步。70年代，西班牙的旅游业已达到相当高的水平，外国游客从1960年的600万增加到1970年的2 400万，外汇收入达30.9亿美元，1979年增加到64.8亿美元。80年代以来，西班牙旅游业蓬勃发展，1986年，旅游外汇收入突破100亿美元，达120.5美元，旅游人数达4738万。到90年代，旅游业更是红火。1992年因举办塞维利亚世界博览会和巴塞罗那奥运会，外国游客达到了5 500万人，旅游收入首次超过200亿美元，占整个国内生产总值的8.1%。1998年外国游客达7 000万创历史最高纪录。2004年接待外国游客5 360万人，较上年增长3.4%，净收入372.57亿欧元，较上年增长1%。国际旅游者和国际旅游收入排名世界第二。到西班牙旅游的外国游客中有80%仍来自欧洲国家。其中，英国人占30.6%，德国人占18.7%。欧洲游客主要是到西班牙享受海滩和阳光。据世界旅游组织预测，到2020年，西班牙仍将列入世界第四大旅游目的地。

西班牙作为一个世界旅游接待大国，其原因是多方面的，首先它与一些发达的资本主义国家距离较近，交通方便，文化背景相似；其次它有得天独厚的海岸带和气候资源优势，并且进行了有效的开发，这也是最重要的原因。第三，它历史悠久，文化艺术丰富多彩，名胜古迹不胜枚举，它们吸引着成千上万的异国游客。第四，它具有现代化的旅游服务设施，食、住、行和文化娱乐等各种设施样样俱全。第五，它能提供游客至上的优质服务。为此，西班牙政府制定了一整套旅游发展战略，主要内容是扬长避短，全面发展，以阳光和海滩为基础，实现供给多元化，注意发掘文化、体育、生态、会议和商业旅游的潜力，加快旅游基础设施的建设和现代化改造，提高旅游质量和水平，并强调服务质量，提倡"游客至上"的宗旨，千方百计吸引旅游人数。同时还采取了一系列的措施，进一步推动了旅游业的发展，这些经验，无疑值得我们借鉴。西班牙出国旅游市场相对较小，居世界第20位。

国内旅游市场也相对较小，但发展迅速。全国4 319.8万人口中，不足一半人口进行离家度假旅游，且绝大多数是在国内。国内度假旅游者大多数是选海岸为目的地，但也有少数人到巴利阿里群岛和加那利群岛。其中阿扎哈海岸、布兰卡海岸和安达卢西亚海岸是最受欢迎的目的地,北部海岸也十分受人喜爱。

(二)旅游资源

西班牙旅游资源十分丰富,这是其旅游业发达的基础。

首先,西班牙位于欧洲最南端,三面环海,风景秀丽,气候宜人,尤其是阳光充足,日照时间长。漫长的海岸线上,有许多优良的天然浴场,沙软滩平,十分诱人。特别是西海滩以优美、廉价而闻名于世,其中美丽、黄金、太阳、白色和群岛五大海岸吸引着大量中欧、北欧和美洲的游客。

其次,西班牙历史悠久,文化艺术丰富多彩,名胜古迹不胜枚举,有许多富丽堂皇的王宫,有数不清的古罗马和阿拉伯风格的城堡,有无数世界著名的教堂以及不计其数的雕塑。其中有10多个古迹被联合国教科文组织列为重点保护的文化遗产。例如,圣地亚哥市的圣马丁·皮纳里奥大教堂、马德里附近的埃斯科里亚尔修道院、阿维拉的古城墙、塞哥维亚古老的水道桥、科尔多瓦的大清真寺、格拉纳达的阿尔罕布拉宫、巴塞罗那的格尔公园和艺术家朱拉之家等,这些都是代表西班牙古文明的遗产。

第三,西班牙的娱乐设施也很多,而且条件十分优越。据有关部门统计,现西班牙有9个国家公园,35个狩猎场,7个大型游乐园,48个滑雪场,77个跑马场和6个高尔夫球场,还有不计其数的剧院、舞场、赌场、俱乐部等娱乐场所,它们为西班牙旅游多元化提供了良好的条件。

著名旅游城市有:

(1)马德里,既是一座名胜古迹荟萃的古城,又是一座文化气息浓郁和城建环境优美的现代化城市,它是西班牙的政治、经济、金融和文化中心。主要名胜有:

萨苏埃拉宫,它是国王胡安·卡洛斯一世及全家居住和办公的地方。西班牙广场,它是马德里的象征。广场中央竖立着文艺复兴时期著名作家和语言大师塞万提斯的纪念碑。普拉多画宫,它是西班牙的艺术殿堂和宝库,也是世界一流的艺术宫殿。这里展出着12~18世纪西班牙著名画家的主要作品2 000余幅。众议院大厦,前身是一个名叫圣灵的教堂,富有19世纪浓厚新古典主义风格。蒙克洛阿宫,是西班牙的首相府,也是国家重点文物博物馆。

(2)巴塞罗那,是西班牙第二大城市,也是一座历史名城,至今已有2 000多年的历史了。这座城市的大多数建筑完美体现了欧洲民族化的风格。12~15世纪的哥特式建筑比比皆是,尤其是古典式的利塞奥歌剧院更是闻名遐迩,在欧洲排名第二,巴塞罗那的神圣教堂是本市的象征,它由许多尖塔和楼台组成，像路标一样直指云天。教堂是西班牙19世纪最有才华的建筑师安东尼·高迪设计。教堂中心塔有螺旋形楼梯直达塔顶，在此可鸟瞰巴塞罗那全城。此外，古色古香的美术馆、博物馆、贵族官邸等多得数不胜数。1992年在此成功地举行了第25届奥运会，更是使它名声大振。

此外，著名旅游城市还有托莱多、塞维利亚等。

三、出国旅游与来华旅游

（一）出国旅游

西班牙的出国旅游市场的形成，主要原因是西班牙是一个经济比较发达的国家，较高的国民收入是西班牙人外出旅游的经济保证；而法定劳动时间为每周40小时，节假日休息天数14天，带薪假期为每年30天，是西班牙人外出旅游的时间保证；西班牙民族是一个热爱生活和善于生活的民族，他们懂得如何工作，更懂得工作之余如何放松自己，抓住美好的瞬间去享受生活。除了在本土休闲以外，出国旅游，特别是近距离出国旅游在西班牙人生活中越来越占有突出的位置。西班牙人出国旅游的动机主要是度假，其次是商务、探亲访友和其他私人性质的旅游。出国旅游的目的地主要为欧盟各国，约占85%，依次为法国、葡萄牙、意大利、奥地利，其次是拉丁美洲国家（约占4%）和远东国家（约占4%），其余到中东、地中海地区和非洲国家。

（二）来华旅游

中西两国于1973年3月9日建交以来，两国在政治、经贸、文化、科技、教育等领域的友好合作关系不断发展。近年来，中西关系继续保持良好发展势头。中国国家旅游局在马德里设有办事处。目前，西班牙来华市场较小，但增长较快。2005年来华旅游人数为11.48万人，比上年增长84.75%，但占入境外国旅游者总数的比例不大，是我国第20位的旅游客源国。随着中西贸易的加强，来华旅游的主要动机是商务和观光度假，而且来华旅游散客比例不断增大，奖励旅游呈发展趋势。总体而言，西班牙还不是我国的一个重要旅游客源国，仍是一个潜在的客源市场。为此，我们要注意西班牙旅游市场的调查研究，大力开展该国旅游市场的宣传和促销活动。

思 考 题

1. 西班牙的文化艺术有何特色？
2. 西班牙的民族特点是什么？

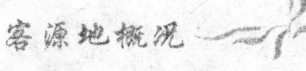

3. 为什么西班牙被称为旅游王国?

第七节 俄罗斯(Russia)

俄罗斯,也称俄罗斯联邦,其国名源于中世纪的罗斯。

一、基本概述

(一)地理概况

1. 位置与领土

俄罗斯位于欧洲的东部和亚洲的北部,领土面积1 707.54万平方公里,占地球陆地面积的11.4%,是世界上面积最大的国家,它东濒太平洋,西临波罗的海,西南连黑海,北靠北冰洋。东西长9 000多公里,南北宽4 000多公里。东西时差11个小时。俄罗斯濒临12个海,其中波罗的海、黑海和亚速海属于大西洋;巴伦支海、东西伯利亚海、喀拉海、拉普捷夫海、楚克奇海和白海属于北冰洋;白令海、鄂霍次克海和日本海属于太平洋。此外,还有一个内海。共有邻国14个,分别为挪威、芬兰、爱沙尼亚、拉脱维亚、立陶宛、白俄罗斯、波兰、乌克兰、格鲁吉亚、阿塞拜疆、哈萨克斯坦、中国、蒙古、朝鲜。

2. 地形

俄罗斯地形差异很大,整个地形犹如阶梯,从西往东逐渐升高。西部主要是辽阔的东欧平原和西西伯利亚平原,东部是中西伯利亚高原和远东山地,南部为大高加索山脉,主峰厄尔布鲁士山海拔5 642米,是一座死火山,也是俄罗斯的最高点,峰顶终年白雪皑皑。乌拉尔山介于东欧平原和西伯利亚平原之间,是欧亚两洲的交界处,高加索山是俄罗斯南部最主要的山脉,位于黑海、亚速海和里海之间。

3. 河流与湖泊

俄罗斯河流众多,大约有10万多条,其中1 000公里以上的河流有58条,最长的是西伯利亚的鄂毕河,连同支流额尔齐斯河总长度为5 410公里;其次是远东的阿穆尔河(中国称黑龙江)、西伯利亚的勒拿河和叶尼塞河。伏尔加河在俄罗斯河流中名列第五,它全长3 531公里,流域面积138万平方公里,年均流量每秒8 000立方米,它被誉为俄罗斯的"母亲河"。

俄罗斯境内多湖泊,共约20多万个。其中水面面积在1 000平方公里以上的湖泊有10多个。位于东西伯利亚的贝加尔湖是俄罗斯最大的湖泊,也是世界上最深、蓄水量最大的淡水湖,最深处为1 620米,贝加尔湖长

636公里，平均宽度48公里，湖面面积3.15万平方公里，蓄水量为23万亿立方米，占地球表面的淡水总容量的20%。

4. 气候

俄罗斯地域辽阔，气候复杂多样。最北部和北冰洋附近的岛屿属于寒带和亚寒带，大部分国土位于温带，黑海、里海南部沿岸地区属于亚热带。俄罗斯从西往东大陆性特征逐渐加强，大部分地区是大陆性气候，西北地区属于海洋性气候，太平洋属于季风气候。

俄罗斯大部分地区冬季漫长、寒冷，夏季短暂、温暖，春秋两季更短。1月平均气温从西南向东北逐渐下降，如圣彼德堡1月平均气温为-8℃，雅库特为-50℃，而在地球的"寒极"之一的维尔霍扬斯克和奥伊米亚康地区最低气温曾达-68℃；7月平均气温在1~5℃。

俄罗斯年降水量为150~1 000毫米。山地降水量一般比平原多，降水最充沛的高加索地区可达2 500毫米。冬季，俄罗斯全境几乎都降雪，积雪期和积雪的厚度随纬度增高而增加。

与气候条件相关，俄罗斯境内自北向南为北极荒漠、冻土地带、草原地带、森林冻土地带、森林地带、森林草原地带、草原地带和半荒漠地带。其中北部和东部地域广泛分布着永久冻土地带，其面积约为1 100万平方公里，相当于俄罗斯领土的2/3。这里自然条件严酷，不仅严重制约农牧业的发展，而对工业和城市建设以及人们的旅游活动都带来许多不便和困难。

5. 资源

俄罗斯是世界上森林资源最丰富的国家，其森林覆盖面积8.67亿公顷，占世界森林面积的1/5，森林覆盖率为50.7%，居世界第一位，木材的总积蓄量仅西伯利亚和远东就达600亿立方米，也居世界第一位。

(二) 简史

俄罗斯是一个古老的国家，其祖先为东斯拉夫人，早在远古时代东斯拉夫人就居住在欧洲第聂伯河和德涅斯特河流域，主要从事农业、畜牧、捕鱼和狩猎，过着氏族制度的生活。直至公元6世纪，一些东斯拉夫人的部落联合成立了基辅公国或称"基辅罗斯"。到公元9世纪初，基辅罗斯联合了几乎一半的东斯拉夫部落，成立了一个大国。到10世纪时，封建关系在基辅逐渐建立，形成了大宗土地占有制，但是封建关系的加剧导致了基辅罗斯的解体，基辅罗斯全境分成了许多独立的公国。基辅罗斯存在了300多年，它是古罗斯族的摇篮，后来形成了俄罗斯、乌克兰和白俄罗斯三个民族。

13世纪初，成吉思汗在统一蒙古各部落后，开始征服邻近各国，先后征服了罗斯全境、波兰和匈牙利，建立了"金帐汗国"。从1240年到1480

年，蒙古鞑靼人统治罗斯各公国长达240年之久，使罗斯的经济、文化远远落后于西欧。

15世纪末至16世纪初，以莫斯科大公国为中心，逐渐形成多民族的封建国家。1547年，伊凡四世（伊凡雷帝）改大公称号为沙皇。1721年，彼得一世（彼得大帝）改国号为俄罗斯帝国。1861年废除农奴制。19世纪末至20世纪初成为军事封建帝国主义国家。1917年2月，资产阶级革命推翻了专制制度。同年11月7日（俄历10月25日）十月社会主义革命，建立世界上第一个社会主义国家政权——俄罗斯苏维埃联邦社会主义共和国。

第二次世界大战期间，苏联人民在斯大林的领导下，英勇奋战，付出了巨大牺牲，为反法西斯战争做出了巨大贡献。

1991年12月21日，独立国家联合体的成立，苏联宣告解体，俄罗斯联邦则为独立国家，并在国际上成为苏联的继承者。原苏共中央书记戈尔巴乔夫下台，叶利钦成为俄罗斯联邦第一位总统，现任总统为普京。

（三）政治经济

俄罗斯为总统制的联邦国家体制。总统为俄罗斯国家元首兼武装部队最高统帅，享有国家最高行政领导权。首都为莫斯科。

俄罗斯是一个工农业生产、交通运输、科学技术都比较发达的国家。俄罗斯横跨欧亚大陆，欧洲部分工业基础雄厚，门类齐全，产值占全俄罗斯的3/4以上，但因资源有限，经济进一步发展受到限制。东部地区拥有极丰富的自然资源，但基础薄弱，工业门类单一，资源未得到充分利用。为了改变这种生产力布局不合理的状况，俄罗斯实行了工业东移政策。俄罗斯工业发达，部门齐全，以机械、钢铁、冶金、石油、天然气、煤炭、森林工业及化工等为主，木材和木材加工业也较发达。俄工业结构不合理，民用工业落后状况尚未根本改变。俄罗斯的农业远不如工业发达，但由于土地面积大，农产品产值并不低。农牧业并重，主要农作物有小麦、大麦、燕麦、玉米、水稻和豆类。经济作物以亚麻、向日葵和甜菜为主。畜牧业主要为养牛、养羊、养猪业。交通运输以铁路为主导。公路在交通中占重要地位。航空运输以客运为主，与80多个国家航线相通。在俄罗斯的交通工具中，最令人赞叹不已的是地铁，其运行准时、安全、宽敞。其中以莫斯克地铁最负盛名，它是举世公认的最美丽最繁华的地铁，其长度已达243.6公里，在世界地铁城市中居第5位，但其客运量多年来却雄居榜首。对来自世界各地的旅游者来说，它不仅是交通工具，更是一座座各具风格和特色、魅力无穷的地下艺术宫殿。货币为卢布。

(四) 社会

1. 人口与民族

俄罗斯人口1.435亿（2004年），居世界第七位。俄罗斯有130多个民族，其中俄罗斯人占82%，少数民族主要有鞑靼人、乌克兰人、楚瓦什人，还有巴什基尔人、莫尔多瓦人、达格斯坦人、白俄罗斯人、马里人、犹太人、车臣人。

性格特点：俄罗斯人好胜；固执；急躁、率直、谈笑多幽默，性格开朗。

2. 语言与宗教

全国大约有130多种语言，俄语是俄罗斯的官方语言，属于印欧语系。全国89%的居民讲俄语，另外6.8%的居民属阿尔泰语系；2.4%的居民属高加索语系；1.8%的人属乌拉尔语系。俄语是世界上最大的语种之一，它是联合国规定会议使用的工作语言之一，在国际事务中发挥着重要作用。

俄罗斯原始宗教是多神教。现今，在俄罗斯，主要教派是东正教、伊斯兰教和佛教。

此外，还有天主教、犹太教等，它们对俄罗斯的社会、政治工作、经济、民族关系、文化的发展都产生了重要影响。

3. 文学艺术

在灿烂的俄罗斯文学史上，人才辈出，群星璀璨。

18世纪，涌现了以卡拉姆津为代表的、以描写农民田园生活为主的感伤主义文学和以冯维津为代表的批判现实主义的讽刺文学，冯维津的《纨绔少年》为杰作之一。

19世纪是俄罗斯文学的繁荣时期，浪漫主义和现实主义文学占主导地位。亚历山大·普希金是俄罗斯现实主义文学奠基人，被称为"俄罗斯民族诗歌的太阳"。

19世纪末20世纪初，A·M·高尔基的《海燕》、《母亲》为社会主义现实主义文学奠定了基础。

俄罗斯的音乐以其鲜明的民族特点、丰富的体裁和表现手法在世界上占有突出地位。

19世纪首推波·伊·柴科夫斯基，他是一位以悲歌为基调的伟大音乐家，主要作品有抒情歌剧《叶甫盖尼·奥涅金》、《黑桃皇后》，芭蕾舞曲《天鹅湖》、《睡美人》、《胡桃夹子》，交响幻想曲《罗米欧与朱丽叶》等。十月革命后著名作曲家当数季·季·肖斯塔科维奇，最著名的作品是第一、第五、第七、第十一交响曲，还有歌剧《卡捷琳娜·伊兹麦洛娃》，清唱剧

《森林之火》等。

俄罗斯人性格开朗，能歌善舞。其芭蕾舞虽然于16世纪开始形成于意大利和法国等欧洲国家，在俄罗斯起步较晚，但是发展很快，而且有自己的风格。近几年来，俄罗斯芭蕾舞坛上群星璀璨，对俄罗斯和世界芭蕾舞艺术发展做出了卓越的贡献。

4. 民俗

（1）服饰

典型的俄罗斯民族服装是男子身穿斜领粗麻布衬衫，通常在领口和下摆有绣花，着瘦腿裤，粗呢子上衣，或外罩一件长衣并系着腰带，脚穿皮靴或皮鞋，头戴呢帽或毛皮帽子，冬天穿羊皮短外套或羊皮大衣。女子也穿粗麻布衬衫，衣领上带褶，布刺绣并镶肩，南方人穿毛织裙子，北方人穿无袖长裙，称之"萨腊方"，脚穿皮靴或皮鞋，头上夏天系花头巾。秋冬戴呢帽，在冬季妇女服装改为羊皮外套。

目前，俄罗斯的穿衣时尚已经世界潮流化时装化，但整体的穿衣风格是：整洁、端庄、高雅、和谐。主要穿衣特点是：

女士穿裙。俄罗斯妇女有一年四季穿裙的传统，尤其在交际、应酬的场合，女士都穿裙，穿长裤被认为是对客人的不尊重。

崇尚皮装。皮衣色彩丰富，款式新颖别致，且有皮帽、皮围巾、皮手套与之匹配。

注重服装的长短。寒冷地区冬季多选长装，尤其是女性。至于男士全凭个人喜好，不苛求统一。

（2）饮食

在俄罗斯，主要菜系就是俄式大菜，其特点是：

面包是主食。面包种类多，且风味俱全，且形状也是各式各样，最普通的面包被称为"巴顿"，其次是黑面包。俄罗斯人喜欢黑面包胜过白面包。古往今来，俄罗斯人将面包和盐作为迎接客人的最高礼仪，以表示自己的善良慷慨，而且这种传统待客的风俗已经作为俄罗斯国家的迎宾礼。每当外国首脑来访，俄罗斯姑娘便端着新出炉的面包和盐款款走上前，请客人品尝。

"第二面包"——土豆。俄罗斯人喜爱吃土豆。据统计，每年人均土豆消费量为100多千克，几乎与粮食制品的消费量差不多。苏联时期，土豆、大白菜、胡萝卜和洋葱头是普通人的家常菜，一年四季不断。

一日三餐肉奶多。俄罗斯人多吃肉奶与其寒冷气候相关，肉奶中所含的卡路里高，脂肪厚了可以抵御严寒。早餐简单一般是面包黄油或奶酪、果酱和牛奶；午餐多为工作餐，一杯果汁、一个色拉、一碗热汤、一个热菜、几片面包，其热菜多是牛排、猪肉、炸鸡、烧牛肉块或煎鱼，配上土豆条、大白菜或甜菜；晚餐是凉菜，有蔬菜、香肠、火腿肉和酸黄瓜。一道或二道热菜，以荤为主，配上土豆，豌豆和调味酱。

伏尔加情结。俄罗斯人爱喝伏特加酒和啤酒，特别是对伏特加酒情有独钟。据俄专家估计，俄罗斯人每年的伏特加酒消费量为24.5亿升，人均18升，远远超过了"饮酒大国"瑞典和芬兰。当然，这也滋生了酗酒问题。

饮茶也是俄罗斯人的嗜好，尤其是喝红茶，但其饮茶习惯与中国人不同，茶水中一般要放糖，也有放盐的，喝茶时还就着果酱、蜂蜜、糖果和甜点心喝。另外，在饮料中最传统的是"格瓦斯"，这是一种清洁饮料，是用薄荷、面粉（有时是黑面包干）、葡萄干、浆果及其他水果加上白糖发酵而成，真正好的"格瓦斯"香醇可口，可与啤酒相媲美。

（3）婚俗

俄罗斯人的传统婚俗有自己的特点。传统的婚姻历来讲究门当户对，农村的婚龄男为17岁，女为15岁，城市的婚龄男为21～25岁，女为19～25岁。结婚一般在秋冬季节，即10～2月。结婚方式有两种，一是明媒正娶，二是私奔，私奔是父母不同意的结果。因地区不同，俄罗斯有三种传统的婚礼方式，即北方式，中部式、东部式（西伯利亚地区），最流行的方式为中部式。婚前仪式，包括说媒、相亲、纳采（订婚、定亲）、教堂宣布、离别晚会、送嫁妆、烤婚礼面包等；婚礼包括婚礼前仪式、婚典、婚宴；婚后仪式包括婚后次日仪式、探访新人等。现代俄罗斯人的婚礼一般在专门设置的"婚礼宫"里登记并举行仪式。在莫斯科，青年男女在婚礼后一般要去三个地方，一是列宁墓，二是无名烈士墓，三是列宁山观景台。

此外，俄罗斯人也有很多禁忌，如不喜欢遇见黑猫，认为看见空桶不吉利，不喜欢13、666这两个数字，前者是因为背叛耶稣的犹大在"最后的晚餐"中排列13，后者是因为在圣经中是魔鬼的代号，但是喜欢7这个数字。

（4）时差

俄罗斯位于东三区，比格林威治时间早3小时；比北京时间晚5小时。

5. 娱乐与爱好

俄罗斯人喜爱动物，他们喜欢熊、狗、猫等动物，尤其爱狗最甚。垂钓是俄罗斯男人的一大乐趣。采蘑菇也是俄罗斯人的爱好之一，每年八、九月份是采蘑菇的季节。滑冰和滑雪成为俄罗斯人喜爱的一项娱乐活动。国际象棋在俄罗斯非常普及，下棋的水平也很高。同时，很多俄罗斯人把骑自行车当成他们的运动项目之一。

二、旅游业概况

(一) 旅游业发展情况

旅游业是俄罗斯的新兴部门之一，但不够发达，在国民经济中尚不占重要地位，俄罗斯旅游业的份额只占世界旅游业的1%。近年来，随着俄罗斯政治经济局势趋于稳定，旅游业有了一定发展。近年来，俄政府在全国开辟了数千条各种不同的旅游路线。著名的全俄旅游线路在中央区有"金环"、"白夜之乡"，在西北区有"圣彼德堡——莫斯科"、"沿着普希金的足迹"；在北高加索有"从高加索到里海之滨"；在西伯利亚有"从萨彦岭到贝尔加湖"。地方线路一般较短，海上线路最受欢迎的是黑海之滨克里木到高加索一线。然而，俄罗斯接待外国旅游者的情况不尽如人意，2003年到俄罗斯旅游的外国旅游者有750万人次，旅游收入为30亿美元，来俄旅游者的数量在欧洲国家中仅列第13位，且指数呈不断下降趋势。2004年比2003年下降了9.2%，2005年比2004年下降了16.6%。接待的海外旅游者3/4来自前苏联国家，其他主要客源国为波兰、蒙古、中国、德国、美国和英国。国内旅游业占俄罗斯旅游业的相当比重，且保持平稳的发展势头。

(二) 旅游资源

俄罗斯幅员辽阔。历史悠久，其秀丽迷人的湖光山色，丰富浓郁的民族色彩，别具风格的古迹胜地年年都吸引着无数的游人。

归纳起来，俄罗斯主要有以下几个大的旅游区：

(1) 欧洲中心区——最主要的两个旅游城市，即莫斯科和圣彼得堡。

(2) 伏尔加地区——伏尔加河沿岸到处是疗养胜地，也是风景优美的游览区，重要城市有喀山、乌里扬诺夫斯克和伏尔加格勒等。

(3) 西伯利亚及远东地区——有广阔的森林、有全球最深的淡水湖贝加尔湖，有全世界最高大的活火山，有风景优美的海滨等。

(4) 自然保护区——俄罗斯几十个自然保护区分布于全国、各具特色，并以其独特的自然景色吸引着众多的游人。位于哈巴罗夫斯克南部、滨临阿穆尔河（黑龙江）的大赫赫齐尔自然保护区，面积达4.5万平方公里，是一个真正的大原始森林，这里生长着许多奇花异草，生息着许多珍禽异兽，是研究乌苏里地区生物的最好场所。

1. 古城

(1) 莫斯科。

始建于1147年，面积约1 000平方公里，人口约900万，是全国最大的城市，全国的政治、经济、金融、文化和交通中心，又是一座有山有水、树木苍郁、风景优美的园林式古城。

名胜古迹主要有：克里姆林宫、红场、莫斯科大剧院、瓦西里·勃拉仁尼教堂、历史博物馆、新圣母公墓、工业技术博物馆、特列季亚科夫绘画陈列馆、俄罗斯国家图书馆等。

（2）圣彼德堡

建于1703年，面积570多平方公里，人口500余万，是俄罗斯第二大城市，素有"北方威尼斯"之称，是世界上最美丽的城市之一。

主要名胜古迹有：彼得堡罗要塞，国立艾米塔日博物馆、彼得宫、珍宝陈列馆、缅西科夫宫、亚历山大宫、涅夫斯基大修道院、战神广场、冬宫广场等。

此外，还有诺夫哥罗德、沃格格达、雅罗斯拉夫尔等古城。

2. 人文景观

以上古城是俄罗斯人文景观的精华所在，除此而外，其他人文景观也非常引人入胜。如位于莫斯科附近的科洛敏斯基的伏兹涅谢尼亚教堂、位于白海沿岸奥涅加河口的索洛弗茨基修道院、位于伏尔加河沿岸的古城乌格利希的王子浴血教堂、位于秋明市的彼罗堡罗男修道院、位于莫斯科东北约70公里的谢尔盖三圣大教堂、位于奥涅加湖中基石岛上的民间木结构建筑群。

3. 自然景观

俄罗斯的自然风光在世界上享有盛名，山川湖岛众多，除了著名的伏尔加河、贝加尔湖、拉多加湖、奥涅加湖、叶尼塞河、顿河等，还有一些特殊的自然风景。

北极风光——位于北极圈内的最大的城市摩尔曼斯克素有北极城之称，它以奇特的北极风光吸引着无数游人。

疗养胜地索契——东倚高加索山脉，西濒里海，阳光充足，气候温和湿润，风景秀丽如画，是俄罗斯最大的矿泉疗养、治疗和气候性疗养地。

五层湖——位于北部巴伦支海上的基里岛的麦奇里湖，湖中水域分五层，层次分明，各层都具有独特的水质，水色和生物群，堪称地理学奇迹。

此外，还有位于卡累利阿共和国自然保护区内的基瓦奇瀑布，位于瓦尔丹高地东南的谢利格湖，位于乌拉尔地区的尼古拉冰洞是世界上最大的喀斯特洞穴之一，还有堪察加的火山、喷泉、死亡谷、海潮四大奇观等。

三、出国旅游与来华旅游

（一）出国旅游

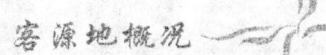

1. 经济因素

苏联解体前曾是世界经济大国,国民生产总值仅次于美国,位居世界第2位,但是俄罗斯独立以来,遭到多年的经济危机,经济严重衰退。然而,俄罗斯地大物博,资源丰富、工业和科技基础比较牢固,职工素质比较高,只要政局比较稳定,政策对头,随着市场机制不断发展,经济的恢复和发展是毫无疑问的,这也是俄罗斯人出国旅游的强大基础和保证。

2. 时间因素

在俄罗斯,一般公民除法定的休息日外,每年都有一次时间长短不等的假期,共有闲暇时间为120~150天,而大、中、小学有寒暑假,中小学还有两个短暂的春秋假期。

较充裕的时间为俄罗斯人外出旅游提供了时间保证。总体而言,在前苏联时期,国内旅游就十分活跃,自俄罗斯独立以来,随着改革开放,俄罗斯人出国旅游也逐年上升。

3. 旅游动机因素

在俄罗斯人的生活中,度假旅游是不可缺少的。一般而言,俄罗斯人的度假方式有三种,一是平常度假。春夏之季的周末,俄罗斯人或去别墅,或全家带着食品外出郊游,冬天去滑雪,秋天喜欢去森林中采蘑菇。二是近距离度假。俄罗斯人把每年的6~8月称为度假的黄金季节。一般情况是每个单位都不得根据本单位的情况,安排人们轮流休假。三是旅游度假。俄罗斯人可利用假期到国内的休养所和疗养院、旅游点、度假村、乡村去进行休养,也可以参加旅行团欣赏祖国的自然景观、湖光山色,还可以去国外旅游,领略异国风情。

近些年来,随着俄罗斯政治经济形势趋于稳定,俄罗斯与周边国家经贸活动日趋频繁,商务旅游也日益增多。此外,探亲访友旅游也较多。

4. 政治法律因素

自俄罗斯独立以来,俄罗斯奉行与西方、东方全方位均衡发展的政策。1991年12月27日中俄两国在莫斯科签署《会谈纪要》,正式深化了两国关系,两国领导人互访频繁,并且在政治、经贸、科技、军事、文化等领域的交往与合作不断加深,两国关系进展顺利,并保持了良好健康发展的势头。中国在圣彼得堡和哈巴罗夫斯克,俄罗斯在上海和沈阳分设总领事馆。这为俄罗斯旅游业的发展奠定了良好基础。

由于以上因素的影响,近年来,俄罗斯的出国旅游有了一定增长。据俄罗斯《消息报》2006年3月17日报道,2005年俄罗斯出国旅游人数增长了3.5%。俄罗斯最喜欢去的前三处的度假旅游目的地是土耳其、波兰和中国,商务旅游目的地是德国、中国和芬兰等，探亲访友等个人旅游目的地是芬兰、德国、意大利和土耳其。

（二）来华旅游

俄罗斯是我国一个特殊的客源市场，也是近年来发展最快的客源市场之一。中俄旅游关系首先在两国边境活跃起来，两国相互和各自组织的一日游、三日游、五日游或更长时间的旅游手续简便，费用不高，深受两国人民的欢迎。在旅游方式上，已经由购物游为主转变为观光旅游为主。2005年俄罗斯来华旅游人数为222.39万人次，俄罗斯已成为我国第三大客源国。

俄罗斯来华旅游市场快速发展的主要原因是：

（1）中俄两国关系稳定，为来华旅游市场的发展创造了良好的外部环境。

（2）中俄两国经济的互补性，俄轻工、日用品和仪器匮乏，短期内不会改变，因此数十万购物大军来华，并成为边境旅游客源的主体。

（3）俄罗斯经济正处调整期，社会分化明显，达中产阶级生活水平以上的居民占全俄人口的20%以上，他们有出国旅游的需求。从近年俄客源结构看，已从单纯购物游开始向购物加观光、度假休闲发展。

（4）中国气候条件、自然、人文景观对俄罗斯游客有较大吸引力，加之俄罗斯人素质高、旅游意识强，可远东地区旅游产品少，因而中国成为主要旅游地之一。

此外，2000年中俄重新签订《中俄互免团体旅游签证协定》达成共识，国内19个省区均可办理俄团体免签，这项协定对保证边境游市场的继续稳定和扩大有重要意义。同时，中国对俄罗斯开展了各种促销活动，如组团参加莫斯科国际旅游展、组织俄罗斯及东欧部分国家的巡回促销，邀请俄罗斯记者团来华采访等，也起到了很大作用。

在来华旅游的俄罗斯客源中，边境旅游占了较大比重，其中购物占消费的较大比重。客源中，有相当一部分是乘游船来我国沿海城市、口岸城市购物并观光。近年来，俄罗斯来华游客开始南下，并从单纯购物向购物、观光、度假相结合的方向发展，来华旅游前景十分广阔。

总之，随着俄罗斯政治经济局势的好转，其国际旅游必将进一步发展。据世界旅游组织预测，2020年俄罗斯将进入世界十大旅游目的地之列，位居第9位，同时，俄罗斯也将成为世界十大客源国之一，也位居第9位。

思 考 题

1. 俄罗斯的民族特点表现在哪些方面?
2. 为什么说俄罗斯文学艺术人才辈出,群星璀璨?
3. 俄罗斯有哪几大旅游区?
4. 俄罗斯来华旅游快速发展的原因是什么?有何特点?

第七章

北 美 地 区

美洲是西半球惟一的大陆,全称亚美利加洲。美洲按区域特点可划分为三个旅游区,即北美旅游区、加勒比海旅游区和南美旅游区。自然上,以巴拿马运河为界,分为南北美洲;而就政治经济地理而言,美国以南的美洲地区称为拉丁美洲,北美洲是指美国南部国界以北的美洲,即包括美国和加拿大以及周围的岛屿,也就是通常所说的盎格鲁美洲或盎格鲁撒克逊美洲。本章主要介绍北美旅游区的两个国家——美国和加拿大的自然、人文概况、旅游业发展状况、主要旅游景点以及来华旅游市场情况。

第一节 概 述

北美有丰富的自然旅游资源,巍峨的山系、奔腾的河流、陡峭的海岸、平软的沙滩、辽阔的平原、宏伟的高原、浩瀚的沙漠、奥秘的石洞、壮观的瀑布、多彩的动植物,自然风貌不一而足。

北美虽有"世界人种大熔炉"之称,但白人文明在北美洲占统治地位。然而它却无法掩盖当地的印第安文化,这些文化遗迹已成为发展北美洲旅游的文化吸引力。北美洲自然资源丰富,科学技术先进,美国、加拿大经济发达,是世界上重要的旅游客源国和接待国,美、加不仅以自然风光,而且以宏伟的建筑、高楼大厦、科技成就、娱乐场所以及各类博物馆吸引游客。

北美旅游业起步较早,第二次世界大战后发展尤为迅速。美、加根据各自的自然旅游资源和人文旅游资源的特色,合理地进行规划和开发,积极进行宣传,开拓旅游市场,推出了各具特色的旅游项目,大大地促进了旅游业的发展。美、加土地辽阔,许多自然景观为世界所罕见,且经济、科技发达，两国利用这些优势，以国家公园、现代化的游乐场及博物馆、展览馆等吸引旅游者。

北美洲是世界上旅游最发达的市场之一，北美自由贸易区（美国和加拿大）拥有4.3亿人口，面积2 130万多平方公里，国内生产总值达13.32万亿美元，其经济实力和市场规模都超过欧盟。北美地区旅游业发展稳定，国际旅游收入和接待人数及出境旅游花费在世界总份额中占很高比例，在国际旅游市场中起举足轻重的作用。

北美地区的人口规模、富裕程度、教育水平和城市化程度等条件决定了该地区是世界上国际旅游的重要客源地。20世纪80年代以来，北美洲人到亚洲旅游发展十分迅速。北美客源市场尤其是美国客源市场，自1978年改革开放以来一直是我国的一级客源市场。进入90年代，亚洲新兴的客源国迅猛发展，北美客源所占我国客源市场份额下降，但仍然是我国重要的客源市场。因此，分析研究北美客源市场有利于我们更好地开拓北美市场。

第二节 美 国

一、基本概述

（一）地理概况

1. 位置与领土

美国，全称美利坚合众国（The United States of America，简称USA）。有时人们也用"山姆大叔"称呼它①，同时也被誉为"民族的熔炉"。美国本土位于北美大陆南部，约在北纬25°~49°与西经67°~142°之间，东濒大西洋，西滨太平洋，北邻加拿大，南靠墨西哥和墨西哥湾。海岸线总长达22 680公里，大西洋沿岸海岸线较曲折，有许多优良的海湾和港口。领土面积为937.26万平方公里，仅次于俄罗斯、加拿大和中国，居世界第四位。

---

① "山姆大叔"是美国的绰号，为世人熟知，它产生于第二次独立战争时期。纽约州军需品检验员塞缪尔·威尔逊，他诚实能干，富有创业精神，很有威信，人们叫他"山姆大叔"，每当他检验完毕都要在合格的军需品上盖上"U·S"标记，恰巧"山姆大叔"的缩写也是"U·S"人们把军需品亲切地称作"山姆大叔"送来的礼物。"山姆大叔"吃苦耐劳、诚实可靠、热爱祖国的可贵品质激励人们英勇奋战，最终赶走了侵略者。1961年，美国国会通过决议，以法律名义正式确认"山姆大叔"为美国的民族象征。

2. 地形

美国本土的地形特征是东西两侧高,中间低,没有东西走向的山脉。本土大体可以分为三个地形区:

(1) 东部为阿巴拉契亚山脉和大西洋低地。阿巴拉契亚山脉与大西洋海岸间有狭窄的山麓和沿海低下的平原,称为大西洋沿岸低地,该地区是美国工业最发达的地方。

(2) 西部属科迪勒拉山系,它纵贯北美洲西部,在美国境内宽达1 700公里。该山系由东部的落基山脉、西部的喀斯喀特山脉、内华达山脉和太平洋沿岸的海岸山脉组成。落基山是北美最大的分水岭,美国所有的大河都发源于此。海岸山脉间肥沃的加利福尼亚谷地是美国西部重要的农业区。

(3) 中部是地势平坦、土壤肥沃的大平原,它位于阿巴拉契山和落基山之间,从北到南贯穿整个美国中部,约占美国全部土地面积的1/2,是美国最重要的农业区。

3. 气候

美国本土大部分属于温带和亚热带。但由于幅员辽阔、地形复杂,并受不同气流的影响,各地气候差别很大。东部属温带大陆性气候;南部墨西哥湾沿岸已进入亚热带;西部高原山地气候干燥;太平洋沿岸的北部属温带海洋性气候,南部则属地中海型气候;阿拉斯加州属于寒带、亚寒带气候;夏威夷州气候湿热,是世界旅游胜地。美国大部分地区雨量丰沛,就水源条件来说,大部分地区宜于农耕。

4. 河流与湖泊

美国有庞大而完整的水系。主要河流有密西西比河、康涅狄格河、哈得孙河、科罗拉多河、哥伦比亚河、育空河等。密西西比河(昵称"老人河"),位于美国东部,纵贯大平原中部,由北向南流入墨西哥湾,全长6 262公里,是世界第四长河,并与五大湖有运河相通,可通过圣劳伦斯河、伊利运河和哈得孙河通往大西洋,形成联系全国主要地区的内陆水运网。东北部与加拿大交界处的五大湖是世界上最大的淡水湖群,其中苏比利尔湖为世界最大的淡水湖。

5. 资源

美国自然资源丰富多样。土地、草原、森林资源均居世界前列。矿产种类多、储量大,煤、铁、石油、天然气、铜、铅、锌、钒、硫磺和磷酸盐等储量居世界前列。森林面积45亿亩,森林覆盖率达33%,用材林蓄积量200多亿立方米。水力资源也很丰富。

(二) 短暂的历史

几千年前，生活在亚洲东部的一些部落居民，跨越冰封的白令海峡，来到这荒无人烟的苍凉土地上。1492年10月，意大利航海家哥伦布航行到美洲，从此，欧洲各国殖民主义者蜂拥而至，抢占地盘，各自为政。同时，欧洲各国大批下层人民也为逃避战祸、宗教迫害，来到新大陆。1620年，一群不堪忍受迫害的英国清教徒，搭乘"五月花"号帆船横渡大西洋到达美洲，这是来自旧大陆的首批移民，随即大批英国移民纷至沓来。18世纪30年代，英国通过同荷兰、法国的激烈争夺，终于在北美建立了13块殖民地。英国殖民统治者残暴屠杀当地的印第安人，并从非洲掠来大批黑人充当奴隶。

英殖民者的盘剥压榨，使殖民地人民忍无可忍，1775年，美国独立战争爆发。翌年7月4日，殖民地人民的权力机构大陆会议通过了托马斯·杰弗逊等人起草的《独立宣言》，庄严地向全世界宣告美国脱离英国而独立。美国人民在"不自由，毋宁死"的口号激励下，浴血奋战，终于打垮了英国殖民军。1783年，英、美在巴黎签订和约，英国被迫承认美国独立，美利坚合众国正式成立。

独立后，北部资本主义迅速发展，但南部仍保留着使用黑奴的种植园奴隶制度。1861年，反对黑奴制度的共和党人亚伯拉罕·林肯当选总统。翌年，林肯宣布《解放黑奴宣言》，南部奴隶主发动叛乱，南北战争爆发。1865年，南北战争以北方胜利而告终，为资本主义在全美国迅速发展扫清了道路。

19世纪初，随着资本主义的迅速发展，美国统治阶级开始扩张领土。在1776年后的短短100年内，美国的领土扩张了几乎10倍。19世纪末20世纪初，美国进入了帝国主义阶段。经过两次世界大战的刺激，美国的经济实力有很大增长，并最终爬上了资本主义世界霸主的宝座。

(三) 高度发达的国民经济

战后几十年里，美国的经济有所发展，尤其在20世纪50~60年代，经济增长十分迅速。近年来，国际政治局势激烈动荡和世界经济的巨大演变，美国霸主地位根本动摇。但它有广阔的国内市场，丰富的自然资源，高度发达的资本主义大农业，强大的金融机构和高水平的科技力量。它仍是一个经济高度发达的资本主义超级大国。

美国是高度发达的资本主义工业国，它有完整的工业体系，重工业在工业中占绝对优势，轻工业也很发达。目前，美国在微电子技术、生物工程、新型材料、宇航工程、海洋工程、核能技术等方面仍居世界领先地位。美国仍是高技术产品的最大输出国。

美国农业是世界上规模最大，用现代最新科学技术装备起来的高效率的资本主义农业。农业的现代化程度、农业劳动生产率和农畜产品产量处于相当高的水平，农产品有90%以上投入国际市场，许多重要的农产品产量和出口量都居世界首位。农业部门结构比较全面，种植业、畜牧业、渔业等都得到充分发展。

美国的交通运输业非常发达，拥有庞大的铁路网、公路网、航空网。美国经济实力雄厚、资源丰富、经济部门结构全面，对外依赖程度较少。其外贸周转额仅相当于国民生产总值的10%，在主要资本主义国家中是最低的。但它是世界上最大的资本输出国，也是对外贸易额最大的国家。美国对外贸易的主要伙伴是加拿大、日本、西欧、拉美和中东。其对外经济联系极为广泛，是全球最大服务贸易国。

美国货币为美元。

（四）政治

美国现行宪法的主要内容是建立联邦制共和国，各州拥有较大的自主权，包括立法权。三权分立、互相制衡是美国宪法的主要原则，总统是国家元首、行政首脑和陆、海、空三军的总司令，掌握国家行政大权。

国会是全国的最高立法机构，行使国家立法大权。国会由参议院和众议院组成。根据美国宪法规定，联邦最高法院行使国家司法大权。

美国有大小党派约15个，但在国内政治及社会生活中起重大作用的只有共和党和民主党。从19世纪中期开始，共和党和民主党两党轮流交替执政。因为共和党的标志为大象，民主党的标志为驴，人们戏称总统竞选为象驴之争。

美国全国划分为50个州和1个区。美国本土有48个州，另外有两个"海外州"：北美大陆西北端的阿拉斯加和太平洋中的夏威夷。哥伦比亚特区是美国首都华盛顿的所在地。

（五）社会

1. 人口与民族

总人口为2.9亿（2005年），其中城市人口所占比例为76%。美国聚集了世界155个民族的后裔，其中最主要的有白人、黑人、墨西哥人、波多黎各人和亚洲人的后裔。白种人约有2亿，约占总人口的82.9%，大多数是欧洲移民的后裔。黑人约占总人口的12.7%，他们是被欧洲殖民主义者从非洲贩运到北美大陆的黑人奴隶的后裔。

印第安人是美洲最早的主人。据估计，15世纪末印第安人有100多万，后由于殖民者的屠杀，人口急剧减少到30万，并被驱赶到荒凉的山区或荒漠中，过着原始落后的非人生活。目前，印第安人约有136万多，约占总人口的0.6%，除少数住在城市外，绝大多数住在偏僻的保留地。

此外，美国境内还有600万犹太人、660万墨西哥人、180多万波多黎各人，100多万华人，和为数不多的阿拉伯人、日本人、菲律宾人、朝鲜人。

民族性格：①广泛结交朋友；②独立上进；③讲求实际；④看重成功的价值；⑤追求新奇刺激。

2. 语言与宗教

美国的官方语言是美式英语。

宗教对美国人不仅是一种信仰，还是生活中的一个重要组成部分。在居民中，约有57%的人信仰基督教新教，28%的人信仰罗马天主教，2%的人信仰犹太教，4%的人信仰其他宗教，9%的人不信任何宗教。

3. 文学艺术

美国文学的历史不长。19世纪初，以美国为背景、美国人为主人公的文学作品开始出现。19世纪中期至20世纪初，美国文学进入繁荣时期，进入20世纪80年代美国文学纷乱庞杂，作家们为迎合"商品化"的社会需要，放弃艺术标准，制造惊险曲折的情节或设计暴力、情杀、性描写等等不一而足。

美国早期美术受欧洲特别是法国画派的影响。20世纪30年代以来，美国出现没有主题，凭虚构靠想象的抽象表现画派。20世纪60年代后，新写实主义画派风行全美。20世纪80年代后美国出现新的画派——先锋画派。目前，美国几乎每一个城市都有美术馆。

美国音乐真正进入繁荣时期是二战后，20世纪80年代以来，美国新一代作曲家的创作和听众的兴趣空前广泛。舞蹈也是美国人喜爱的娱乐之一，最能反映地方特色的是夏威夷土风舞，最能代表现代精神的是霹雳舞。美国是著名的"电影王国"，年均故事片生产量居世界第一。好莱坞作为美国电影业的中心，产生过许多蜚声世界的大明星。

4. 民俗

（1）出生

美国由各个州卫生部负责实行人口出生登记。洗礼是基督徒的习俗，一般在孩子出生时就施洗，成年人入教时也要受洗，以象征洗去热病的罪孽，成为纯洁的人。美国人很看重个人的生日，特别是孩子的生日。

（2）姓名

美国人的姓名是以名·名·姓为序排列的。第一名又称教名，是受法律承认的正式名字。中间名通常是用缩写表示，由钟爱孩子的父母或其亲戚所取，它代表本人同亲属之间的关系，外人一般不称呼。姓氏是由家族世代相传的。采用历史上非凡人物的名字在美国人中始终是一种时髦。某些人还乐意让儿孙沿用自己的名字并引以为荣。在称呼与父亲同名的人时，为区别见，常冠以"小"字，如小罗斯福、小洛克非勒。熟人互相称呼时，习惯称名不称姓，即称呼对方的第一名。名字被叫惯或表示亲昵时，常常在发音上有所变化。例如，把约翰叫做约翰尼，把詹姆斯叫做吉米，把简叫做珍妮特。一般说来，人们在称呼已婚妇女时都是用她丈夫的姓加上"夫人"二字。

（3）服饰

美国人追求衣着新颖随便。除了正式的社交活动外，很少衣冠楚楚。但在正式场合十分注重穿着。其特色服装有：华盛顿的正统服、夏威夷衬衫和穆穆装、牛仔服、大学礼服。

（4）饮食

美国人的饮食习惯也是一日三餐，但通常在中午吃快餐。早餐在家里吃，常常是果汁、麦片、烤面包及咖啡。午餐一般是蔬菜和三明治、汉堡包或意大利馅饼、热狗，再加一杯饮料。晚餐一般比较丰盛。通常先上一份果汁或浓汤，然后上主菜。常吃的主菜有牛排、猪排、烤牛肉、炸鸡、炸虾、火腿及烤羊排等。饭后吃一道甜食，如蛋糕、家常小馅饼或冰激凌等，最后再喝一杯咖啡。多数家庭有在睡觉前吃小吃的习惯。

（5）婚俗

美国人的婚姻习俗分为宗教、世俗、习惯法婚姻三类。宗教婚姻是传统式的，即通过在教堂中由牧师主持宗教仪式的婚礼而结合的婚姻。世俗婚姻即婚礼不采取宗教仪式，而由地方官或其他人主持领取结婚证书。习惯法婚姻是男女双方同意结合后，夫妻同居，就自然形成了合法婚姻，无须领取结婚证书和举行仪式。美国对结婚的法律要求由各州自行规定，但在一个州得到法律承认的婚姻在其他任何州均被认为合法。

法律规定，只有具备一定资格的人才能主持婚礼。在有些州牧师必须领取了正式结婚证书才有主婚资格。

按照习俗，婚前有一系列程序。先是订婚仪式，男女双方交换订婚戒指，象征双方相互承担的义务和牢不可破的感情。婚礼之日，由牧师为其举行传统的仪式。婚礼毕，人们欢送新郎新娘去度蜜月，场面诙谐滑稽。

（6）礼仪与禁忌

美国人与人之间交往比较随便。朋友之间通常是熟不拘礼地招呼一声"Hello"，男女老少都喜欢别人直呼自己的名字，并把它视为亲切友好的表示。但在正式场合，人们很讲究礼节。握手是最普通的见面礼。

美国人很尊重隐私权。日常交谈，不喜欢涉及个人私事，忌谈如年龄、婚姻状况、收入、宗教信仰、竞选中投谁的票、所买东西的价钱、到哪里去等问题。

美国人习惯于使用礼貌用语，"请"、"谢谢"、"对不起"之类的话随处可闻。男子处处都要谦让、爱护妇女。

美国人把在公共场合打嗝或与别人交谈时打喷嚏、咳嗽都视为不雅，遇到这种情况，他们就会说声"对不起"，请对方原谅。

美国人不随便送礼。讲究礼物包装，且礼物一般是单数。收到礼物时一定要马上打开，当着送礼人的面欣赏或品尝礼物，并立即向送礼者道谢。

拜访美国家庭，事前约会必不可少，否则被视为不速之客。赴约应准时到达，迟到或太早都是不礼貌的。

美国至今流传着一些传统的迷信观念，使得美国人对某些事物讳若莫深。"13"这个数字美国人最忌讳，对星期五也同样恐惧，如果星期五这天恰好是13号，他们就更加小心谨慎，不敢轻举妄动。黑猫也被人畏惧和讨厌、美国人还认为一根火柴连续点燃三支香烟会给人带来灾难、打破镜子就意味着会生七年病或死亡、在人行道上行走时，绝不能踏得啪啪作响。

此外，美国是世界体育强国，也是群众业余体育活动开展最普及的国家之一。

（7）时差

全国分四个时区，每时区相差1小时。纽约比格林威治时间晚5小时；比北京时间晚13小时。洛杉矶比格林威治时间晚8小时；比北京时间晚16小时。

二、旅游业概况

（一）发展现状

美国旅游业已成为全美最大的雇佣企业之一，在美国国民经济中处于重要地位。根据最新统计数据，全美年旅游消费达6000亿美元，每年为美国政府带来1000亿美元税收。2005年美国国际旅游收入817亿美元，世界排名第一，接待入境过夜旅游者4940万人次，全球排名第三，旅游业已成为美国经济发展的重要组成部分。

美国入境游客主要来自加拿大和墨西哥，其次为日本、英、德、法、意等国。

美国是国际旅游市场中最大的客源输出国,每年出国旅游人次和国际旅游支出均位居世界前列。2004年美国海外消费达893亿美元,增长14%,是2000年以来的首次两位数增长。远程出境旅游人数达2740万人次,总消费715亿美元。人数最多的五个目的地国家是:英国、法国、意大利、中国和德国;其中,赴中国旅游人数增长最快。由于地理位置、历史文化、语言等优越因素,赴墨西哥、加拿大、加勒比海及欧洲人数每年都在递增。

美国国内旅游十分普遍。趋势是自驾汽车到离家不远的地方做短期旅行。世界权威旅游出版物《旅行周刊》调查表明:国内旅游仍然是美旅游业的主要来源,美全部旅游收入中,69%来自国内旅游,31%来自国际旅游。

美国之所以成为世界上旅游业最发达的国家是因为:

(1) 旅游资源丰富。美国幅员辽阔,自然环境千姿百态,既有高大雄伟的山地和多种多样的气候,又有景色迷人的河湖、瀑布和广阔无垠的森林、草原,可为游人提供观光、登山、露营、滑雪、游泳、划船、度假、疗养等游憩活动,满足人们的旅游需求。

(2) 雄厚的经济实力。

(3) 稳定的客源市场。美与加、墨西哥毗邻,地缘优势使近距离旅游成为美国际旅游市场的主流。美、加有悠久的历史渊源,文化相近,两国间不少人有血缘关系。加拿大85%的人居住在离美边境150公里的土地上。每年出国游的美国人有1/3以上是去加拿大,而加拿大去美国的旅游者占其出国总数的80%以上。交通方便,更促进了两国之间的旅游。美国人一贯好动,经常四处旅行,寻找新的景观,体验新的感受。因此美国内旅游市场更不可忽视。

(4) 有效的经营管理。

(二) 旅游资源

1. 国家级旅游地

美国有42处国家公园和80多处国家名胜,其中最著名的有黄石国家公园、大峡谷、尼亚加拉大瀑布、麦金莱山和拉什莫尔峰等。

黄石国家公园是美国36个国家公园中最大、最著名的一个,也是最早建立的一个。公园位于爱达荷、蒙大拿、怀俄明三个州交界处的落基山区,面积达8 000平方公里。在这个庞大的公园中,游客可乘车游览,途中各种野生动物处处可见,给游客增添不少情趣。黄石国家公园的主要风景区是地下沸水喷泉区,另一个引人注目的景观是位于公园中心位置的黄石湖,这是世界第四大河密西西比河的发源地,湖水清澈透明,经过一个缺口流入黄石大峡谷,形成落差达130米的黄石瀑布。

科罗拉多大峡谷是世界闻名的自然奇观,它位于亚利桑那州的西北部,由雄伟的科罗拉多河冲刷150万年而成,1919年被批准为国家公园,总面积2 700多平方公里。大峡谷从花岗峡至大洗崖全长350公里,其宽度从6.4公里到29公里不等,最深处达1 740米。峡谷两岸都是红色巨岩断层,岩层嶙峋,呈现出光怪陆离的形态,更为神奇的是,这里的土壤和岩石都呈红褐色,但在阳光照耀下,却呈现出五光十色的光彩,时而紫色,时而深蓝色时而又是棕色,全依太阳光线的强弱而定。这种气势磅礴,苍茫迷幻的景色令游人流连忘返。

麦金利山位于阿拉斯加州,是北美最高山峰,海拔6 193米。在北美一片平坦的绿色苔原上,麦金利山拔地而起,直插云霄,使人感到它的雄伟高大。山上积雪终年不化,每年都吸引不少喜欢冒险的人来此攀登。

在南达科他州巴登兰以西的拉什莫尔山上,雕刻着美国4位前总统的巨大头像。这四位著名的总统是:华盛顿、杰弗逊、罗斯福、林肯。四座巨大头像与山峰浑然一体,雄伟壮观,石像的面部长达18米。头像艺术造型生动地反映了这4位伟大人物的性格和特征,令人肃然起敬。

夏威夷群岛气候宜人,四季常绿,年均温为24℃,由于位于太平洋中部,即使在盛夏天气也十分凉爽。群岛四周的海滨更富有特色,碧绿的海水,湛蓝的天空,松软的沙滩十分迷人;海滨附近有五光十色的珊瑚和贝壳以及各种珍奇名贵的海产品备受旅游者的喜爱。

2. 人造旅游景点

美国的人造景点有金门桥、迪斯尼乐园、佛罗里达海洋世界、加利福尼亚州的宇宙漫游和休斯敦的肯尼迪航天中心。

金门桥位于旧金山,是连接北加州和旧金山半岛之间的桥梁。建于1937年,是世界上最大的单孔吊桥之一,长达2 780米,从海面到桥中心部的高度约为67米。它没有桥墩,只靠桥两端两座高达227米的钢塔、桥梁两侧的钢柱和无数根钢索之间产生的巨大拉力把沉重的桥身高高吊起。整座金门桥显得朴素无华而又雄伟壮观。

迪斯尼乐园位于佛罗里达州中部,它是世界上最大的综合游乐场。1964年开始筹建,经过5年营造,于1971年10月向公众开放。它耗资7.66亿美元,占地面积达109平方公里,是一座老少皆宜的游乐中心。

3. 旅游城市

美国首都华盛顿全称"华盛顿哥伦比亚特区",位于马里兰与弗吉尼亚州之间,波托马克河与阿那考斯蒂河的汇合处。建于1791年,1800年正式投入使用,为了纪念开国元勋华盛顿总统,遂以华盛顿为首都命名。经过一百多年来的不断建设,华盛顿已成为一座绿树成荫、鸟语花香的美丽城市。人们习惯地把华盛顿称作为"华府"。它还拥有12所高等院校,其中最古老的毫尔赫镇大学建于1789年。在华盛顿的成年人中有1/4受过高等教育。华盛顿还有大小两百多座图书馆,几十所不同规模的博物馆和纪念馆,其中最著名的有国会图书馆、国家历史博物馆、工艺博物馆和宇航博物馆等。

纽约地处东北大西洋沿岸,是美国最大最繁华的城市,美国第一大商港,也是美国的真正中心。纽约占地面积8 288平方公里,人口1 000多万。它是世界金融中心,世界各大银行的总部几乎全部设在这里。它拥有世界最大的股票交易所,纽约股市的涨落几乎成了西方经济兴衰的晴雨表。它也是美国服装业、出版业、新闻业的中心,美国电影明星的服装和首饰几乎全部来自纽约。美国最有影响的报纸是《纽约时报》,美国最大的三家广播电视公司——美国广播公司(ABC)、哥伦比亚广播公司(CBS)和国家广播公司(NBC)都设在纽约。它还是美国的文化艺术中心,这里有众多的艺术博物馆,珍藏品琳琅满目,纽约交响乐团堪称世界一流。纽约唐人街是世界上最大的一条唐人街,保存着浓郁的中国文化习俗。

举世闻名的自由女神像高高地耸立在纽约港口的自由岛上,象征着美国人民争取自由的崇高理想。自由女神像重45万磅,高46米,底座高45米。她身着罗马古代长袍,头戴光芒冠冕,右手高擎长达12米的火炬,左手紧抱一部美国独立宣言,身体微微前倾,神态端庄安详,亲切自然,是不可多得的艺术珍品。

洛杉矶是一个繁忙的国际化大港口,是美国西海岸最大的都市,曾举办过两次奥运会。其公路、铁路、航空、船运等交通系统都很发达。它是一个新兴的大型工业城,其中宇航工业最为发达。它是美国电影业的中心,郊区的好莱坞已成为美国电影业的代名词。洛杉矶世界闻名的游乐场所——迪斯尼乐园,它每年接待游客的数量居全球游乐场之首。

美国有两座世界闻名的赌城:西部老牌赌城是设在内华达州的拉斯维加斯,东部后起之秀是设在新泽西州的大西洋城。拉斯维加斯1931年制定法律,保护赌博业。赌博业自此成为拉斯维加斯的一大经济支柱。大西洋城距离纽约仅160公里,位于阿布西肯岛上,气候温暖宜人,每年都举办许多大型娱乐活动,如五月份的木板步道艺术表演,九月份的美国小姐选美大赛等。

三、出国旅游与对华旅游

（一）出国旅游

1. 形成条件

（1）经济因素。美国是世界上首屈一指的经济发达大国，人均收入水平居世界前列。1999年人均国内生产总值31 487美元，遥遥领先于世界各经济大国。特别是自二战以来，美国民收入不断增长，旅游消费也不断增长，这是美旅游市场不断发展的根本原因。

（2）时间因素。美国实行5天工作周及带薪休假制度，年周休日达104天，另外年周休日以外的休息日有9天，年带薪假期19天，年缺勤天数7天，年闲暇时间总计139天。

（3）旅游动机因素。美国历史不长，追求不同的新时尚是美国人的鲜明的特点。中国有优美的自然风光、悠久的历史、神秘的东方文化、奇异的民族风情、举世闻名的中国美食、众多的探险旅游资源，这些深深吸引美国旅游者。加上近年来中美经贸合作加强，美国来华入境游客以商务居多。

（4）政治法律因素。美国政府十分重视旅游业的发展，并以法的形式确定了国家总体支持政策，早在1979年4月9日就颁布了《全国旅游政策法》。美国奉行的外交政策为其国民出国旅游提供了政治保证。

2. 客源特点

美国出境旅游市场的明显特征是近距离流动多。从出境目的地分析，美国出国旅游者1/3去加拿大，1/3去墨西哥，剩下35%去海外。在海外市场中，欧洲仍是美国游客的第一目的地，其次是加勒比海地区，再次为远东地区。美国出境旅游市场以中年为主，青年及老年游客的比率逐步增加。旅华的美国游客大多为经济富裕的中上阶层的中老年，而且女性旅游市场一直稳步增长。

3. 发展趋势

美国出境旅游市场将持续增长；游客中散客有大幅度增长；休闲旅游仍是主题，商务游客大幅度增长，探险旅游长势旺盛，生态旅游、地理旅游①成为时尚。55～65岁的游客（即所谓"战后婴儿潮"）是今后旅游者的主体，他们文化层次高，现代化意识强，喜欢富有刺激性参与性的产品，喜欢

---

① 美国国家地理学会主办的《国家地理旅游者》杂志对地理旅游的定义是："能够保护或促进旅游目的地的地理特点的旅游，如环境、文化、美学、遗产和当地居民的生活等"其目的是使某一旅游目的地独特的东西得到保护。

到与美国文化差异较大的国家去领略异国情调，丰富自己的知识和自身的生活阅历。有关专家认为，今后10年，赴亚洲的旅游者会大幅度增长，亚洲入境市场将面临激烈的竞争和发展的良好的机遇。

（二）来华旅游

自1972年，美国总统尼克松率团成功访华，中美经贸恢复，美国骤然兴起旅华浪潮。自1979年中美两国建交以来，双方经贸、文化、科技、军事、教育、民航、卫生等多方面交流与合作发展迅速。1994年克林顿政府在各种压力下，不得不将人权与最惠国待遇脱钩，该政策的变化为美国商人拓展中国市场创造了良好的条件。

目前，美国已成为中国第四大客源国和中国公民第五大出境国家。2005年，我国接待国际入境过夜游客4 681万人次，同比增长12%。其中，美国来华旅客达155.5万人次，同比增长19%；同时，2005年中国公民出境人数达3 102万人次，同比增长8%，其中，首站前往美国的53万人次，同比增长近20%。

1. 美国旅华市场发展迅速的原因

第一，中美高层近年来互访频繁，两国在经贸、科技、文化、旅游等各领域交流合作不断深入，为推动美国旅华市场发展发挥了积极作用。

第二，美国媒体对中国旅游的报道增多。过去，美国各主流媒体对中国的报道，除负面内容外，主要集中于中国经济、城市建设等内容，对中国旅游业发展的信息报道并不多。但最近，《纽约时报》《华尔街日报》等具有广泛影响力的报纸和杂志，开始介绍中国旅游情况以及中国公民出境旅游的情况。

第三，航空运力不断增加。自今年以来，美中各大航空公司都在现有基础上，增加了航线和飞行班次。中、美间航空运力的大幅增长，为美国人旅华提供了极大的便利条件。

第四，业内促销与广告宣传效应也是旅华市场发展的重要因素。近年来，国家旅游局驻纽约办事处在各主要客源地举办了多场业内大型促销活动，受到广大批发商的欢迎。还投入大量财力，在《纽约时报》、《今日美国报》、有线新闻电视频道CNN等主要媒体及纽约时代广场、中央火车站等地推出形式多样的广告，均收到了积极成效。

2. 客源特点

由于旅游市场与目的地之间文化、历史等的巨大差异，美国人境游客的旅游目的并不仅在于观赏自然风光，他们更偏爱历史古迹、人类遗址及文化胜地；喜爱游览乡村风光，品尝当地食品、体验丰富多彩的民俗风情；出游方式中，参加团队旅游的游客中，已退休的老年游客所占比重较大，他们积蓄较多，并且许多人到中国旅游是为了实现梦想，所以，他们不惜花钱去享受当地最豪华的服务，往往住豪华宾馆，享受豪华交通工具，购物所占比重也较大；而散客多数为刚工作不久的年轻人和正在求学的学生，他们来体验亚洲文化，由于他们节余的钱有限，因此花费较少。

旅游形式：团队多为豪华型，散客多为商务客或修学。旅游花费：出手阔绰、住豪华宾馆、购买纪念品。旅游交流：访问普通人、探寻城市生活。旅游目的：观光、游览考察历史古迹、文化胜地、品尝风味、体验民俗风情，商务客人较多。对目的地评价：对有特色的旅游地评价较高。停留时间：10天左右。

3. 制约因素

制约美国游客来华旅游的因素除了产品及服务质量问题，促销宣传不力，旅游体制不完善外，中国还面临着周边国家严重的挑战。尽管中国旅游资源极其丰富而且独特，有吸引欧美游客的广阔前景，但美国在亚洲的主要目的地顺序是日、我国香港、韩、我国台湾、菲律宾、中国大陆、新加坡、印度、泰国、印度尼西亚、马来西亚。东南亚及澳大利亚也能提供有竞争力的同类产品，因而我国面临极大的挑战。

4. 发展前景

到2020年，预计美国出游人数将达到12 330万人次，占世界市场份额的7.7%，位居世界第三。然而目前来华人数只占该国出游市场份额的2%以下。因此，我国美国客源市场增长空间很大，正常情况下，近年的美国旅华市场，有望保持约10%的年均增长水平。

要使美国旅华市场稳定快速增长，我们必须从以下几个方面着手：①建立市场发展规划和营销目标。②建立联合促销机制。③培养高素质的促销队伍，加快发展我国高端旅游市场。④研究集散成团和建立代理的最佳方式，以中、小客户群为重点对象，直接进入美国等原始客源市场，形成自主品牌。⑤重视互联网在旅游业中的开发与应用。

第三节 加 拿 大

一、基本概述

（一）地理概况

1. 位置与领土

加拿大被誉称为"枫叶之国"，其国名来源于印第安语，意为"棚屋"。它位于北美洲北半部。三面环水，东北隔巴芬湾与格陵兰岛相望，西北与美国的阿拉斯加州接壤,南界美国,东临大西洋,西濒太平洋,北靠北冰洋达北极圈。海岸线长达24万多公里,是世界上海岸线最长的国家。面积997.6万多平方公里,仅次于俄罗斯,居世界第二位。

2. 地形

加拿大地形大致可分为西、中、东三部分。西部为科迪勒拉山区,是加拿大最高的地区。中部为大平原,平原的西半部牧草丰美,又通称大草原;东半部是湖泊众多的高平原,通称加拿大高原。东部为加拿大高地,北侧是拉布拉多高原,南侧是阿巴拉锲亚山脉,在拉布拉多高原和阿巴拉锲亚山脉之间是圣劳伦斯谷地。

3. 气候

加拿大领土的90%以上位于北纬50°~80°之间,大部分地区气候寒冷,温带气候只限于西部太平洋沿岸及南部的狭长地带。加拿大太平洋岸依山面海,终年湿润,属温带海洋性气候。面向海洋的山坡上的森林茂密,林中有不少是树干高达70米、直径2米的道格拉斯冷杉。大平原的南部为温带草原气候和温带湿润大陆性气候,这里土壤肥沃,地势平坦,有足够一季作物生长的热量,是加拿大最重要的农耕区。圣劳伦斯河谷地及其西南的五大湖沿岸地区是加拿大最靠南的地区,为温带湿润大陆性气候,也是比较重要的农业区。大西洋沿岸的大部分地区冬季气温比太平洋沿岸低。

4. 河流与湖泊

加拿大河湖众多,淡水面积达75万平方公里,占全国总面积的8.2%,占世界淡水面积的15%。最长河流马更些河长4241公里,源于加拿大落基山脉东麓,注入北冰洋波弗特海。主要湖泊是大熊湖、大奴湖、温尼泊湖及美加交界处的五大湖中的四大湖。

5. 资源

加拿大河流水量大且稳定,蕴藏巨大的水力资源。全境44%是森林,林地面积仅次于俄罗斯和巴西,居世界第三位。东西两岸海域有辽阔的渔场,渔业资源丰富,纽芬兰岛是世界著名的渔场之一。加拿大矿产资源种类多且蕴藏量大。煤、石油、天然气、铁、锌、铜、银、铂、钼、钾盐、石棉、以及铀等都很丰富。

(二)简史

加拿大最早的居民是印第安人和因纽特人(爱斯基摩人)。因纽特人住在北极区附近,为数很少,靠捕鱼、猎海象为生。印第安人是主要土著人种,分布很广。欧洲人到来之前,印第安人基本上还处于石器时代的不同阶段,过着原始公社生活。

公元1603年，法国人到安那波利斯河谷建立了第一个居留地，叫做亚加地亚（位于今新斯科舍省）。几年后，英国人、荷兰人也分别在弗吉尼亚和哈得逊河地区建立了最初的殖民地"新英格兰"和"新荷兰"。1864年，新斯科舍、新不伦瑞克、爱德华太子岛等省英属北美殖民地的代表们举行了会议，通过《魁北克决议案》，决定建立不列颠领地联邦。1867年，在《魁北克决议案》的基础上，英国议会通过了《不列颠北美法案》，该法案确定了加拿大"自治领"的建立，并成为加拿大的第一部宪法。根据该法案规定，加拿大实行联邦制，英王兼任加拿大国王，总督为英王代表，下设参、众两院。1931年成为英联邦成员。第二次世界大战中，加拿大成为同盟国的兵工厂，同时也促进了其工业的飞速发展。第二次世界大战结束后，加拿大成为世界主要工业国之一。1976年以来，加拿大成为西方七大国之一，定期参加主要资本主义国家举行的经济首脑会议。

（三）政治经济

1982年4月7日，经英国女王批准，《加拿大宪法法案》正式生效。宪法规定，加拿大实行联邦议会制，尊英王为加拿大国家元首，加拿大实行"三权分立"，立法、行政、司法大权分别由议会、总理、法院行使。

议会是加拿大的立法机构，由参议院和众议院组成。

加拿大联邦和省均设有法院。联邦法院主要裁决有关经济方面的案件，仲裁重大的政治、法律和有关宪法问题以及民事和刑事案。最高法院的裁决为最后裁决。

首都为渥太华。

加拿大地大物博，工农业生产发达，是一个发达的资本主义国家。

加拿大矿产资源丰富，采矿业发达，是世界第三大矿产国，采矿业在国民经济中占很大比重。加拿大电力工业异常发达，人均发电量居世界前列。

加拿大森林资源丰富，森林工业的产值居美国和俄罗斯之后，居世界第三位，而林木产品的出口值占世界第一位。

加的农业素以发达著称。农业机械化程度和劳动生产率水平高。加农业产量和商品率都很高。

加拿大的交通十分发达，各种交通工具应有尽有：贯通全国的铁路网、公路网、舒适快捷的空中航运、连通五大湖的圣劳伦斯河深水航道构成一个方便的交通网。

加出口贸易基本上属于资源产品输出型，主要出口汽车及其零件、小麦和面粉、各种矿石、天然气、石油、林产品（木材、纸浆、新闻纸）等。进口商品有水果、蔬菜、棉花、原油、工业机械、汽车、发动机及零件等。

加拿大的货币为加拿大元（Canadian Dollar，简称 Can＄）。

（四）社会

1. 人口与民族

加拿大地广人稀，人口 3175.28 万（2004 年），其中城市人口比例为 77%。绝大多数工业和一半以上的人口密集在圣劳伦斯河谷和安大略半岛。在占全国面积 1/3 的西北地区人口不足 5 万，仅占全国人口总数的 0.2%。其他地区人口密度也都很小，就连小麦产区也不超过每平方公里 10 人。

加是移民国家，民族成分复杂，包括了世界上各主要民族。除占全国人口总数的 3% 的土著民族外，大多数人是移民或移民的后裔。加人口中，英裔居民占 42%，法裔居民占 27%，其次是意大利人、德国人、乌克兰人后裔。有色少数民族后裔占 11%，现有华人 100 万。

2. 语言与宗教

加有两种官方语言：英语和法语。

加宗教信仰自由，其居民普遍信教。主要宗教派别达 30 多个，其中以信仰罗马天主教和英国基督教新教的人数最多。

3. 文学艺术

（1）文学

加拿大文学由法语文学和英语文学组成。法语文学发展早期受法国文学的影响很大，进入 20 世纪加拿大法语文学的各种形式都有较大发展，开始形成本民族的文学体系和风格。

加拿大英语文学最早产生于 1749 年。自治领成立前后，加拿大民族意识高涨，反映加拿大历史和大自然风光的作品相继出现。第二次世界大战后，英文作品中以本民族的神话和历史传说为题材的作品增多，小说趋于诗歌化。

（2）音乐

加拿大的音乐源于欧洲。直到 1932 年，加拿大第一流的交响乐团——多伦多交响乐团才首次正式举行音乐会。"二战"后，加拿大音乐得到空前的发展，涌现一批世界水平的作曲家、演奏家和乐队。20 世纪 60 年代后，加拿大又出现一批爵士乐和流行歌曲音乐家。

（3）美术

加拿大原始美术是由印第安人和因纽特人创造的，后来，法国人将欧洲绘画和绘画技术带到加拿大。目前，加拿大画坛空前繁荣，人才济济，新秀辈出，展览馆、美术馆、各种画廊遍布全国各地，国内外艺术交流活动日益频繁。蒙特利尔、多伦多是全国的艺术中心。

4. 民俗

（1）服饰

加拿大人着装十分注意场合。上班、去教堂、出席社交活动着装整齐；平时在家、外出购物或旅游则衣着随便。男子正式服装多为西服，女子多为裙服。服装讲究，款式新颖，颜色多种多样，舒适方便，但不太讲究面料。从衣着上难以判断一个人的经济地位。

（2）饮食

早餐简单，通常是烤面包、鸡蛋、咸肉和饮料。午餐一般不回家吃，家庭成员分别在机关、学校、企业的餐厅或食堂就餐。午餐也很简单，通常是两三块三明治面包，一杯咖啡，一只苹果。晚餐比较丰盛，全家团聚一起进餐，有鸡、鱼或猪肉、牛肉、土豆、胡萝卜、生菜以及面包、牛奶、橘汁。食物构成中，蔬菜和肉类占的比重较大，面包消费量较少。一般家庭饭前要做祈祷。

加最有名的传统菜是色香味美的法国菜，如浓汁豌豆汤、猪肉馅饼、牛排等。蒙特利尔被称为"烹调之都"，用苹果作填料并用苹果制白兰地烹制的布罗美湖鸭是有名的地方风味菜。

加拿大人的饮食爱好有如下特点：讲究菜肴的营养和质量；偏爱甜食；主食以米饭为主；喜食牛肉、鸡、鸡蛋、沙丁鱼、野味菜、西红柿、洋葱、土豆、黄瓜和用煎、烤、炸的方法制成的菜肴；喜饮酒，尤其以白兰地、香槟和啤酒为最；习惯在饭后吃水果和喝咖啡；喜爱柠檬、荔枝、香蕉、苹果、梨、松子、葡萄干、花生米；忌吃动物内脏、脚爪；不喜爱吃辣味菜肴。

（3）居住

加拿大大多数人有自己舒适、宽敞的住宅。租住公寓的一般多为单身或刚成家的青年以及孤独老人。住宅建筑式样美观多样，房前大多有庭院和花园。西部印第安人的房屋大多是木房和预制板房。因纽特人春夏住在驼鹿皮制作的帐篷里，冬季则住在雪屋里。雪屋的一半在地下，用硬度合适的不同规格的雪砖垒成，用冰做窗户。雪屋内有食物、用雪筑成的床。人们吃饭、休息都在雪床上。现在，除边远地区外，加已见不到雪屋了，大部分因纽特人都住进了国家和救济单位建造的预制板房。

（4）婚俗

英裔和法裔加拿大人都实行一夫一妻制。但非法定的性伙伴在加较普遍。加拿大人结婚一般都采用宗教仪式，婚礼大都在教堂举行。教堂的婚礼仪式结束后举行婚宴。

加拿大印第安人的婚俗有其特点。通常男青年在婚前要到未来岳父家做半年或一年的苦役,以证实自己有能力养活未来的妻子。女方父母同意后,邀请双方亲戚朋友参加婚礼。全村每一位妇女都要送给新郎一担柴,供新婚夫妇秋冬使用。如今,除了生活条件好的印第安人在婚姻上选择更自由、婚礼不完全拘于形式外,大部分印第安人还在本民族内部通婚并保持传统的婚俗。

因纽特人现在大多居住在政府划定的村落里,居住相对集中,婚姻关系基本是一夫一妻制,除偏僻的北极地区的一些小群体狩猎者仍然保持传统的生活方式和婚俗外,大都与白人婚俗相同。

(5) 礼仪与禁忌

加拿大人朴实、友善、随和,熟人见面直呼姓名,握手拥抱。在正式场合十分注重礼节。交谈时选择大家都感兴趣的话题,喜欢谈政治尤其是本国的政治;忌谈年龄、收入、家庭婚姻状况等涉及个人隐私的问题。加拿大人不随便送礼。一般遇到同事分别、朋友过生日或结婚送礼并附上签名贺卡。

加拿大人十分注重公共场合的文明礼貌。在教堂做礼拜、剧院看戏、听音乐会时都要衣着整齐,不随便说话、吃东西、也不随便出入。乘公共汽车、地铁要按顺序排队,主动出示月票或买票;在公共汽车或地铁列车上,要主动给老人、小孩让座。

加拿大人信奉《圣经》的《旧约》中的"摩西十诫",凡是关系到圣人、圣事,不能直呼其名,不能说失礼话。在家中吃饭不能说悲伤的、与死亡有关的事。在家中不能吹口哨,不能呼唤死神,不能讲事故之类的事。忌讳说"老"字,年纪大的人被称为"高龄公民",养老院被称为"保育院"。送礼时不送白色百合花,因其是开追悼会用的花。

(6) 时差

加拿大位于西五区,比格林威治时间晚5小时;比北京时间晚13小时。

二、旅游业概况

(一) 发展现状

加拿大旅游业十分发达。它有丰富多彩的旅游资源,国土辽阔自然景色美如诗画,原始森林茫茫如海,崇山峻岭雄奇迤逦,江河湖海秀美多姿,广袤千里的冰雪世界,还有种类繁多的野生动植物以及奇特多样的民族文化,吸引着众多外国游客。同时,加政府十分重视旅游资源的开发、保护、利用,先后在全国各地开辟了数以百计的自然或古迹保护区。此外,加还为国内外旅游者设立了独具特色的旅游娱乐和体育项目,比如骑马、露营、登山、游泳、滑水、帆板、滑冰、滑雪、驾驶独木舟、草地滚木球等。

旅游业是加拿大经济的重要组成部分，国际旅游创汇已成为加第五大创汇行业。

多年来，加拿大一直是世界十大旅游目的地之一，但是 2004 年被我国香港取代，位于第 11 名，这也是 12 年来的首次。2004 年来加拿大的国际游客数量达到 3 880 万人次，比 2003 年略微减少。

在接待的游客中，美国旅游者占 85%，其次依次是英、德、日、法、中国香港游客等。加旅游入境手续十分简便，欧洲、美洲和大洋洲大多数国家居民去加旅游不需事先申请入境签证。加还允许外国旅游者驾车入境旅游。每年 5~9 月是加的旅游旺季，观光游览的人络绎不绝。

加是世界主要客源输出国之一，每年大约有 2 000 万人次出境旅游。

加国内旅游十分发达。国内旅游人数和收入约占国内外旅游总人数和收入的 75%。加拿大人冬季滑雪、狩猎旅游；春夏参加登山、骑马、帆板、泛舟、露营、游泳、打网球、高尔夫球等户外活动。

（二） 旅游资源

1. 自然景观

尼亚加拉瀑布是世界著名游览胜地，位于加拿大与美国之间的尼亚加拉河中段，该河从伊利湖流往安达略湖，汹涌澎湃的河水流经尼亚加拉陡崖时形成气势磅礴的大瀑布。瀑布总宽度 1 240 米，平均落差 51 米，总流量平均每秒 6 000 立方米，为黄河流量的 3 倍。河心有一个小岛叫"山羊岛"将宽阔瀑布截为两半，东侧属于美国，包括宽约 80 米的"新娘面纱瀑布"和宽约 305 米，落差 50 米的"美利坚瀑布"。西侧属于加拿大，宽约 800 米，落差近 50 米，中间凹陷，形如马蹄，故称"马蹄形瀑布"。三面瀑布雄伟壮观，远隔十数公里即可闻隆隆水声，势如万马奔腾，令人惊心动魄。瀑布区建有 4 座精心设计的高大眺望塔，错落有致地矗立在岸边，其中 3 座在加拿大境内。

2. 人文景观

加拿大国家塔位于多伦多市，塔高 553 米，为世界最高的电视塔。1973 年破土动工，1976 年落成开放，自下而上分为地面层、高空楼、太空甲板和天线塔 4 个部分。地面层设有快餐厅、礼品店和小电影厅。高空楼距地面高度 335 米，是塔的心脏区，高空回转式餐厅可容纳 425 人同时用餐，约 1 小时转一周。太空甲板高悬于 477 米高空，为一间可容纳 60 人的圆形建筑，在此游人视距可达 160 公里，尼亚加拉瀑布的喷雾奇景清晰可见。在高空楼之上是天线塔，总高 102 米，银光闪闪，直刺蓝天。电视塔的塔基呈三角形,用 6.7 米厚的钢筋水泥浇灌而成,塔身总重 13 万吨。该塔设计独特,设备新颖,被视为全球一流建筑杰作。

玛利亚圣母教堂是北美洲最大的教堂,位于蒙特利尔,初建于 1656 年,1824 年重建。建筑风格为新哥特式,双塔尖顶,与巴黎圣母院相似。外观华丽,规模宏大,造型精美,气势雄伟。教堂内约有一万个座位,两座钟楼各有 11 座钟,早晚奏出美妙的音乐。教堂内有高大的祭坛,墙上有精美的木雕和画像。圣器收藏室有一个小型博物馆,陈列宗教绘画和雕刻等。

蒙特利尔地下城是加拿大最大且世界闻名的地下建筑。初建于 20 世纪 50 年代。60 年代初部分建成开放,以后陆续扩建,现已成为庞大的地下综合建筑体。总长 11 公里,面积达 81 万平方米。约有 1 000 家大小商店、100 家餐馆、3 个大剧院、12 家电影院、15 家银行、1 个股票交易所,还有可停万辆汽车的停车场。地下城以蒙特利尔中心车站为核心,有玛丽大厦、博纳文图赫、阿列克西尼汉、威斯特芒特广场、戴阿兹和德贾丁等 6 大中心。每个中心均为庞大建筑群,各中心之间有地铁相连。玛丽大厦中心包括形如十字架的 45 层玛丽大厦、1 个漂亮的梯形市场、280 家商店、20 家餐馆等。地下建筑层次不一,最深处深入地下 20 米。地下城没有地面交通拥挤和噪音污染,同时有良好的通风设施。

3. 旅游城市

(1) 魁北克城

它是魁北克省首府,位于圣劳伦斯河与圣查尔斯河汇合处,是加拿大东部重要城市和港口,历史上是进入北美大陆内地的门户,有"北美直布罗陀"之称,终年通行大海轮,出口木材、谷物、皮革等,也是重要的铁路枢纽。魁北克城分新老市区两个部分,界限分明。新市区高楼大厦林立,马路宽阔,商业鼎盛,完全是现代化城市风貌。老魁北克城建在河畔的悬崖上,包括从前法国殖民地时期建造的城堡和沿河岸的住宅区,其房屋依山而建,风景秀丽,具有浓郁的法兰西色彩,至今保留 17~18 世纪欧洲城堡的风貌。魁北克城至今保留着 370 多年前的城墙,是北美惟一有城墙的城市。它是北美历史名城,名胜古迹众多,有古城堡、议会大厦、省督庭园、要塞博物馆、历史博物馆以及许多古老的天主教堂和修道院等。

(2) 蒙特利尔

它是圣劳伦斯河水道上的主要港口,地理位置独特,位于霍舍拉加斯群岛的最大岛屿蒙特利尔岛上,城市环蒙特利尔山而建。16 世纪 30 年代,法国航海家、加拿大的发现者卡蒂埃第二次探险时到此,受到山坡上千余印第安人欢迎,他将该山命名为蒙特利尔,意为"皇家山"。它是加拿大工商业、金融业中心和重要的交通枢纽。各种建筑物依山而建,错落有致。城内各种精美的雕塑林立街头,犹如艺术殿堂。

(3) 渥太华

它是加拿大的首都,位于圣劳伦斯河支流渥太华河下游南岸,市区坐落在许多小山丘和圆形河平原上,渥太华河从市区西南向东北奔流,将城市分为两部分:运河以西为上城区,以东为下城区。渥太华是加拿大国家文化艺术中心,有很多全国性的博物馆,如人类博物馆、科技博物馆、国家美术馆和国家图书馆等。渥太华地处高纬,冬季寒冷而漫长,贯穿渥太华市区长达8公里的里多运河,冬季封冻半年之久,是世界上最大的冰场之一。渥太华是加拿大重要交通中心,有许多公路和铁路将它与全国联系起来,其航空业也很发达,有许多航空线与世界一些大城市相通。

(4) 多伦多

它位于安达略湖西北岸,是安达略省首府,也是加拿大最大城市和重要港口。多伦多在印第安语中是"聚会之地"之意。它是全国主要工业、商业、金融业中心,也是全国文化教育中心之一。

(5) 温哥华

它是加拿大第三大城市,也是加拿大太平洋海岸最大城市,世界著名的良港。其原名格兰维尔,1792年英国海军派遣乔治·温哥华到太平洋东海岸探险,用了三年时间绘制这一带太平洋沿岸的海图,为纪念温哥华的成功,该城市以他的名字命名。温哥华是加拿大西部运输、贸易、工业中心。交通畅达,是东西横贯加拿大全境大铁路的终点,通过水陆两用车与美国大陆相连。港口水深,冬季不冻,设备完善,是主要小麦装运港之一。它依山傍水风景绮丽,气候温和宜人,四季花草繁茂。温哥华狮门吊桥闻名遐迩,桥头有一对狮子塑像。市内有许多高层建筑。这里文化艺术设施较多,有著名的伊丽莎白女王剧院和俄耳浦斯剧院、历史悠久的海洋博物馆、艺术画廊、太平洋国家博物馆、麦克米伦天文馆等。

三、出国旅游与对华旅游

(一) 出国旅游

加拿大居民每年大约有2 000万人次出境旅游。2004年,加拿大人在国外进行过夜旅行的达到570万人次,比2003年的纪录提高了13.1%。加拿大人在国外旅游的花费也居世界前列。加拿大出国旅游之所以如此发达,是与其富裕的经济、充裕的休假和宽松的旅游政策等分不开的,出国旅游已成为加拿大人生活中不可缺少的一部分。

1. 形成原因

加拿大是世界发达的资本主义国家，其经济实力雄厚，居民的消费水平高。早在1994年，加拿大人均国民生产总值就已达18 739美元。

加最普遍的工作时间是一周40小时（占全体工作人口的35.7%），其次是37.5小时（15.7%），35小时（13.7%），37.5~40小时（13.1%）。虽然没有整个产业界达成一致的休假制度标准，但绝大多数企业都有一年10~30天的带薪假期。联邦法规定，把9天的节日制定成联邦政府职员的休息日。

加拿大国内政治局势稳定。加是北美自由贸易区成员国之一，它注重与美国的战略结盟关系，积极发展与欧盟、亚太和拉美各国的关系，强调多方位外交。

此外，由于气候条件的制约，加居民也十分热衷于外出旅游，政府也制定了相应的旅游政策。

2. 客源特点

80%以上的居民前往美国旅游，其次是欧洲、南美、亚洲国家（地区）。到美国、南美一些国家旅游，一方面是距离近的原因，另一方面主要是出于追求阳光、海滩；而到欧洲去旅游，主要是历史、文化渊源的诱惑。

去美国旅游的游客中，度假旅游占60%左右，探亲访友约为21%，商务旅游约占11%，其他目的占8%。去美国旅行70%以上的人是自己驾车，乘飞机的只占25%。

加拿大到世界各地的游客比去美国的游客高收入者居多，文化水平高者居多，年长者居多，已婚者和女性居多。

加游客出国旅游的季节以1~3月较多，约占35%以上，6~8月出国旅游的人数相对较少，约占32%，这反映了他们追寻阳光的特点，因为加国土大多处于高纬地带，严寒的冬季长达半年之久冬季昼短夜长，因此出国寻找"三S"成为人们生活的需要，美国的南部、墨西哥、百慕大、加勒比海地区也就成为加拿大人最喜欢的避寒地。

（二）来华旅游前景展望

加拿大重视发展同中国的关系，在1970年10月13日建交前，中加就有良好的经贸联系，建交后，友好关系进一步发展。1973年加总理访问我国，两国签订了贸易协定，决定交换最惠国待遇，建立联合贸易委员会。我国改革开放后，中加关系发展良好，两国先后签订了一系列协议、协定和备忘录。近年来，双边贸易额大幅度上升，相互间的投资和经济技术合作不断扩大。

随着中国经济的快速发展，中国已成为加拿大旅游市场中的一个新亮点。2004年，来加旅游的中国人已增长到10万人，2005年又增加了20%，达12万人。

近年来，加拿大来华旅游一直平稳增长，2005年来华旅游人数达42.98万人，比上年增加了23.48%，是我国第十三位的客源国。然而加拿大作为一个国际旅游发达的国家，市场发育程度高，出国旅游市场稳定，其来华旅游的市场份额还较小。对于我国来说，加拿大是一个潜力非常大的市场，如何抢占加拿大出游市场是摆在我们面前的又一重要课题。据世界旅游组织预测，到2020年加拿大将是世界第八大客源国，预计出游人数将达到3 130万人次，占世界市场比例的2.0%。对此，首先，我们要认清形势，世界各国对其开发竞争很激烈，特别是我们面临亚洲、澳洲等强有力的对手；其次，我们对外要搞好宣传与促销，特别要树立我国是世界上最安全的旅游目的地的形象，同时，我们要改善旅游环境，规范旅游市场，开发有个性的旅游产品。可以相信，经过我们的努力，加拿大旅华市场必将进一步稳定增长。

思 考 题

1. 查阅最近相关资料，分析近期美国/加拿大旅华市场变化的影响因素以及开拓该市场的相关建议。

2. 假如你有机会成为美国/加拿大旅华客人的导游员，你认为接待这些客人应该注意哪些方面？

3. 借助相关资料，谈谈美国/加拿大发达的旅游业对我国旅游业发展的借鉴意义。

附录一

欧洲申根签证

欧洲申根签证（European Schengen Visa），源于1985年6月14日在卢森堡申根城签署的一份国际公约。该条约由德国、法国、荷兰、比利时和卢森堡5国达成。协议规定了单一的签证政策，即凡外籍人士持有任何一个申根会员国核发的有效入境签证，可以多次进出其会员国，而不需另外申请签证。因此，前往西欧德、荷、法、比、卢5国旅行，只需获得其中一国的签证即可。

随着欧盟国家一体化进程的发展，申根协议国也不断增加。目前申根协议国的范围，覆盖了西欧、中欧、北欧和南欧等15个国家（德国、法国、荷兰、比利时、卢森堡、意大利、奥地利、希腊、西班牙、葡萄牙、丹麦、瑞典、挪威、芬兰、冰岛），只有中欧的瑞士除外。

附录二

目前中国已开放的出境旅游目的地国家（地区）

序号	国家/地区	启动时间	开展业务情况
1	香港	1983 年	全面开展
2	澳门	1983 年	全面开展
3	泰国	1988 年	全面开展
4	新加坡	1990 年	全面开展
5	马来西亚	1990 年	全面开展
6	菲律宾	1992 年	全面开展
7	澳大利亚	1999 年	北京 上海 广州开展
		2004 年 7 月	天津 河北 山东 江苏 浙江 重庆正式开展
8	新西兰	1999 年	北京 上海 广州开展
		2004 年 7 月	天津 河北 山东 江苏 浙江 重庆正式开展
9	韩国	1998 年	全面开展

续表

序号	国家/地区	启动时间	开展业务情况
10	日本	2000 年	北京上海广州试办
		2004 年 9 月 15 日	辽宁 天津 山东 江苏 浙江正式开展
		2005 年 7 月 25 日	全面开展
11	越南	2000 年	全面开展
12	柬埔寨	2000 年	全面开展
13	缅甸	2000 年	全面开展
14	文莱	2000 年	全面开展
15	尼泊尔	2002 年	全面开展
16	印度尼西亚	2002 年	全面开展
17	马耳他	2002 年	全面开展
18	土耳其	2002 年	全面开展
19	埃及	2002 年	全面开展
20	德国	2003 年	全面开展
21	印度	2003 年	全面开展
22	马尔代夫	2003 年	全面开展
23	斯里兰卡	2003 年	全面开展
24	南非	2003 年	全面开展
25	克罗地亚	2003 年	全面开展
26	匈牙利	2003 年	全面开展
27	巴基斯坦	2003 年	全面开展
28	古巴	2003 年	全面开展
29	希腊	2004 年 9 月	全面开展
30	法国	2004 年 9 月	全面开展

续表

序号	国家/地区	启动时间	开展业务情况
31	荷兰	2004年9月	全面开展
32	比利时	2004年9月	全面开展
33	卢森堡	2004年9月	全面开展
34	葡萄牙	2004年9月	全面开展
35	西班牙	2004年9月	全面开展
36	意大利	2004年9月	全面开展
37	奥地利	2004年9月	全面开展
38	芬兰	2004年9月	全面开展
39	瑞典	2004年9月	全面开展
40	捷克	2004年9月	全面开展
41	爱沙尼亚	2004年9月	全面开展
42	拉脱维亚	2004年9月	全面开展
43	立陶宛	2004年9月	全面开展
44	波兰	2004年9月	全面开展
45	斯洛文尼亚	2004年9月	全面开展
46	斯洛伐克	2004年9月	全面开展
47	塞浦路斯	2004年9月	全面开展
48	丹麦	2004年9月	全面开展
49	冰岛	2004年9月	全面开展
50	爱尔兰	2004年9月	全面开展
51	挪威	2004年9月	全面开展
52	罗马尼亚	2004年9月	全面开展
53	瑞士	2004年9月	全面开展

续表

序号	国家/地区	启动时间	开展业务情况
54	列支敦士登	2004 年 9 月	全面开展
55	埃塞俄比亚	2004 年 12 月 15 日	全面开展
56	津巴布韦	2004 年 12 月 15 日	全面开展
57	坦桑尼亚	2004 年 12 月 15 日	全面开展
58	毛里求斯	2004 年 12 月 15 日	全面开展
59	突尼斯	2004 年 12 月 15 日	全面开展
60	塞舌尔	2004 年 12 月 15 日	全面开展
61	肯尼亚	2004 年 12 月 15 日	全面开展
62	赞比亚	2004 年 12 月 15 日	全面开展
63	约旦	2004 年 12 月 15 日	全面开展
64	北马里亚纳群岛联邦	2005 年 4 月 1 日	全面开展
65	斐济	2005 年 5 月 1 日	全面开展
66	瓦努阿图	2005 年 5 月 1 日	全面开展
67	英国	2005 年 7 月 15 日	全面开展
68	智利	2005 年 7 月 15 日	全面开展
69	牙买加	2005 年 7 月 15 日	全面开展
70	俄罗斯	2005 年 8 月 25 日	全面开展
71	巴西	2005 年 9 月 15 日	全面开展
72	墨西哥	2005 年 9 月 15 日	全面开展
73	秘鲁	2005 年 9 月 15 日	全面开展
74	安提瓜和巴布达	2005 年 9 月 15 日	全面开展
75	巴巴多斯	2005 年 9 月 15 日	全面开展
76	老挝	2005 年 9 月 15 日	全面开展

续表

序号	国家/地区	启动时间	开展业务情况
77	蒙古	2006年3月1日	全面开展
78	汤加	2006年3月1日	全面开展
79	格林纳达	2006年3月1日	全面开展
80	巴哈马	2006年3月1日	全面开展
81	圣卢西亚	2006年3月1日	全面开展

附录三

国家旅游局驻外旅游机构

中国驻纽约旅游办事处
地址：350 Fifth Avenue, Suite 6413 Empire State Building New York NY 10118 U. S. A.
电话：001-212-7608218（办公室）　　001-212-7609700（咨询）
001-212-7601710（咨询）
传真：001-212-7608809

中国驻洛杉矶旅游办事处
地址：600 West Broadway, Suite 320 Glendale, CA 91204 U. S. A.
电话：001-818-5457507（办公室）001-818-5457504（咨询）001-818-5457505（咨询）
传真：001-818-5457506

中国驻伦敦旅游办事处
地址：4 Glentworth St, London NW15PG
电话：0044-171-9359787（办公室）　　传真：0044-171-4875842

中国驻巴黎旅游办事处
地址：15, Rue De Berri 75008 Paris France
电话：0033-1-56591010（办公室）　　传真：0033-1-53753288

中国驻悉尼旅游办事处
地址：Level 1944 Market Street Sydney 2000 Australia
电话：0061-2-92994057（办公室）　　传真：0061-2-92901958

中国驻东京旅游办事处
地址：Air China Bldg. 8F, 2-5-2 Toranomon Minato-Ku, Tokyo Japan 105

电话：0081-3-5918686（办公室）　　　传真：0081-3-5916886
中国驻法兰克福旅游办事处
地址：Ilkenhans str 6 D-60433 Frankfurt am Main Deutschland
电话：0049-69-520135（办公室）　　传真：0049-69-528490
中国驻马德里旅游办事处
地址：Gran Vla 88，Grupo 2，Planta 16　28010 Madrid Espana
电话：0034-1-5480011（办公室）　　传真：0034-1-5480597
中国驻新加坡旅游办事处
地址：7Temasek Boulevard，# 12-02A Suntec Tower One，Singapore 038987
电话：0065-3372220（办公室）　　传真：0065-3380777
中国驻大阪旅游办事处
地址：日本国大阪市浪速区凑町1丁目4番1号 OCAT 4F Ocat Building，1-4-1 Minatomachi，Naniwa-Ku，Osaka，Japan
电话：0081-6-6353280　　　　　　传真：0081-6-6353281
中国驻苏黎世旅游办事处
地址：Genfer Str 21 CH-8002 Zurich
电话：0041-1-2018877　　　　　　传真：0041-1-2018878
中国驻多伦多旅游办事处
地址：480 University Ave，Suite，806 Toronto，Ontario M5G 1V2，Canada
电话：001-416-5996636　　　　　传真：001-416-5996382
香港中国国际旅行社有限公司
地址：Rm 1213-15& 13 Floor，Tower A，New Mandarin Plaza 14，Science Museum Road，Tsimshatsui，Kowloon Hong Kong
总部电话：00852-27325888（总机）
传真：00852-27217154（办公室）　　00852-27215913（日本部）
00852-23118165（航空部）
中环分社电话：8104282　　　　　传真：8681657
旺角分社电话：3881619　　　　　传真：3856157
温莎酒店电话：7395665　　　　　传真：3115101
国旅贸易有限公司电话：5726223　传真：8383051

附录四

境外旅游机构驻中国办事处

北京

韩国旅游发展局驻北京办事处
电话：8453-8213/14 传真：8453-8147
办公地点：北京建国门内大街 8 号 B-408

香港旅游发展局驻北京办事处
电话：010-8518-3778 传真：85183779
办公地点：北京市东长安大街 1 号东方广场办公楼 C2 座 710

瑞士联邦旅游局驻北京办事处
电话：6512-5426 传真：6512-0973
办公地点：北京建外大街 22 号赛特大厦 610 室

日本国际观光振兴机构驻北京办事处
电话：6513-9023 传真：6513-9221
办公地点：北京建外大街 26 号长富宫 610 室

加拿大旅游委员会驻北京办事处
电话：8529-6298 传真：8529-6299
办公地点：北京市光华路 1 号嘉里中心南楼 1307 室

德国国家旅游局驻北京办事处
电话：6590-0926 传真：6590-6313
办公地点：北京东三环北路 8 号亮马大厦二座 811 室

泰国国家旅游局驻北京办事处
电话：8518-3526/3529 传真：8518-3530
办公地点：北京东方广场 E1 办公楼 9 层 902 室

夏威夷商务经济和旅游发展部驻京办事处
电话：6527-7530 传真：6527-7531
办公地点：北京市东城区中粮广场 A 座 6 层 6 单元
北欧旅游局驻京办事处
电话：8453-0596/97 传真：8453-0956
办公地点：东直门外大街乙 36 号，海晟名苑 T16-1602
美国内华达州旅游局驻北京办事处
电话：8562-5705 传真：8562-5703
办公地点：朝阳区雅宝路 10 号凯威大厦 6 层 605 室
荷兰旅游会议促进局驻京办事处
电话：6708-2501/2502 转 16 传真：6708-1581
办公地点：北京市崇文门外大街 3A 号新世界中心南座 6 层 14 号
新加坡旅游局驻北京办事处
电话：6567-5128 转 303 传真：6567-5823
办公地点：北京建国门外大街北京 LG 大厦西座办公楼 1202-1205 单元

上海
新加坡旅游局驻上海办事处
电话：021-5298-5688 传真：5298-5388
办公地点：200040 上海市南京西路 1515 号 嘉里中心 1005 室
澳大利亚旅游委员会驻上海办事处
电话：021-6307-7051/7052 传真：6307-0069
办公地点：上海市浦东新区银城东路 101 号上海森茂国际大厦 21 楼
香港旅游发展局驻上海办事处
电话：021-6385-1242/1243/1244/1245 传真：6385-1490
办公地点：上海南京西路 1266 号恒隆广场 4709 室
日本国际观光振兴机构驻沪办事处
电话：021-5466-2808 传真：021-5466-2818
办公地点：上海瑞金大厦 1412 室
新西兰驻沪办事处
电话：021-6279-8256 传真：021-6279-8251
办公地点：上海市南京西路 1376 号上海商城 533 室

广州
香港旅游发展局驻广州办事处
电话：020-3758-9300 传真：3758-8300

办公地点：广州市先烈中路69号东山广场九楼905室
成都
香港旅游发展局驻成都办事处
办公地点：成都市人民中路1段15号天府丽都喜来登饭店6楼605室

参 考 文 献

1. 向三久主编．旅游目的地/地区概况．北京：高等教育出版社，2006
2. 王兴斌主编．中国旅游客源国概况．北京：旅游教育出版社，2003
3. 马耀峰，李天顺等著．中国入境旅游研究．北京：科学出版社，1999
4. 中国国家旅游局．中国旅游年鉴（1990—2005 年）．北京：中国旅游出版社，1991~2006
5. 李树藩，王德林主编．最新各国概况．长春：长春出版社，2000
6. 韩杰编著．现代世界旅游地理．青岛：青岛出版社，2001
7. 何光韦主编．新世纪新产业新增长——旅游业成为新的经济增长点研究．北京：中国旅游出版社，1999
8. 魏小安，刘赵平，张树民著．中国旅游业新世纪发展大趋势．广州：广东旅游出版社，1999
9. 李绍明主编．世界地图集．北京：中国地图出版社，2000
10. 王文祥主编．香港澳门百科大典．青岛：青岛出版社，1999
11. 朱宏芳，周统建编．放眼看世界丛书——日本．成都：四川大学出版社，1997
12. 日本国总理府编，郑保垒译．日本旅游白皮书．北京：中国旅游出版社，2002
13. 李存修，吴荣水编著．西欧之旅（上、下册）．广州：广东人民出版社，2001
14. 罗斯静主编．英国旅游指南．广州：广东省地图出版社，2001
15. 武坚达主编．外国习俗丛书（德国、意大利、西班牙、俄罗斯、法国）．北京：世界知识出版社，1993
16. 孟淑贤著．大洋洲各国概况．北京：世界知识出版社，1997

17. 朱美考编．澳大利亚．成都：四川大学出版社，1997
18. 韩天雨主编．钟情世界第一岛——澳大利亚．北京：中国经济出版社，2001
19. 易水编著．到美国去．北京：当代世界出版社，1999
20. 吴绍松编．美国．成都：四川大学出版社，1997
21. 周统建编．加拿大．成都：四川大学出版社，1997
22. http：//www. fmprc. gov. cn/chn/gjhdq/default. htm
23. http：//www. chinaiiss. org/world
24. http：//www. shhpl. com/difang/ACCESS

书 目

旅游资源学
旅游法规
导游业务

饭店概论
饭店管理实务
客源地概况
世界遗产概论

实用礼仪教程
旅游文化与审美
旅游开发与规划
旅游营销策划理论与实务

新编旅游英语
新编导游英语
新编饭店英语